소설 창작과
문화콘텐츠 기획

이은하

글누리
HNU

머리말

소설은 작가의 상상력으로 창조된 개연적 허구로 인생의 모습을 여실히 보여주며 발견과 성찰을 유도해 낸다. 소설의 세계는 진실성과 현실성이 구축되고 핍진성과 당위성의 문제로 확대되어 독자는 현실 이면의 것까지 응시하고 포착할 수 있게 된다.

작가의 심연(深淵)은 이야기로 치환(置換)되어 소설이라는 세계로 창조되며, '이야기하고 싶은 욕구'와 '낯설고 새로운 방식으로 표현하고 싶은 욕구'는 아이디어를 구체화하는 원동력이 된다.

현대사회는 문화산업의 비중이 커지면서 창의적인 문화콘텐츠 개발에 주력하고 있으며, 문화콘텐츠 산업은 방송, 영화, 애니메이션, 캐릭터, 음악, 공연, 전시, 축제, 여행, 게임, 출판, 엔터테인먼트, 인터넷, 모바일 등 다양한 영역으로 확대되고 있다.

『소설 창작과 문화콘텐츠 기획』은 소설 창작 이론을 체계적으로 배우고 단계별 실습을 훈련함으로써 소설 창작 능력을 함양하는 데 중점을 두었다. 또한 다양한 문화콘텐츠를 기획하여 스토리텔링할 수 있도록 집필하였다.

이론 및 실습 세미나를 통해 아이디어를 구체화하고 이를 체계적으로 기획·제작(포트폴리오)하여 창의력과 기획력, 구성력과 표현력을 높일 수 있도록 구성하였다. 특히 소설을 포함한 다양한 문화콘텐츠를 심층적으로 분석하여 비평능력을 높이고, 관심 분야의 창작콘텐츠를 완성함으로써 '이론적 지식—작품 분석—창작의 실제'가 통합, 응용될 수 있도록 하였다.

『소설 창작과 문화콘텐츠 기획』은 다음 네 가지를 목표로 한다.

첫째, 소설 창작 원리를 배우고, 실습 및 세미나를 통해 소설의 완성도를 높일 수 있다.

둘째, 소설, 영화, 드라마, 광고, 공연 등 다양한 문화콘텐츠를 감상, 비평하면서 현대사회의 요구를 식별하고 문제화하는 인문학적 시각을 기를 수 있다.

셋째, 인간과 문화에 연관된 원천소스를 탐색하고 문화콘텐츠를 기획, 제작함으로써 창의적 발상을 구체화할 수 있다.

넷째, 인문학, 문화예술, 과학 분야 등을 융·복합할 수 있는 창조적 사고력과 응용력을 길러 자기 분야에서 활용할 수 있다.

이 책은 국어국문학과와 문예창작학과에서의 강의 경험을 바탕으로 쉽고 흥미롭게 기술하였다. 누구나 공감할 수 있는 문화콘텐츠를 예로 들어 설명하였으며, 실습 교육이 어려운 온라인 강좌나 독학으로도 창작 훈련을 할 수 있도록 수업 현장의 내용과 학생들의 실습 사례를 정리하였다.

수많은 문화콘텐츠를 향유하고 있는 시대에 창작은 그 자체로 환상적인 즐거움을 준다. 먼저 '이야기하고 싶은 욕망'을 '나답게, 개성적'으로 구현해 본다면 삶이 더욱 풍요로워질 것이다. 이 책을 통해 창작의 목표를 즐겁게 완수하길 바라며, 자신의 이야기를 함께 나눌 수 있도록 허락해 준 한남대학교 학생들에게 고마움을 전한다.

2020년 겨울

이 은 하

차례

2 머리말

1장
소설의 정체 :
소설의 의미와 특성

11 1. 소설의 정의와 의미
12 2. 소설의 구조와 요소
15 3. 소설의 기원과 변천
18 4. 소설의 특성과 좋은 소설의 요건

2장
스토리, 흥미로운 거짓말 :
스토리와 스토리텔링

27 1. 스토리와 스토리텔링
28 2. 스토리의 원형과 육하원칙
29 3. 스토리 작성 방법
36 4.. 스토리 창작 사례

3장
캐릭터가 중요해 ! :
효과적인 인물 구성

47 1. 인물, 사건의 주체
48 2. 인물의 유형과 성격 구성
55 3. 인물형상화 3단계와 캐릭터 창작 방법 8가지

4장
인물 관계, 알고 보자 : 인물의 관계 설정

75 1. 인물의 관계와 역할
83 2. 정미경의 『밤이여, 나뉘어라』에 나타난 인물의 욕망과 관계

5장
여기가 어디야? : 배경의 의미와 기능 설정

105 1. 시간과 장소의 설정
107 2. 배경의 묘사
109 3. 배경의 분위기
110 4. 배경의 구성 요소
113 5. 시간적 배경 구성

6장
누가 들려주는 건데? : 시점(視點)의 선택과 화자(話者)

126 1. 시점의 종류와 특성
134 2. 적절한 시점 찾기
138 3. 화자의 존재와 역할 그리고 거리

7장
설계도를 만들자! : 서사구조와 플롯

143 1. 창작과 감상의 3단계
144 2. 스토리, 시놉시스, 플롯
146 3. 플롯의 기능과 범위

8장
틈틈한 집짓기 :
분규발생과정형/
연쇄고리식전개형 플롯

153 1. 단순구성과 복합구성
155 2. 분규발생과정형 플롯과 연쇄고리식전개형 플롯
160 3. 플롯의 패턴과 개연성
162 4. 플롯 작성의 노하우
164 5. 영화와 소설의 서사구조
174 6. 이준연 장편동화『도깨비나라 로봇대통령』의 서사구조

9장
내면심리가 궁금해
: 의식의 흐름 기법

193 1. 생활 속의 심리학
196 2. 인성의 조직과 3가지 불안
197 3. 인물 탐색과 방어기제
200 4. 내적 갈등의 소설과 의식의 흐름 기법
202 5. 권지예의 「뱀장어스튜」에 나타난 불안 의식
208 6. 이준연 동화에 나타난 환상, 억압된 심리적 실체의 복원

10장
넌 또 다른 나
: 객관적 상관물 기법

225 1. 상징적 대리물
226 2. 객관적 상관물(客觀的 相關物) 기법

11장
흉내 내기, 따라 하기
: 동종주술 기법

235 1. 동종주술(同種呪術)의 원리와 기법
238 2. 민속과 관련된 동종주술적 행위
238 3. 현대소설에 나타난 동종주술 기법

12장	245	1. 제목의 기능과 좋은 제목
제목 ? 시작과 끝,	248	2. 이런 제목은 피하라!
별거 아냐 !	249	3. 고전 탐색을 통해 매력적인 제목 만들기
: 제목과 수미상관	251	4. 소설의 시작
	260	5. 소설의 끝과 수미상관(首尾相關)
	262	6. 소설 예시로 살펴본 시작과 끝의 상관성
	266	7. 영화 <다우트 Doubt>의 수미상관 : 의심에서 비롯된 자멸
13장	285	1. 문체의 개념과 이해
문장 ? 네 스타일을 찾아 !	286	2. 서술과 묘사
: 문체, 서술과 묘사	287	3. 묘사의 방법
	289	4. 소설 예시로 살펴 본 서술과 묘사
14장	299	1. 스토리텔링의 개념
스토리텔링과 문화콘텐츠	301	2. 스토리텔링의 기원과 활용
	303	3. 문화산업과 문화콘텐츠
15장	309	1. 소설 창작과 응용 분야로 확장
문화콘텐츠 기획 및	310	2. 문화콘텐츠 기획 및 창작(포트폴리오) 사례
창작 사례		
	349	참고문헌

1장

소설의 정체

: 소설의 의미와 특성

1. 소설의 정의와 의미

2. 소설의 구조와 요소

3. 소설의 기원과 변천

4. 소설의 특성과 좋은 소설의 요건

1장 소설의 정체 : 소설의 의미와 특성

1 소설의 정의와 의미

소설(小說, novel, fiction)이란 인생을 다룬 가공의 이야기를 산문 양식으로 기술한 것이다. 문예사조에 따라 사실주의 소설, 자연주의 소설, 낭만주의 소설, 사회주의 소설, 상징주의 소설, 심리주의 소설, 실존주의 소설로 구분한다.

소설의 소재 및 내용에 따라 역사소설, 추리소설, 과학소설 등으로 나눌 수 있고, 주요 배경에 따라 농촌소설, 해양소설, 도시소설 등으로 나누며, 미학적인 가치에 따라 대중소설, 순수소설, 본격소설 등으로 구분한다. 분량에 따라서 장편소설, 중편소설, 단편소설 등으로 나누며, 독자를 고려하여 아동소설, 청소년소설, 성인소설로 구분한다.

시대와 문화가 다변화될수록 소설의 구분과 형태 또한 다양해지는데 이는 다채로운 내용을 담고 있는 소설을 특성에 따라 유형화하여 편리하게 활용하기 위해서이다.

소설은 작가의 상상력으로 창조된 개연적 허구(虛構)로 인생의 모습을 여실히 보여주며 발견과 성찰을 유도해 낸다. 좋은 소설은 공통적으로 독자에게 흥미와 감동을 전하는데 인물을 중심으로 펼쳐지는 사건의 인과성은 독자로 하여금 인물에 동화되어 사건을 체험하게 만들면서 카타르시스(정화, 淨化)를 느끼게 한다.

개연성(蓋然性, reality)은 모든 서사 장르의 중요한 특성이며 구성 요소들을 의도적으로 계획하고 이를 인과관계에 따라 적절히 활용함으로써 만들어진다. 소설의 세계는 개연성에 의해 이야기의 진실성과 현실성이 구축되고 핍진성(逼

眞性)과 당위성의 문제로 확대되어 현실 이면의 것까지 응시하고 포착할 수 있게 되는 것이다.

아리스토텔레스(Aristoteles)는 『시학』에서 개연적 허구에 대해 '역사적 사실보다 더 철학적'이라고 언급하였다. 이는 허구가 개연성을 통해 보편성을 갖게 되며, 잘 만들어진 소설은 독자의 의식을 심화·확대시킬 수 있다는 의미이다.

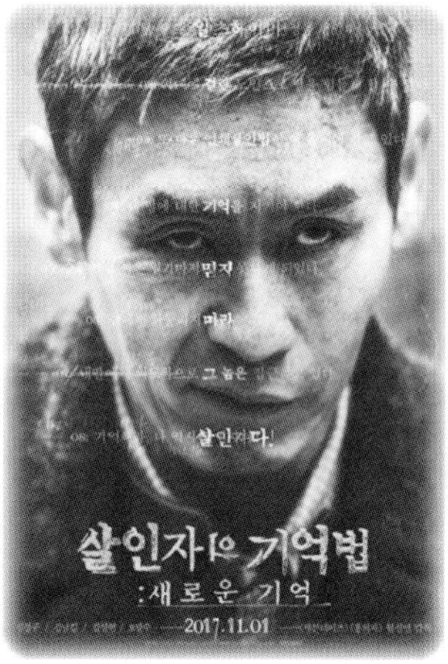

2 소설의 구조와 요소

소설은 이야기성을 가진 서술 형태로 서사구조(敍事構造)를 이루며 '내용과 형식'으로 구분한다. 작가가 하고자 하는 이야기를 간추린 것이 '내용'이며, 이를 독자가 흥미롭게 경험할 수 있도록 만든 과정이 '형식'이다.

러시아 형식주의자들은 보편적 이야기를 신선하게 창작하는 방법을 '낯설게 하기'로 명명하였다. 소설에서 '낯설게 하기'는 호기심과 흥미를 유발하고 재미와 감동을 주는 핵심 장치이기 때문에 내용을 담은 형식의 묘미는 더욱 세련되어지고 있다.

소설의 내용과 형식에 대한 문학 용어를 정리하면 다음과 같다.

소설 구성 = **내용** (story, fabula) + **형식** (plot, narrative, sjuzet)

소설의 내용을 스토리(story/영미), 파뷸라(fabula/러시아)라고 말하며, 소설의 형식을 플롯(plot/영미), 내러티브(narrative/프랑스), 슈제트(sjuzet/러시아)라고 지칭하므로 이를 알아두면 편리하다.

좋은 소설은 타인의 삶에 동화되어 매력적인 인생의 단면을 경험하면서 삶의 질서를 찾아나가게 만든다. 가상의 세계에서 허구적 인물과 어울렸을 뿐인데 '나는 누구이며, 이곳은 어디인가', '나는 무엇을 위해 살며, 우리는 어떻게 살아갈 것인가'라는 물음을 던진다.

'소설을 이해한다'는 것은 내용과 형식을 면밀히 살펴볼 줄 안다는 것을 의미한다. 또한 소설은 그 자체로 독립된 세계이기에 소설의 '서사구조를 살펴본다'고 표현한다.

소설의 서사구조는 소설의 3요소인 '주제, 구성, 문체'와 소설 구성의 3요소인 '인물, 사건, 배경'이 긴밀하게 조직되어 완성된다. 이를 통해 작가의 문제의식이 주제의식으로 명료화되어 작가가 의도한 인간과 사회상이 만들어지는 것이다.

작가는 대체로 어떤 사물이나 인간, 사건과 현상, 시대와 세계 등에 대한 호기심이 있으며 개성적인 시각과 문제의식은 나와 타자 그리고 세계를 연계하는 면밀한 관찰과 탐색을 통해 심화된다. 좋은 작가는 독창적인 상상력과 탐구력, 지구력을 지닌 사람인데 '이야기하고 싶은 것'에 대한 내적 문답을 진행하면서 지적 욕구를 채워나간다.

다시 말하면, 작가의 심연(深淵)은 다양한 소재와 이야기로 치환(置換)되어 소설이라는 새로운 세계로 창조되며, 작가의 '이야기하고 싶은 욕구'와 '낯설고 새로운 방식으로 표현하고 싶은 욕구'는 아이디어를 구체화하는 원동력이자 요소들을 관통하는 주제의식이 된다.

아래의 작품들을 통해 알 수 있듯이 작가의 정체성을 보여주는 주제의식은 스토리를 엮어서 튼튼한 구조물로 만드는 강력한 접착제이자 여러 요소들을 꿰는 투명한 실로 비유될 수 있다.

소설은 글이라는 문자로 복잡한 세계를 입체적으로 만들고 공감각적으로 느낄 수 있도록 기술해야 하므로 소설의 내용과 형식을 구분하여 해석하기 어렵다. 그러므로 소설의 내용과 형식을 살펴보기 위해서는 소설 이론과 함께 작품 감상 및 토론을 병행하면서 이해해야 한다. 또한 단계별로 소설 창작 실습을 해 나가면서 소설의 창작 원리와 방법을 습득해야 한다.

소설 창작 방법은 영화, 드라마, 광고, 만화, 게임 등 서사성을 내포하는 여러 장르에서도 공통적으로 적용되는 기본 원리이므로 소설을 분석적으로 살펴보고 창작 방법을 익힌다면 다양한 문화콘텐츠를 이해하고 기획·제작하는 데 유용하다.

지금까지 소설의 정의와 의미, 구조와 요소에 대해 살펴보았는데 소설의 세계를 함축하는 키워드는 다음과 같다.

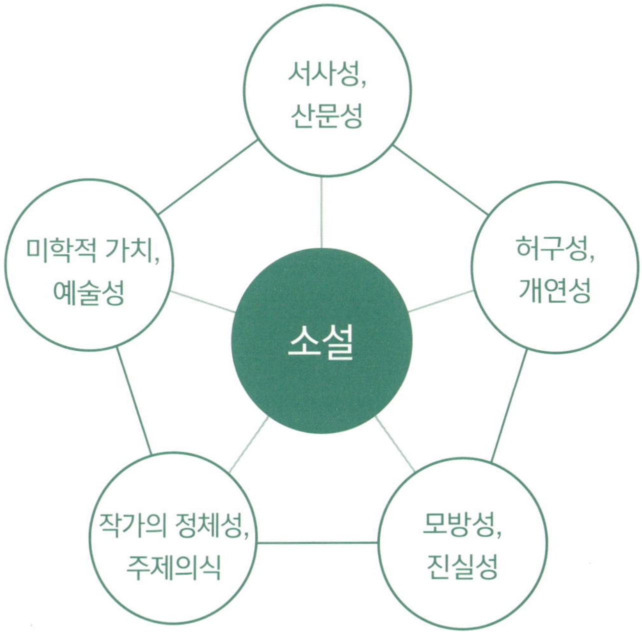

3 소설의 기원과 변천

소설은 화자(話者)를 통해 어떤 사건을 흥미롭게 이야기하는 형식으로 근대에 발달한 산문체의 문학 양식이다. 소설을 지칭하는 노벨(novel)의 어원은 '새롭고 신기한 것'을 의미하는 이탈리아어 노벨라(novella)에서 유래하였다.

새롭고 신기한 이야기는 매혹적이며 사람들에게 꿈과 이상을 심어준다. 또한 현실을 인식하게 만들고 문제를 해결할 수 있도록 내·외적 규칙을 유도하기에 소설은 인간의 삶을 반영하면서 발전하였다. 소설의 기원과 변천을 간단히 제시하면 다음과 같다.

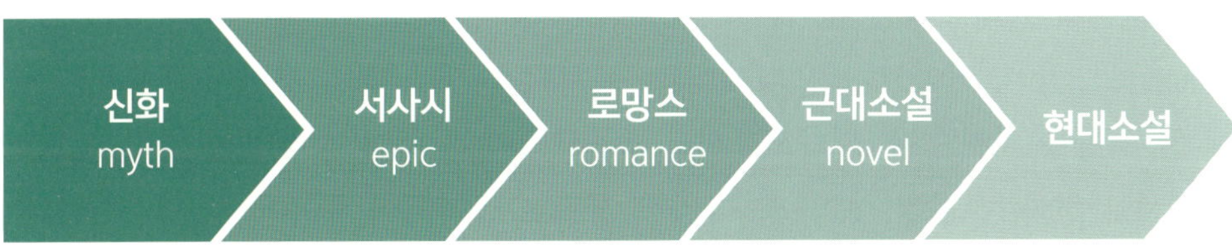

소설은 신과 신적 존재의 이야기를 다룬 고대 신화와 설화에서 기원을 찾을 수 있다.

신화는 『그리스·로마 신화』와 『단군 신화』처럼 국가나 민족 등이 신성시하는 신적 존재와 자연 및 사회현상에 대한 이야기로 집단 무의식의 원형을 상징적으로 보여준다.

전 세계적으로 무수히 많은 신화가 전승되고 있으며 이에 대한 해석도 다양한데, 대체로 신화는 공동체의 긍지와 신념뿐만 아니라 삶의 규범(금기)이 담겨 있어서 집단을 효율적으로 통제하는 기능을 갖는다. 또한 인간 심리의 원형과 본질이 투영되어 있어서 창조적 이야기는 서사문학의 형성과 발전에 많은 영향을 주었다.

대표적인 『그리스·로마 신화』는 고대 그리스에서 발생해 로마 제국으로 이어지는 신화다. 제우스, 헤라, 디오니소스 등 그리스 신들은 현대인들에게도 친숙하다. 고대인의 상상력으로 만들어진 이야기는 수천 년이 지난 현재에도 '살아 있는 이야기'처럼 받아들여진다. 철학자와 역사가에게 영향을 주었고 미술과 문학의 테마로 반복되었으며 과학기술 분야의 용어가 될 정도로 문화 전반에 큰 영향을 끼쳤다. 급변하는 현대사회에서 만화, 광고, 영화, 게임, 음악, 사진, 테마파크 등의 콘텐츠로도 활용되고 있다.

이처럼 신화에서 다룬 이야기들은 신성한 인물, 인상적인 스토리, 극적 전개, 강한 메시지를 통해 지속적으로 재구성되고 있다. 또한 인종, 국가, 문명 등 다양한 특색이 담긴 설화, 민담 등은 구전과 기록의 과정에서 이야기성이 완성도 있게 진전되었다.

양식 또한 점차 변화하여 서정적 감정을 노래한 함축적인 시에서 서사적 내용을 담은 서사시(敍事詩)인 이야기시(narrative poems)로 이어졌는데 『일리아드』, 『오디세이』, 『용비어천가』, 『동명왕편』과 같은 역사적 사건과 영웅을 다룬 장편 운문시가 대표적인 예이다.

호메로스의 『일리아드』, 『오디세이』는 트로이 전쟁에 대한 서사시로 유럽 문학에 큰 영향을 미쳤으며, 단테의 『신곡』과 『실낙원』은 죽음의 세계를 다룬 종교적 서사시로 영화, 뮤지컬, 게임 등 다양한 장르로 변형되어 새롭게 창조되고 있다.

17세기에는 기사들의 무용담과 연애담이 유행하였는데 귀족과 양반층에 전해지던 낭만적인 이야기가 서민층에 퍼져 대중적인 로망스(romance)로 변천되었다.

유럽에서 로망스는 소설의 의미로 쓰이며 '사소하고 하찮은 글'이라는 라틴어 방언 로망(roman)에서 유래하였다. 서양의 『돈키호테』, 한국의 『구운몽』, 『춘향전』이 이에 해당하며 환상성을 추구하는 낭만주의 예술 경향이 나타난다.

18세기에는 낭만주의에 반하는 사실주의, 자연주의 소설의 형태가 나타났고, 19세기에는 실존주의, 상징주의 경향의 근대소설로 발전하여 현실적인 인간의 삶과 사회적 문제를 다루었다.

20세기에는 2차 세계대전과 근대사회의 혼란 속에서 인간의 심리와 심층적 내면세계에 집중하는 문학 활동이 전개되었다. 주관적인 감정을 주요하게 다루는 표현주의, 예술적 전통을 부정하는 다다이즘, 반예술적 파괴에서 보편적 진실과 질서를 자유로운 상상력으로 창조하려는 초현실주의 등 다양한 내용과 기법의 현대소설로 이어졌다.

소설의 기원과 변천을 정리하면, 흥미로운 이야기는 고대의 신화, 전설 등으로 나타나 서사시의 형태로 이어졌으며 중세의 로망스(romance), 근대 이후 노블(novel)이라는 말로 지칭되어 소설의 형식이 만들어졌다.

앞으로 중점적으로 다루게 될 현대소설은 '인물의 행동'을 다룬 이야기에서 '외적 성격'에 중점을 두다가 '인물의 내면의식과 심리'를 다룬 의식의 흐름 소설로 발전하게 되었고 복잡화와 세련미를 통해 완성도가 높아져 예술적 미학성으로 가치를 인정받고 있다.

4
소설의 특성과 좋은 소설의 요건

앞에서 살펴보았듯이 소설의 특성은 다섯 가지로 정리할 수 있다.

소설은, ① 허구적/극적이며 ② 관습적/전형적이다. ③ 인생과 관련 있는 ④ 아이러니의 세계로 ⑤ 서사구조가 복잡하고 세련되어지고 있다.

① 소설은 허구적이며 극적이다

소설은 상상력으로 창조한 가공의 현실이기에 허구적이다. 소설이 역사, 기사, 자서전, 체험기와 구별되는 것은 꾸며낸 이야기로 연극을 보는 것과 같은 인상적인 점 때문이다. 이를 극적(劇的)인 특성이라고 말한다.

안데르센의 『눈의 여왕』이 원작인 영화 〈겨울왕국〉은 엘사의 저주에 대한 이야기이다. 위험한 손 때문에 본성을 숨기고 살아야 했던 엘사가 당당하게 겨울왕국을 세우고 위험천만한 손으로 백성을 살리게 되는 전개 과정은 극적 아이러니를 통해 실감나게 그려진다. '특별한 손'의 개별성은 쓰임에 따라 저주가 되기도 하고 마법이 되기도 한다는 발견은 '다름'과 '개성'에 대한 인식의 변화로 확장된다.

마법에 걸린 야수와 미녀가 진정한 사랑에 빠져 저주를 풀게 되는 〈미녀와 야

수〉, 보물을 찾기 위해 떠난 해적들의 모험 이야기를 그린 〈원피스〉, 독재국가를 유지하기 위한 생존경쟁을 박진감 넘치게 구성한 〈헝거게임〉 등은 모두 이야기를 설명하기(telling)보다는 인상적인 사건과 극적 전개(showing)를 통해 보여준다.

위의 작품에는 공통적으로 문제적 인물이 등장한다. 작가는 인물의 상황, 심리, 고충을 과거의 원인을 제시하면서 분규와 갈등을 통해 인물을 좌절하게 만들면서 문제를 풀어나간다. 이처럼 극적인 특성은 흥미를 유발하고 긴장감을 고조·완화시킴으로써 만족스러운 해결감을 준다.

② 소설은 관습적이며 전형적이다

소설의 내용, 소재, 주제 등을 살펴보면 과거의 패턴을 따르는 관습적 특성이 있다. 이를 문학적 관습(literary convention)이라고 한다. 작가는 좋은 작품을 모방하고 형식이나 내용적 관습에 따라 훈련하면서 자신만의 독특한 세계를 완성해 나간다. 실제로 인간은 인생을 통해 성장하며 소설은 현실을 모방하기에 시대와 환경이 바뀌어도 삶의 본질이 공통적으로 드러난다. 오랫동안 사랑받는 고전은 현재에도 리메이크되며 인물, 테마, 플롯, 시점 등 소설의 관습적 원리를 파악하는 데 좋은 텍스트가 된다.

『오즈의 마법사』, 『걸리버 여행기』, 『어린 왕자』, 『트리갭의 샘물』, 『돈키호테』

등은 시대, 문화, 장르, 대상이 각기 다르나 '떠남—겪음—돌아옴'이라는 여로형 플롯 형태로 형식이 관습적이다.

현실적 시·공간을 떠나 낯선 세계에서 겪는 어려움과 갈등은 현실의 기쁨을 알게 해주고 문제를 해결하는 과정에서 주인공은 성숙해진다. 어린이나 청소년이 주인공인 경우에는 성인의 세계에 입사하여 좌절하면서 인생의 진실을 알게 되고 주도적인 선택을 통해 성장하는 입사식(入社式)의 안정적 구도를 갖추는데 이는 성장소설(initiation)의 관습적 형태를 따른 것이다.

인기 드라마와 영화 〈춘향전〉, 〈귀여운여인〉, 〈왕과 나〉, 〈사운드오브뮤직〉, 〈파리의 연인〉, 〈프라하의 연인〉, 〈꽃보다 남자〉 등은 내용과 테마의 관습을 따르는 공통점이 있다.

신분 차이를 극복하고 사랑을 완성하는 연인들의 로맨스 이야기로, 사랑에는 신분이나 국경, 나이 등을 극복할 수 있는 강한 힘이 내재한다는 관습적 테마를 보여준다.

인물의 유형도 전형성(典型性)을 따르는데 소설은 인간의 삶을 다루기에 보편적 전형과 관습을 유지하고, 반대로 그 전형을 뒤집는 특별함과 독창적 의미를 개성적으로 보여준다. 이처럼 소설은 문학적 유산의 간접 체험과 현실에서 겪는 직접 체험을 바탕으로 새롭게 창작된다.

③ 소설은 인생과 관련 있는 ④ 아이러니의 세계로 ⑤ 복잡하고 세련되어지고 있다.

소설은 인생과 관련이 있는 가공의 진실이다. 허구적이라 하여 터무니없는 거짓으로 그려낸 것이 아니라 인물의 행위와 사건 등이 원인과 결과에 의해 적절하고 타당하게 전개되어야 리얼리티가 형성된다.

소설이 현실과 이상 중 어디에 더 근접한가에 따라 사실주의, 낭만주의, 환상주의로 구분하는데, 소설은 궁극적으로 환상성을 내포하며 은유와 상징적 요소를 통합하여 현실을 치환한 세계라는 것을 기억해야 한다.

프랑스 작가 모리악(Mauriac)은 소설에 대해 인생을 강조, 축소, 생략하여 새롭게 정돈함으로써 현실보다 더 현실적인 진실을 제시한다고 했다. 다시 말해 좋은 작품은 인생 전체를 설명하는 것이 아니라 인간의 구체적인 모습을 선별하여 생생하게 그려냄으로써 표면과 실체의 차이들 드러낸다. 이러한 아이러니는 인간과 현실의 이면과 모순성을 구체화하여 감동과 비애를 극대화하는 기능을 한다.

『햄릿』, 『변신』, 『위대한 개츠비』, 『양들의 침묵』, 『해변의 카프카』, 『과녁』, 『남한산성』, 『도가니』, 『살인자의 기억법』 등은 인간의 모순적 실체를 드러냄으로써 현실에 대한 진실성을 강조하여 자기 성찰을 유도하는 작품들이다.

T.S 엘리엇(T.S.Eliot)은 '문학은 진화도 진보도 하지 않고 다만 발전할 뿐'이라고 말했다. 여기서 발전(develop)이란 논리적 필연성을 바탕으로 세련된 방식으로 기술되고, 진실성을 바탕으로 현실과 이상(환상)에 대한 복합적 의미를 지닌다는 뜻이다.

『주몽신화』, 『홍길동전』, 『구운몽』, 『수난이대』, 『병신과 머저리』 등을 살펴보면 이상을 꿈꾸는 인물의 좌절을 담고 있는 이야기가 공통적이면서도 시대와 작가의 개성에 따라 내용과 기술 방식이 낯설고 복잡하게 발전되었다는 것을 알 수 있다.

즉 소설은 개인의 삶과 사회적 가치를 연결하여 조화와 질서의 삶을 지향하게 하는 아이러니의 문학으로, 인문학과 인간학의 바탕인 모럴(moral)을 제시하면서 독창적인 방법으로 창작되고 있다.

지금까지 설명한 소설의 특성과 좋은 소설이 갖추고 있는 요건을 정리하면 다음과 같다.

【좋은 소설의 요건】

① 개연적 인과관계
② 인물의 욕망과 이를 가로막는 갈등
③ 새롭고 짜임새 있는 구성 (ex 건축물, 구조물, 유기체)

【총체적으로 본 좋은 소설】

① '인물의 행동과 의식의 변화'를 잘 보여주는 소설 — 인간에 대한 탐구
② '지식의 전달'이 있는 소설 — 지적인 욕구 충족
③ '모럴(moral)의 제시'가 분명한 소설 — 깨달음, 철학, 사고의 충만감

창작 실습

1

흥미롭고 인상적인 영화 한 편을 감상한 후에, '소설의 특성 및 좋은 소설의 요건'을 찾아 기술해 보자.

2

감동적인 소설(또는 동화) 한 편을 읽고 '총체적으로 본 좋은 소설의 요건' 중에 어떤 점을 잘 갖추었는지 비평해 보자.

2장

스토리, 흥미로운 거짓말

: 스토리와 스토리텔링

1. 스토리와 스토리텔링
2. 스토리의 원형과 육하원칙
3. 스토리 작성 방법
4. 스토리 창작 사례

2장 스토리, 흥미로운 거짓말 : 스토리와 스토리텔링

1 스토리와 스토리텔링

스토리는 일정한 줄거리를 담고 있는 말이나 글을 뜻하며, '이야기의 전말을 시간 순서에 따라 일목요연(一目瞭然)하게 정리한 줄거리'로 정의된다.

소설이나 영화뿐만 아니라 광고, 기사, 가사, 뮤직 비디오, 웹툰 등 주변에서 볼 수 있는 문화콘텐츠들은 실제로 스토리를 담고 있다. 또한 무형의 콘텐츠라고 볼 수 있는 기획, 마케팅, 교육, 인간 관계 등에서도 스토리텔링을 활용하고 있다.

스토리텔링(storytelling)은 스토리(story)와 텔링(telling)을 결합하여 '재미있고 생생하게 이야기하다'라는 의미로, 의사소통 및 공감 능력을 향상시키는 기능을 한다.

칸 영화제에서 광고대상을 수상한 태국의 공익광고 〈We can try〉는 가난하고 어려운 환경에서도 긍정적인 마음과 지혜로 도전하면 문제를 극복할 수 있다는 메시지를 전달한다. 이러한 의미를 흥미롭고 친근하게 전하면서 대중에게 용기와 희망을 심어주려는 광고의 목표는 잘 짜여진 '스토리'에서부터 출발한다. 콩나물을 키우려는 모녀의 도전 스토리는 감동과 긍정 에너지를 일으켜 더욱 인상적이다.

드라마 〈태양의 후예〉 OST 영상은 군인과 의사라는 직업을 가진 남녀의 사랑이야기이다. 가사에서도 알 수 있듯이 인물들의 사랑과 감정은 위기의 순간에 더욱 빛을 발한다. 질병, 재해, 폭력으로부터 사람들을 지키려는 두 사람의 의지와 희생이 낭만적인 사랑뿐만 아니라 세상의 평화까지 지켜내는 원동력이 된다는 것을 숭고하게 보여준다.

또한 드라마 OST는 남녀의 사랑이 진전될 때마다 반복적으로 나오는 테마곡으로 드라마의 전반적인 내용과 메시지를 암시적으로 보여준다. 이처럼 드라마 주제가와 영상은 스토리가 담겨 있기 때문에 인물의 심리와 방향까지 유추할 수 있다.

이처럼 스토리는 서사콘텐츠에서 중요한 기본 사항이기 때문에 참신한 스토리를 일목요연하게 만드는 노력이 선행되어야 한다.

2 스토리의 원형과 육하원칙

새롭고 흥미로운 스토리는 다양한 분야에서 활용되기에 '스토리의 원형과 육하원칙'을 기억하면 유용하다. '누가'는 인물, '언제, 어디서'는 배경, '무엇을, 왜, 어떻게'는 사건(스토리 → 플롯)에 해당되므로 서사의 기본 요소를 갖출 수 있다.

또한 스토리는 인물의 행동과 경험을 요약적으로 서술하는 것이기 때문에 인물의 연속적인 행동과 생각, 심리와 감정이 특정한 방향을 제시한다는 것을 알 수 있다. 이는 인물의 가치관이나 작가의 주제의식과 연관이 있다.

좋은 스토리는 사람들이 관심을 갖는 문제를 다루며 인물의 욕망과 경험을 구체적으로 제시한다. 또한 참신하면서도 치밀하게 만들어진 스토리는 사람들을 매료시킨다. 그러므로 사람들은 자연스럽게 상상력을 발휘하게 되고 창의적인 해석과 감성의 확장을 통해 사고력과 통찰력을 향상하게 되는 것이다.

결국 좋은 스토리는 문학, 영화, 광고, 음악, 미술 등 다양한 문화콘텐츠로 활용되어 확장된다. 이렇게 확장된 스토리의 원형을 원천소스, OSMU(One Source Multi Use)라고 한다.

스토리가 여러 형태와 장르로 활용되어 가치를 발휘하게 되는데, 역으로 이미

완성된 문화콘텐츠에서 새로운 스토리를 창안하기도 한다. 비슷하면서도 새로운 스토리가 무궁무진하게 탄생되는 데는 아이디어 착상과 이를 기획하는 매개가 순환되기 때문이다.

3
스토리 작성 방법

스토리를 작성하기 위해서는 첫째, 이야기의 원형이 될 만한 문화콘텐츠와 자료 등을 폭넓게 살펴봐야 한다. 실재하는 이야기는 좋은 스토리를 만드는 데 유용하며 신문, 잡지, 방송 등을 통해 보는 삶의 현장은 소설이나 영화보다 사실적이다.

아래 예시는 사회 전반에 화두로 떠올라 충격을 준 사건들이다.

1 개구리 소년 실종 사건(1991, 2006년 공소시효 만료)

1991년 대구에 거주하는 5명의 초등학생이 도롱뇽 알을 주우러 간다며 집을 나섰다가 실종된 후, 11년 6개월 만인 2002년 9월 유골로 발견된 사건이다.

도토리를 줍던 한 시민에 의해 성산고등학교 신축공사장 뒤쪽의 와룡산 중턱에서 유골 4구와 신발 5켤레가 발견되었으나 범인은 끝내 잡지 못했다. 유골을 감정한 경북대학교 법의학 팀은 타살로 결론 내렸으며, 2004년 3월 26일 경북대학교 병원 영안실에서 합동 장례식을 치렀다.

경찰은 11년 동안 국내 단일 실종사건으로는 최대 규모의 인력을 동원하였으며, 제보도 잇따라 1991년 325건, 1992년 97건, 1993년 131건 등이 접수되었지만 모두 허위였다.

— 네이버 지식백과 출처

2 이형호 군 유괴살인 사건(1991, 2006년 공소시효 만료)

1991년 1월 29일 당시 초등학교 3학년이었던 이형호 군이 유괴되어 3월 13일 한강 공원 잠실지구 인근 배수로에서 시체로 발견된 영구 미제 사건이다.

범인은 협박 전화를 하면서도 치밀하게 행동했는데 이형호 아버지의 승용차에 설치된 카폰으로 연락하면서 서울 시내 곳곳으로 불러내 몸값을 받아내려 했다. 김포공항 국내선 주차장 2구역에 차를 세운 뒤 차 열쇠를 꽂아 놓고 바로 600번 공항버스를 타고 집으로 돌아가라고 지시하는가 하면, 지하철 충무로역 공중전화를 이용해 이형호 아버지를 대한극장 앞으로 불러내어 인근 제과점 건너편에 차를 세운 뒤 제과점에 들어가 커피를 마시며 기다리라고 지시했다. 하지만 제과점은 문을 닫은 상태였고, 범인은 즉시 연락해 근처 치킨 센터로 가라는 등 지루한 이동이 계속되었다.

범인은 직접 돈을 받기에는 무리가 있다고 판단하여 무인 포스트 방식으로 은행 두 곳에 2천만 원씩 총 4천만 원을 입금하라고 지시했다.

형사들이 한일은행 전산센터에서 인출 여부를 살폈지만, 정작 범인은 "아이에 대한 애착이 없군요. 형호가 죽기를 바라죠?"라며 협박했고 "88 도로를 타고 가시다보면 서울교라고 다리가 있습니다. 거기 밑에 철제 박스가 있고 메모를 돌로 눌러놨습니다. 이번이 마지막인 줄 알고 잘 진행해주십시오."라는 최후통첩을 해왔다.

메모의 종착점은 양화대교 인근 철제 박스였고 이곳에 가짜 돈이 든 봉지를 두었다. 주변에는 형사들이 잠복해 있었고 범인을 검거할 수 있는 기회였지만 철제 박스 위치를 혼동하여 범인을 놓쳤다.

그날 밤 범인은 전화를 걸어 "가짜 돈이 잔뜩 섞여 있습니다. 형호를 되찾길 바라지 않는 것으로 알죠. 다만 경찰에 신고하지 않으신 점은 감사하게 생각합니다."라는 말을 남긴 채 연락을 끊어 버렸다.

2월 19일, 상업은행 상계동지점에 한 남자가 인출을 시도했다. 그러나 은행원이 단말기에서 사고신고 계좌라는 문구를 보고 당황해하자 발각된 것을 알아챈 남자가 황급히 달아났다. 당시 해당 지점에는 CCTV가 설치되지 않아 범인 검거에 실패했다. 통장 개설 신청서와 메모지에는 지문이 없었고, 범인의 행방은 미궁 속에 빠져버렸다.

— 네이버 기사 출처

3 화성 연쇄살인 사건(1986~1991, 2006년 공소시효 만료)

1986~1991년까지 경기도 화성시에서 10명의 부녀자가 강간·살해당한 사건으로 30년이 넘도록 미해결로 남아 있던 역대 최악의 장기 미제 사건이다. 그러다 2019년 9월 무기수로 복역 중인 이춘재가 용의자로 특정되었고, 이 씨가 범행을 자백하면서 범인을 검거했다. 이에 경찰은 2019년 12월 사건 명칭을 〈화성 연쇄살인 사건〉에서 〈이춘재 연쇄살인 사건〉으로 변경하였다.

1986년 9월 15일~1991년 4월 3일 화성시 태안과 정남, 팔탄, 동탄 등 태안읍사무소 반경 3km 내 4개 읍·면에서 13~71세 여성 10명을 상대로 벌어진 연쇄살인 사건을 말한다. 살해에는 대부분 스타킹이나 양말 등 피해자의 옷가지가 이용됐으며 교살(끈 등을 이용해 목을 졸라 살해)이 7건, 액살(손 등 신체부위로 목을 눌러 살해)이 2건이었다. 범인은 버스정류장에서 귀가하는 피해자 집까지 연결된 논밭길이나 오솔길 등에 숨어 있다가 범행했는데, 야간에 인적이 드문 점을 이용했다.

당시 이 사건에 동원된 경찰 인원은 205만여 명으로 단일 사건 가운데 최다였고, 수사 대상자는 2만 1280명, 지문 대조는 4만 116명에 이르렀다. 당시 경찰은 성폭행 피해를 가까스로 면한 여성과 용의자를 태운 버스운전사 등의 진술로 미루어 범인을 20대 중반, 키 165~170cm의 보통 체격 남성으로 특정했다. 그러나 유일하게 해결된 8차 사건(모방범죄로 확인)을 제외하고 나머지 사건의 범인은 끝내 검거되지 않으면서 이 사건은 최대의 미스터리로 지칭됐다. 그러나 경찰은 2006년 4월 2일 마지막 10차 사건(1991년 4월 3일 발생)의 공소시효(15년)가 만료된 후에도 관련 제보를 접수하고 보관된 증거를 분석하는 등 수사를 계속해 왔다.

— 네이버 지식백과 출처

위의 사건들은 모두 영화로 만들어졌거나 또 다른 영화의 모티브가 되었다. 개구리 소년 실종 사건은 〈돌아오라 개구리 소년〉, 〈아이들〉이라는 영화로, 이형호 군 유괴 사건은 〈그 놈 목소리〉로, 화성 연쇄살인 사건은 〈살인의 추억〉으로 만들어져 사건의 심각성을 흥미롭게 풀어냈다.

4 n번방 사건(2020년 3월)

n번방 사건은 2018년 하반기부터 2020년 3월까지 텔레그램, 디스코드, 라인, 위커, 와이어 등의 메신저 앱을 이용하여 "스폰 알바 모집" 같은 글을 게시하여 피해자들을 유인한 다음, 얼굴이 나오는 나체 사진을 받아 이를 빌미로 협박해 성착취물을 찍게 하고 이를 유포한 디지털 성범죄, 성착취 사건이다. 회원 규모는 최소 박사방 '맛보기 방' 회원 1만명, 박사방 유료회원 3만 명 내지 수만 명으로 추정한다. 피해자 숫자는 '박사방'의 경우 확인된 경우만 최소 74명, 그중 아동 청소년 등 미성년이 16명이다.

— 네이버 기사 출처

2020년 IT 강국 대한민국에서 벌어진 이 사건은 범죄의 주축이 미성년자들이며, 성폭력과 착취가 만연한 분위기, 죄의식 없이 이를 지켜보면서 즐긴 시민들, 그 중 기자, 종교인, 교사 등이 연루되었다는 점에서 큰 충격을 주었다. 심각한 범죄 현실과 잘못된 문화의식, 미성년자들의 왜곡된 성의식, 법과 제도의 문제 등을 적나라하게 드러낸 사건이었다.

이와 반대로 감성을 울리는 감동적인 스토리도 많다. 훈훈한 이야기, 평범한 일상과 소소한 행복, 맛과 멋을 추구하는 세대를 다룬 스토리 또한 다양하며 주제의식과 내용에 따라 분위기도 색다르다.

보통 작가나 감독들은 기사, 역사, 전기, 설화, 신화, 음악, 미술, 스포츠, 문학, 광고 등을 살펴보면서 아이디어를 구체화한다.

좋은 작품들은 원작이 있는 경우가 많은데, 박찬욱 감독은 일본 만화를 원천소스로 하여 〈올드보이〉를 만들었고, 고전소설 『테레즈라깽』에서 영감을 얻어 〈박쥐〉를 탄생시켰다. 칸 영화제 수상작인 〈아가씨〉 또한 영국 소설 『핑거스미스』를 원작으로 만들었는데, 원작자 세라 워터스는 자신의 소설과 전혀 다른 새로운 명작을 만들었다며 극찬을 아끼지 않았다.

공지영의 소설 『도가니』는 실제로 장애시설에서 벌어진 은폐된 사건을 바탕으로 창작되었고, 〈1987〉, 〈택시운전사〉, 〈타이타닉〉 등도 역사적 사건과 인물의 이야기를 토대로 만들었다.

영화 〈고흐〉, 〈피아니스트〉, 〈휘트니〉, 〈주디〉, 〈보헤미안 랩소디〉 등도 기억될 만한 예술인의 전기를 원형으로 만들었다. 이처럼 남다른 삶을 살았던 인물 이야기는 소설, 영화, 연극, 미술, 음악 등으로 재탄생되므로 관심 분야의 인물, 사건, 배경 등을 찾아보면서 스토리를 구상하면 개연성과 현실감이 높아져 탄탄한 스토리를 만들 수 있다.

좋은 스토리를 작성하기 위해서는 두 번째로 보편성, 타당성, 독창성을 고민해야 한다.

모든 콘텐츠에 해당되는 내용인데 스토리 단계에서부터 이를 체크하고 수정 보완해야 작품을 완성하는 데 수고로움을 덜 수 있다.

세 번째로 스토리를 육하원칙으로 기술해 보아야 한다.

사건의 시작부터 끝까지 시간 순서에 따라 기술했지만 보편타당하다고 여겨지지 않는다면 '누가, 언제, 어디서, 무엇을, 어떻게, 왜 했는가'에 대한 질문과 대답이 명료하지 않아서이다.

10줄 내외, 또는 한 페이지로 작성한 스토리에 이 내용을 담지 못하면 작품을 완성해도 의구심이 남고 설득력이 약하여 공감을 얻기 어렵다. 또한 스토리에서 신뢰성과 참신성이 느껴지지 않으면 체계적인 구조를 만들기 어렵다. 그러므로 스토리에 대한 문제를 재차 검토하면서 수정해야 한다.

스토리 작성 방법은 뉴스 기사를 통해 살펴보면 알기 쉽다. 좋은 기사, 흥미로운 뉴스는 그 내용(스토리)이 간단하면서도 육하원칙에 맞게 기술되어 있으며, 보편타당한 관심을 갖게 만들면서 참신한 사건을 명료하게 전달한다. 또한 기사를 쓰는 사람의 시각과 문제의식을 느낄 수 있으며 독자의 판단과 사고를 유도해 낸다. 실제 기사를 통해 스토리를 살펴보자.

1 세 살 배기 살해 사이비교주 항소심서 징역 13년…친모 징역 10년

'악귀 씌었다'며 살해… "피해자 보호할 임무 망각하고 범행"

진돗개를 내세운 사이비 종교에 빠져 세 살배기 아이를 때려 숨지게 하고 시신을 유기 · 훼손한 친어머니와 사이비 교주 등 일당이 항소심에서도 중형을 선고받았다.

서울고법 형사1부는 11일 폭행치사 등 혐의로 기소된 친모 최 모(41)씨에게 1심과 마찬가지로 징역 10년을 선고했다. 함께 재판에 넘겨진 사이비 종교 집단 교주 김 모(54)씨와 범행에 가담한 신도 이 모(49 · 여)씨에게도 1심과 같이 각각 징역 13년, 징역 3년을 선고했다.

재판부는 "피고인들은 연약하고 어린 피해자를 상대로 가혹 행위를 해 사망에 이르게 하고 나아가 시체를 유기했다"며 "김 씨는 범행을 주도한 주범이고 최 씨는 피해자의 친모로서 피해자를 보호해야 할 임무를 망각한 채 범행에 가담했다"고 질타했다.

이어 "범행의 내용과 결과, 죄질 등을 종합적으로 고려할 때 엄중한 처벌이 불가피하다"며 "1심의 형량은 합리적 범위에 벗어나지 않는다"고 설명했다.

'진도견을 사랑하는 모임' 교주 행세를 하던 김 씨 등은 2014년 7월 7일 서울 강서구 화곡동 한 빌라에서 '악귀가 씌어 말을 듣지 않는다'는 이유로 최 씨 아들(당시 만 3세)을 때려 숨지게 한 뒤 시신을 유기한 혐의로 재판에 넘겨졌다.

김 씨는 사건 당일 아이가 울고 떼를 쓴다며 나무주걱으로 머리와 팔, 다리 등을 마구 때려 숨지게 했다. 이들은 아이가 숨을 거두자 시신을 나무상자에 담아 차 트렁크에 실어 전북의 한 야산에 매장했다. 범행이 발각될까 두려워 사흘 뒤 시신을 꺼내 화장하고 유골을 강변에 뿌린 것으로 조사됐다.

— 연합뉴스 출처

2 80대 기초생활수급자의 코로나 성금 100만 원 "먹먹, 감동"

대전 월평2동 행정센터 "영구임대 거주 80 노부부, 정부 생계비 쪼개 모은 돈 성금으로"

"막막할 때 도움 받아 살아왔는데, 우리도 죽기 전에 보람된 일을 하고 싶어서요. 코로나 때문에 어려운 사람들한테 도움이 됐으면 좋겠어요."

2020년 5월 11일 대전 서구 월평2동 행정복지센터를 찾은 80대 노부부가 100만 원이 든 봉투를 건네며 전한 말이다.

"몸도 마음도 아파 사는 게 막막할 때 구청이랑 동사무소랑 도와줘서 지금까지 살아왔는데, 우리도 죽기 전에 보람된 일을 하고 싶어요. 그런데, 돈이 너무 적어서 미안해요."

이름 밝히기를 꺼려한 노부부.

행정복지센터에 따르면 이들 노부부는 월평2동 영구임대주택에 사는 기초생활보장수급자로 정부에서 매달 받는 생계비를 조금씩 모았다가 이번 코로나19 사태 성금으로 내놨다.

월평2동장은 "노부부가 어려운 살림에 안 먹고, 안 쓰고 모은 돈을 선뜻 기부한 정성을 생각하니 가슴이 먹먹하다"며 "나눔을 실천하는 따뜻한 마음에 큰 감동을 받았다"고 말했다. 기탁된 성금은 대전사회복지공동모금회에 지정 기탁돼 코로나19 피해자와 취약계층에 지원될 예정이다.

— 대전 CBS 출처

지금까지 스토리 창작을 위한 방법을 살펴보았는데 창의적인 스토리를 만들기 위해서는 줄거리를 문학적으로 구체화하여야 한다.

소설에서 필수적인 구성 요소는 '인물, 시간과 장소, 긴장과 갈등의 상황, 인물의 문제 행동과 이유, 사물, 주제'이다. 육하원칙의 기술은 명료한 내용으로 흥미로운지, 체계적 기술이 가능한지를 파악을 할 수 있으나 독창성, 미학성, 예술성 등을 통해 감동을 전달하기 위해서는 위에 제시한 소설의 구성 요소를 배워서 연결해야 한다.

스토리 작성 방법을 요약하면 다음과 같다. 이를 참고하여 스토리를 작성하고 수정하는 연습을 반복하면 아이디어를 확장하는 일이 자연스러워진다.

【스토리 작성 방법】

❶ 이야기의 원형 찾기 ⇨ **❷ 보편성, 타당성, 독창성 고민하기** ⇨ **❸ 스토리를 육하원칙으로 기술하기**

❸ 인물(characters), 시간과 장소(location), 긴장과 갈등을 유발하는 상황(situation), 인물의 문제 행동(act)과 이유(reason), 사물(object), 주제(theme) 담기

4 스토리 창작 사례

위의 책들은 필자가 쓴 장편동화책이다. 저학년 장편동화『콧구멍 속의 비밀』의 스토리는 초등학교 때 쓴 일기장에서 힌트를 얻었는데 몰래 코를 후비던 습관과 재미있게 읽었던『걸리버 여행기』를 떠올리면서 스토리를 작성했다. 매일

작아지는 이상한 아이가 다른 아이의 콧구멍 속으로 들어가 살게 되면서 서로의 문제를 해결해 가는 스토리는 장편동화 구상의 첫 단계가 되었다.

『머리에서 자라는 풀잎』은 인체에 대한 관심으로부터 시작되었고, 탈모로 고민하는 사람들의 기사를 보면서 인물을 만들었다. 20대에 탈모가 시작된 주인집 총각의 갑질에 맞서는 세탁소 꼬맹이의 대결 구도는 주인집과 세입자의 사회적 갈등을 압축하여 보여준다. 비밀을 폭로하는 아이의 복수극은 또 다른 심리적 갈등을 초래하는데 억울함과 죄책감 사이에서 고민하는 아이와 외모 콤플렉스에 빠져 좌절하는 대머리 총각의 갈등을 유쾌하게 풀어낸 작품이다.

『빼앗긴 일기』는 어른들에게 이용당하고 버려지는 아이들에 대한 기사를 보고 스토리를 만들었고, 『양꼬치 사총사의 지옥 대탐험』은 사춘기 아이들의 욕망과 분노에 초점을 맞추어 육체이탈을 통해 판타지를 체험하고 돌아오는 이야기이다.

제목과 표지에서 짐작하겠지만 스토리를 극적으로 만드는 문제적 인물과 상황, 주요 사물과 주제 등이 상징적으로 드러나 작품의 내용과 분위기를 유추할 수 있다.

칸 영화제에서 광고 대상을 수상한 태국의 상품광고 〈우리 사랑하게 해 주세요〉는 흥미로운 스토리 때문에 상품의 필요 가치가 강조된다. 영화 〈로미오와 줄리엣〉이 연상되는 스토리는 도마뱀의 비극적 상황을 재미있게 보여주면서 비극을 막으려면 반드시 천장을 수리해야 한다는 당위성을 보여준다. 마지막에 튼튼한 자재의 상품을 구매하여 도마뱀의 애절한 사랑을 지켜달라는 카피는 웃음을 자아낸다. 이처럼 인상적인 스토리는 수많은 광고 중에 오랫동안 상품을 기억하게 만들어 판매량과 기업 이미지에 좋은 영향을 준다.

학생 실습 예시

다음은 학생들이 문화콘텐츠를 감상한 뒤에 스토리를 작성한 사례이다. 스토리가 잘 만들어졌는지 장·단점 및 보완점을 이야기해 보자.

(1) 영화 〈핸섬수트〉 줄거리 작성

시장골목에서 2대째 식당을 운영하는 타꾸로는 낙천적인 성격의 소유자이다. 하지만 못생긴 외모 때문에 오해를 받고 여자들에게 늘 퇴짜를 맞아 외모 콤플렉스를 갖고 있다. 타꾸로는 식당 아르바이트를 하러 온 히로코를 보고 사랑에 빠지게 되고 용기를 내어 고백하지만 거절당한다. 그날 이후 히로코는 출근하지 않고 상반된 외모의 모토에가 가게 일을 돕게 된다.

그러던 어느 날 실의에 빠진 타꾸로에게 양복점 직원이 찾아와 입기만 하면 미남이 되는 '핸섬수트'의 임상 실험 대상자가 되어 달라고 제안한다. 이를 수락한 타꾸로는 핸섬수트를 입고 난 뒤 모델 '안니'로 변해 이중의 삶을 살게 된다.

여성의 사랑을 한 몸에 받게 된 타꾸로는 뜨거운 물에 대해 두려움을 느끼면서 위기를 겪게 되고 멸시를 받는 타꾸로가 아닌 '안니'가 되기로 결심한다. 그러나 모토에의 사고 소식을 들은 타꾸로는 과거의 삶이 행복했다고 느끼면서 다시 본래의 모습으로 돌아간다. 그리고 모토에가 못생긴 수트를 입은 히로코였다는 것을 알게 되면서 사랑의 참의미를 알게 된다.

(2) 소설 『중국인 거리』 줄거리 작성

인천의 항구, 중국인 거리에 이사 온 소녀 '나'와 가족들의 이야기이다.

전쟁 직후 가난하고 척박한 환경 속에서 나는 어머니의 임신과 출산이 끝없이 반복되는 상황, 양갈보 매기 언니가 미군에 의해 죽게 된 일, 아이를 낳지 못한 할머니가 돌아가신 일, 매기언니 딸 제니와 친구 치옥이가 고아가 되는 것을 목격하면서 자란다.

그렇게 혼란스러운 과정에서 나는 중국인 남자의 시선을 끊임없이 의식하게 되는데, 어머니의 난산 소리를 들으면서 초경을 맞게 된다.

위의 예시는 영화와 소설에 대한 줄거리이다. 비교적 잘 정리하였으나 (1)의 줄거리에서 타꾸로가 핸섬수를 입고 불안해 하는 이유(금기)와 모토에와의 관계성은 무엇인지, 결정적 선택의 원인이 무엇인지 언급되지 않아 스토리 후반부의 내용을 이해하기 어렵다.

(2)의 경우에도 중국인 남자가 나에게 미치는 영향에 대해 설득력 있게 줄거리로 작성하려면 그와의 사건이나 행위, 문제적 시선 등에 대한 제시가 필요하다.

소설 「중국인 거리」는 한국전쟁 직후를 배경으로 불안과 혼재 속에서 사는 한국여성의 비극적 삶을 제시한다. 전쟁이라는 폭력으로 인해 개인적 삶이 무너지고 복구되지 못한 채 반복되는 여성의 삶을 조명하는 주제의식을 먼저 파악해야 스토리를 작성할 수 있다.

소녀인 '나'를 통해 불안과 위기 속에 성장하는 소녀의 육체와 내면을 상징적으로 제시하고, 이를 위태롭게 보는 중국인 남자의 시선과 중국식 복주머니(희망적 삶, 건강한 성장을 기원하는)가 건강한 성장을 염원하는 의미라는 것을 짐작할 수 있도록 보완하면 더 좋은 줄거리가 될 수 있다.

다음은 학생들이 창작 실습한 스토리이다. 스토리가 잘 만들어졌는지 장·단점 및 보완점을 이야기해 보자.

죽음의 사망년

새 학기부터 여섯 개의 조별과제에 시달리던 세인은 극도의 스트레스로 불면증에 시달린다. 그녀는 협조하지 않는 조원들 때문에 누군가를 해치고 싶은 욕망에 휩싸이고, 분노를 조절하기 힘들어진다. 몸은 야위어가고 머리카락은 푸석해져 피골이 상접해 갈 무렵, 그녀는 알 수 없는 환청을 듣는다. 학기의 3분의 1이 지날 무렵, 세인은 팀플 단톡방에 알 수 없는 문자를 남기고 홀연히 종적을 감춘다. 이후 방관하던 팀원들은 알 수 없는 악몽에 시달리고 세인의 원망 섞인 환청을 듣게 된다. 함께한 스무 명의 팀원들 모두 비슷한 증세를 보이고, 기괴한 소문은 인터넷으로 빠르게 퍼져나간다. 학교 측에서는 이미지 관리를 위해 사건을 조용히 덮고 조별과제를 학칙으로 금지시킨다.

야마다의 바람

마라이 공업의 사장인 야마다 씨는 승진 기한이 되면 종이에 사원들 이름을 적은 뒤 선풍기 바람에 날려 제일 멀리 날아간 종이에 적힌 사원을 승진시킨다.

야마다 씨는 직장이 없던 시기에 모든 것을 포기한 상태로 술에 취해 살았다. 만취한 그는 귀가하던 중에 바람에 날아온 서류봉투를 줍게 되었다. 다음날 술에서 깬 야마다 씨는 봉투 안에 있는 엄청난 금액의 통장들을 발견한다. 야마다 씨는 마음이 혹했지만 경찰에 신고해 주인한테 서류봉투를 돌려주었다. 봉투를 찾은 대기업 사장은 회사의 모든 사업비가 담긴 통장을 들고 감격했다. 사장은 야마다 씨를 자신의 회사에 고용했고, 다시 희망이 생긴 야마다 씨는 열심히 일해서 작은 회사를 세웠다. 바람을 행운이라고 여긴 야마다 씨는 그 후로 바람에 종이를 날려 직원을 승진시키게 되었다.

모델

한국에서 나는 부모님의 예술을 위한 모델로 쓰인다. 부모님은 그런 딸에게 과도한 요구와 학대까지 일삼는다. 이에 견딜 수 없어 나는 가출하여 유럽으로 떠난다. 정처 없이 떠돌던 나는 골목에서 푸른 눈의 소녀에게 매료되어 매일 그 아이의 모습을 그린다.

가난한 아이에게 돈을 주어 그림의 모델이 되어 달라고 하는 나. 그녀는 돈 때문에 모델이 된 소녀의 눈동자에서 자신의 부모를 보게 된다. 나는 갑작스레 경련을 일으키며 들고 있던 연필로 자신의 눈을 찌르려한다. 푸른 눈의 아이가 위험을 막는다. 나를 진정시킨 아이가 손을 거두며 두려운 눈빛으로 애써 미소를 짓는다. 그녀는 푸른 눈의 아이를 보고 도망치듯 한국으로 돌아가 자취를 감춰버린다.

절벽에서 떨어지는 소를 주의하라

때는 먼 미래, 줄기세포를 이용해서 살육 없이 고기를 만들 수 있는 기술이 상용화되었다. 인공 고기는 실제 고기와 비교해서 어느 면에서도 뒤떨어지지 않았고 오히려 좋은 품질, 인기 있는 부위를 쉽게 재현해냈으며 결과적으로 국민들에게 저렴한 가격으로 고기를 공급할 수 있었다. 정부는 환경단체, 동물보호단체, 다수 국민의 지지를 힘입어 필요 없는 살생을 금지하기 위해 도축을 목적으로 하는 전국의 동물농장들을 폐지하기로 결정했다.

하지만 아직까지 살아있는 고기를 도축해서 먹고자 하는 사람들이 남아있었고 그들은 정부의 정책에 거세게 반발했다. 결국, 정부는 마지막 남은 농장 한 곳의 존재를 묵인했다. 이런 사실이 국민들에게 알려지고 정부는 입장을 번복하는 듯 했으나 이에 대한 논란은 시간이 지나고 자연스럽게 수그러들었다.

존재를 인정받지 못한 동물농장은 시간이 흐를수록 폐쇄적인 음지의 산업이 되어 갔다. 아무런 규제도 받지 않는 그들은 이전의 농장들보다 훨씬 열악한 환경에서 동물들을 사육하고 잔인하게 도축했다. 이곳에 대한 논란이 쟁점화 된 것은 동물농장 폐지정책이 결정되고 5년 뒤였다.

어느 외진 도로, '절벽에서 떨어지는 소로 인한 사고'라는 이상한 일이 연속적으로 발생하고 있다는 뉴스 제보가 들어왔다. 제보를 듣고 도로 인근에서 잠복 취재하던 기자들은 충격적인 광경을 목격하게 되었다. 그것은 바로 소가 스스로 절벽에서 떨어지는 모습이었다. 이 일이 알려지고 '소집단 자살 사건'은 전국을 다시 한 번 떠들썩하게 만든다. 전국 각지에서 대규모 시위가 발생했고 정부는 결국 최후의 동물농장을 폐지하게 된다. 이후 사람들이 이 사건을 기억하고 자살한 소들을 추모하기 위해서 절벽 밑 도로에 표지판을 세우게 된다. '절벽에서 떨어지는 소를 주의하라.'

유리병 세상

작은 마을이 있다. 우리 가족을 포함해 3가구가 옹기종기 모여 살고 있다. 나는 어렸을 적부터 호기심이 많은 아이였다. 하늘 위에 떠다니는 구름을 보면 사다리를 가져와 구름을 한 웅큼 집어 유리병에 보관해 두고 싶었다. 그런데 매번 사다리가 구름까지 닿기에 조금 모자랐다. 어느 날 동네를 벗어나 다른 마을에 가보고 싶어졌다. 어머니께 말씀을 드렸더니 어머니는 다른 마을은 없다며 나를 야단치셨다.

며칠 후 동생과 함께 공놀이를 하다가 날아간 공을 가지러 달려갔다. 공은 내가 다가갈수록 멀리 달아났다. 한참을 따라간 나는 공이 멈춘 자리에 투명 벽이 있다는 것을 알게 되었다. 마을 끝에는 푸른 바다가 펼쳐 있겠구나! 라고 생각했는데 엄청난 크기의 투명한 벽이 바다를 가로막고 있었다.

나는 집으로 돌아가 이 사실을 알렸다. 부모님은 마을사람들과 함께 그곳으로 갔고 모두들 놀랐다. 나는 마을사람들에게 "이 유리를 깨고 다른 세상으로 나가요!" 라고 외쳤다. 사람들은 모두 구명조끼를 입고 한마음이 되어 벽을 깨기 시작했다. 벽에 금이 갔고 깨진 유리벽을 뚫고 바닷물이 들어왔다.

마을사람들은 유리병 밖으로 나가려고 헤엄쳤다. 유리병 밖으로 나가자 푸르기만 하던 하늘색이 빨갛게 변했고 마을보다 넓은 세상이 펼쳐졌다. 마을사람들은 바깥세상을 구경하며 다른 마을에 도착해 그곳 사람들과 어울려 정답게 살았다.

창작 실습

1 인상적인 사진과 자료 등을 찾아보고, 10줄 내외로 스토리를 작성해 보자.

2 스토리를 발표하고 장·단점 및 보완점에 대해 이야기해 보자.

3장

캐릭터가 중요해 !

: 효과적인 인물 구성

1. 인물, 사건의 주체

2. 인물의 유형과 성격 구성

3. 인물형상화 3단계와 캐릭터 창작 방법 8가지

3장 캐릭터가 중요해! : 효과적인 인물 구성

1 인물, 사건의 주체

소설에서 인물(人物, charcter)은 사건의 주체로서 필수불가결한 요소이다. 보통 '캐릭터'나 '성격'으로도 불리는데 '인물'은 외부에서 보는 관찰의 대상이고, '성격'은 인물의 내부적 속성을 중점적으로 가리킨다.

'성격 구현'은 인물의 창조적 구성을 의미하며 문화산업에서 이를 다양하게 활용할 때 '캐릭터'라는 용어로 쓰인다. '인물'은 외양적인 특성과 도덕적, 기질적, 환경적 특성을 혼합하여 그 인물만이 갖는 특수성과 보편성을 융합한 결정체이기에 인상적인 캐릭터는 시공간을 초월하여 사람들의 기억에 오래 남는다.

애니메이션 〈쿵푸팬더〉의 팬더와 만화 〈짱구는 못 말려〉의 짱구, 〈겨울왕국〉의 엘사와 안나, 포켓몬스터, 말괄량이 삐삐 또한 오랫동안 사랑받는 캐릭터들이다. 허구적인 인물이지만 생동감이 넘쳐서 다양한 상품으로 활용되고 있다.

위의 인물들은 신선하고 친근한 공통점이 있는데, 팬더와 삐삐는 고정관념을 깨는 새로운 고아 유형으로서 엉뚱하면서도 지혜롭고 정이 넘친다. 〈겨울왕국〉의 엘사와 안나는 현대인의 결핍과 욕망을 대리하여 많은 사람들이 공감한다.

특히 엘사는 비밀스러운 저주로 고통 받다가 신분과 시선으로부터 벗어나 자기다움을 찾는데, 치명적 결함이라고 생각했던 문제를 특별한 재능으로 받아들이면서 이를 긍정적 에너지로 발휘한다. 엘사는 권위와 아름다움을 상징하는 공주 유형에서 벗어나 인간적 고뇌를 통해 진정한 여왕으로 거듭난다. 안나 역시 활동적인 모습으로 엘사가 당당히 설 수 있도록 조력하면서 자신의 사랑도 실현한다.

문화와 시대를 초월하여 사랑받는 캐릭터들은 성격 구성이 치밀하게 이루어져 말과 행동을 통해 성격이 드러나고 주변인물과 긴밀하게 연결되어 사건을 진전시킨다. 이때 인물의 결함과 욕망은 행위의 동기가 되고 갈등을 필연적으로 전개시키는 동력이 된다.

2 인물의 유형과 성격 구성

인물은 ① 주동적/반동적, ② 평면적/입체적, ③ 전형적/개성적, ④ 희극적/비극적 인물로 유형화한다.

주동적 인물(Protagonist)은 중요한 사건의 중심에 있는 인물로 행동을 주도하는 주인공을 말한다. 반동적 인물(Antagonist)은 주인공과 대립적인 입장에서 주인공의 욕망을 가로막고 사건의 흐름을 방해하여 이야기의 흐름을 순조롭지 못하게 만드는 적대자이다. 이 외에 주인공과 적대자 주위에서 사건을 돕거나 흥미와 묘미를 풍성하게 만들어주는 인물들을 부수적 인물로 분류한다.

평면적 인물은 환경과 사건에 따라 변화하지 않는 단일한 성격으로 일관성 있는 인물이다. 사회적, 윤리적 가치와 신념이 동일하게 나타나는 인물들이 대표적인데 선하고 악한 자, 개방적이거나 폐쇄적인 자, 능동적이거나 수동적인 자 등 도덕적, 개별적 인성의 주요한 면모가 작품 속에서 불변하는 성격으로 나타난다.

입체적 인물은 이와 반대로 사건과 환경의 변화, 중요한 쟁점 앞에서 성격과 행동 방식, 태도와 심리 등이 변화하여 내적 면모가 입체적, 다각적으로 드러나는 인물이다.

〈해리포터〉시리즈에서 해리포터는 소극적, 수동적 성격의 위축된 자아에서 능동적, 적극적 성격의 활동적인 인물로 바뀌면서 문제 해결에 앞장서는 주도적 인물로 성장한다. 외향적이면서도 내성적인 면모, 이성적이면서도 감성적인 성격이 인물 간의 관계와 사건을 통해 드러나는데 복잡한 인간 내면의 변화를 잘 보여주면 리얼리티가 살아나 공감과 몰입에 효과적이다.

전형적 인물은 어떤 집단이나 계층에 소속되어 공통적인 특성을 보여주는 인물로 나이, 문화, 시대, 환경 등 보편적 특수성이 강조된다.

『춘향전』의 춘향이는 정절을 지키는 조선시대 여성상을 보여주는 전형적 인물이며, 왕이나 리더들의 권위적인 면모 또한 인물의 전형성을 보여준다. 경찰이나 군인의 정의로움, 노인의 지혜와 인자함, 아이의 어리광과 천진난만함 등을 보여주는 인물들은 보편적 특성을 따르는 전형적 인물이다.

개성적 인물은 전형성을 탈피하거나 개별적 특수성을 강조하여 고정관념이나 편견을 깨는 인물로서 이야기를 참신하게 만든다. 직업이나 환경에 구애받지 않고 자신만의 특유한 기질과 성품을 통해서 독자성을 구축하고 독특한 성격을 통해 주제의식을 보여주기에 독자는 개성적 인물의 사유방식과 행동을 통해 작가의 의도를 이해하면서 신선한 충격을 받는다.

〈세 얼간이〉는 인도 영화의 특성을 나타내는 발리우드 영화(붐베이와 헐리우드의 합성어)이다. 영화, 뮤지컬, 콘서트, 무용 등 뮤지컬적인 요소가 많은 부분을 차지하여 공연예술을 보는 듯한 재미가 있다.

〈세 얼간이〉는 인도 역사상 가장 많이 팔린 영어 소설을 원작으로 하며, 인도 최고의 공학도들이 무한경쟁 속에서 학업과 취업, 사회적 욕망으로 인해 갈등하며 고군분투하는 유쾌한 이야기이다. 코믹 장르이나 교육, 계급, 사회 문제를 자연스럽게 다루었으며 엘리트 천재들을 세 얼간이로 명명하면서 자아를 찾아가는 과정을 치밀한 구성과 박진감 넘치는 전개로 만들었다.

주동 인물 '란초'는 사회에서 정해놓은 규칙이나 규율, 암묵적으로 행해지는 관습 따위에 얽매이지 않는 인물로 공학을 사랑하는 인물이다. 본명은 '초테'이며 정원사의 아들로 태어나 주인집 아들 란초의 공부를 대신해 온 비밀스러운 과거가 있다. 란초와 그의 아버지는 초테가 좋아하는 공부를 할 수 있게 돕는 대신 란초(주인집 아들)가 학위를 취득할 수 있도록 대리자의 삶을 살도록 요구했다. 초테는 명문대학에 입학하여 원하던 학업을 해나가지만 교육과 경쟁, 꿈과 이상의 괴리로 갈등하게 된다.

"1분만 돌려 생각해 보죠. 제가 질문을 드렸을 때 설렜나요? 호기심이 생겼나요? 새로운 걸 배운다는 생각에 흥분됐나요? 아무도 없나요? 교수님? 아니죠. 모두들 미친 듯이 레이스만 펼쳤죠. 이런 방식이 무슨 소용 있나요? 만약 제일 먼저 문제를 풀었다고 해도 그게 지식을 늘게 해주나요? 아니요, 스트레스만 주죠. 여기는 대학입니다. 스트레스 공장이 아니죠. 서커스 사자도 채찍에 두려움으로 의자에 앉는 걸 배우지만 그런 사자는 잘 훈련됐다고 하지, 잘 교육됐다고는 안합니다."

강의 중에 교수와 학생들에게 질문하는 란초의 대사는 신념이 드러난다. 'All is well(알 이즈 웰)'은 란초의 긍정적 세계관과 자유로움, 창의적 사고를 단적으로 보여주며 성공을 위한 교육 시스템을 비판하는 개성적, 입체적 인물이다.

이 영화에서 '파르한'은 내레이션을 통해 란초를 면밀하게 관찰하는 화자 역할을 한다. 야생동물 사진작가가 되고 싶지만 아버지의 뜻을 어길 수 없어서 관심 없는 공학을 전공하는 파르한은 천재들의 좌절과 란초의 진정성을 보면서 숨겨 둔 꿈을 향해 도전하는 모습을 보인다.

또 다른 얼간이 '라주'는 가족을 돌봐야 하는 책임감과 두려움이 많은 인물이다. 기대와 실패에 대한 중압감으로 불안과 우울함에 빠져 신을 맹신하는 성향을 보이며, 병든 아버지와 불만 가득한 어머니, 가난한 형편 때문에 시집을 못 가는 누나를 책임지기 위해 무조건 대기업에 취직하려는 인물이다. 사고까지 겹쳐 위기에 부딪히지만 친구들의 도움으로 부담감을 줄여나간다.

〈세 얼간이〉에서 삼총사와 대비되는 '차투르'는 사회가 정해놓은 엘리트 코스를 통해 상위 그룹에 진입하려고 노력하는 전형적, 평면적, 반동적 인물이다. 부와 명예가 성공이라고 믿으며 경쟁에서 살아남기 위해 시기심과 이기성이 극에 달하는 인물로 주입식 교육의 폐해를 보여준다.

'피아'는 보수적이며 권위적인 비루 총장의 딸로 관습과 억압, 제재에 익숙하며 부모의 기대에 따르며 살아왔다. 아버지의 사고방식에 문제가 있다고 생각하면서도 이를 타파하지 못하다가 파혼을 결정하는 주도적인 면모를 보이기도 한다. 란초를 만나 진정한 사랑이 무엇인지 깨달으며 전과 달리 능동적으로 문제를 해결하면서 란초와의 사랑도 이루어내는 개성적 인물이다.

'비루'는 전형적인 사회 규율과 규칙을 중시하는 총장으로 생활에는 패턴이 존재하며 이를 어기는 것은 권위에 대한 도전이라고 여기는 고지식한 지식인이다. 자신의 신념과 맞지 않으면 배척하는 완벽주의자로 결말에 이를수록 인간적인 면모가 드러나는데, 부녀 관계와 갈등을 통해 과오를 인정하고 란초의 비판을 받아들이게 된다. 옳다고 믿었던 자신의 신념이 틀렸다는 것을 인정하는 모습은 변화를 수용하는 긍정적인 미래를 예고한다.

이처럼 작품 속 인물들은 인물의 역할과 기능에 따라 유형을 나누어 살펴 볼 수 있다. 주동적 인물은 대체로 전형성과 개성을 함께 지니며, 공감할 수 있는 독특한 자아를 형성해야 살아있는 인물처럼 독자를 매료시킬 수 있다.

다음으로 인물의 유형을 구성하는 방법인 ① 직접한정과 ② 간접제시를 살펴보자.

이는 작가가 인물의 성격을 묘사하는 기술 방식인데, 직접한정은 직접적인 설명으로 인물을 한정하여 설명하는 말해주기(telling)이다.

소설 서두에서 주로 많이 사용하는데 인물의 환경과 태생, 성격과 성장에 대한 직접적인 소개들이 이에 해당한다. 직접한정의 기술 뒤에는 소개나 설명을 구체적으로 보여주는 상황이나 사건이 묘사되고, 본격적인 갈등이 펼쳐진다. 이러한 묘사를 정리하는 직접한정의 기술로 인물에 대한 평가와 판단 등을 명료하게 보여준다.

간접제시는 인물의 특성과 성격, 심리 등을 간접적으로 제시하는 보여주기(showing)이다. 말해주기는 인물의 기질과 욕망, 행위의 동기, 특성 등을 직접적으로 말함으로써 인물에 대한 이해를 돕고 행위의 개연성을 쉽게 파악하도록 만든다.

직접한정이 정보를 주는 데 용이하다면, 간접제시인 보여주기는 인물들이 말하고 행동하는 것을 제시할 뿐 독자들이 유추하면서 인물을 추정하도록 하는 방법이다. 이 두 가지를 적절하게 사용하면 인물에 대한 공감각화, 장면과 사건 전개의 속도감이 일정한 패턴으로 만들어져서 인물에 대한 이해뿐만 아니라 소설의 내외적 리듬감이 형성되어 가독성이 높아진다.

작가는 직접한정과 간접제시를 적절하게 배치하여 인물을 기술하는데 문학 작품에서는 간접제시를 활용하는 것이 효과적이다. 독자는 상상력을 동원하여 스스로 체험하고 추측, 판단하기를 원하며 극적 긴장을 통해 몰입될 때 흥미를 느끼기 때문이다. 그러므로 작가는 직접적인 설명을 피하고 인물의 내·외적 체험을 제시해야 한다. 인물의 행위와 내면의 영향 관계, 어떤 상황에서 인물이 어떤 반응을 보이는지 구체적으로 묘사하여 인물의 특수성을 드러내야 한다.

인격의 일관성은 특징적인 일면만 집중해서 보여줄 수도 있고 인물의 복잡한 면모를 다각적으로 제시하여 드러낼 수도 있다. 이에 따라 평면적/입체적 인물로 나누어 구분할 수도 있고, 전형적/개성적으로 유형화할 수도 있다.

요약하자면, 간접제시는 주로 객관적인 묘사로 이루어진다. 인물의 내면세계, 복잡한 정신세계까지 인과적, 연쇄적으로 보여주어야 하는 인물의 심리 과정의 재현이다. 이 방법은 '의식의 흐름 기법'으로 발전되었는데 인물의 의식, 전의식, 무의식 등 정신과 심리를 자유연상과 내적 독백, 다채로운 상관물과 반응적 태도 등을 통해 무의식적 심리의 움직임을 구체적으로 드러내는 방법이다.

E.M 포스터(E.M.Forster)는 평면적 인물이 "하나의 단일한 관념이나 특성"을 중심으로 구성되고, 개성을 부여하는 세부 사항 없이 제시되기 때문에 간단한 문장과 문구로 충분히 묘사될 수 있다고 했다. 이에 반해 입체적 인물은 기질과 동기가 복잡하여 미묘한 특수성을 묘사해야 하는데 이를 위해서는 다양한 상황, 여타 인물들과의 관계, 내면적 심리 등을 극적 상황과 성격 묘사를 통해 치밀하게 구성되어야 한다고 강조했다.

입체적 인물이 평면적 인물보다 일관성이 적어 보이지만, 입체적 면모를 타당하게 인식하면서 한 인물로 완성된 이미지를 만들기 위해서는 특수함을 인정할 수 있는 설득력, 심리와 행위의 연관성, 환경과 사건에 변화하는 개연성 등을 더욱 확보해야 한다. 인물에 대한 타당성이 이야기 전체에 대한 타당성으로 연계되기 때문이다.

소설에서 인물을 기술하는 직접한정/간접제시의 방법이 어떻게 사용되었는지 살펴보면 이해가 쉽다. 다음 예문에서 직접한정과 간접제시 부분을 찾아보고,

인물을 자연스럽게 형상화하는 방법을 생각해 보면 도움이 된다.

(1) 동생의 전화 목소리는 속사포처럼 빨랐다. 충분히 상냥했고 응석이 깔려 있었음에도 불구하고 대답할 틈을 전혀 주지 않았기 때문인지 명령조로 들렸다.

(2) "그럼 언니 부탁해, 어머머 큰일 났다. 오늘 직원조횐데 또 교장 눈총 맞으면서 들어가게 생겼네. 언니 지금 통탄하고 있지? 날 옆으로 끌어들인 거 말야. 그렇지만 때는 이미 늦었구. 우리 언니의 요 꿀맛을 안 이상 악착같이 붙어 다닐 테니까. 약오르지롱."

(3) 제 할 소리 다 하고 농지거리까지 하고 나서 가타부타 이쪽의 사정 따위는 들을 척도 안 하고 전화는 찰카닥 끊겼다. 동생의 용건은 제 자식 슬기 유치원에서 재롱잔치가 오늘 오후에 있는데 학기말 성적처리 때문에 도저히 그 시간에 빠져나올 수가 없으니 나더러 대신 가 달라는 거였다.

(4) 동생은 여자고등학교 가정선생이었다. 가정이 살림솜씨를 가르치는 과목은 아니라고 해도 동생이 가정선생이라는 건 웃기는 일이었다. 살림에는 솜씨도 뜻도 없이 다만 최소한으로 하는 거 하나가 주특기였다. 잘 기르기 위해 하나만 낳겠다고 공언하고 외아들 슬기를 낳은 후에도 학교를 안 그만두었다. 산전 산후 휴가 동안에 비로소 전업주부가 되는 일에 대해 진지하게 생각해 보았는데 도저히 그럴 수가 없다는 걸 알고 깜짝 놀랐다고 했다. 그 때부터 내가 동생의 가정선생 노릇을 하지 않을 수가 없었다. 파출부를 고용할 때 면접하는 일로부터 임금 협상, 길들이기 등을 뒤에서 코치했고, 우리 장볼 때 동생네 것도 같이 봐 가지고 가 파출부에게 요리실습까지 해 보였고, 아기 옷이나 기저귀 빨래에 비누기가 남아 있지 않나 의혹의 눈초리를 번득이기도 했다.

— 박완서 「꿈꾸는 인큐베이터」 중에서

위의 예문에서 (1)은 동생에 대한 직접한정이며 (2)는 동생을 간접제시로 묘사하는 부분이다. (3)에서 다시 동생(전화 내용)을 직접한정으로 정리한 뒤, 본격적으로 (4)에서 동생과 자신의 관계(과거)를 말해주기로 설명하고 있다. 직접 한정은 이해가 쉽게 되는 장점이 있으나 길어지면 지루해지는데 (4)에서 묘사적 표현(보여주기)들을 넣어 설명함으로써 인물과 상황에 대한 정보가 생생하게 그려진다.

결국 인상적인 인물을 창조한다는 것, 사랑받는 캐릭터를 만든다는 것은 보편성과 특수성, 추상성과 구상성의 융합으로 가능해진다.

3
인물형상화 3단계와 캐릭터 창작 방법 8가지

허구적 인물을 살아있는 인물처럼 만든다는 것은 어렵지만 흥미로운 작업이다. 형상이 없는 가상의 인물을 형상이 있는 구체적 인물로 완성하는 과정을 '인물형상화'라고 하며, ① 구상 ② 구성 ③ 생명력을 불어넣는 3단계로 설명할 수 있다.

위의 그림은 모두 허구적 인물이다. (1)은 스케치 단계로 미완의 상태이다. 성별, 나이, 외양을 알 수 없고 언제든 수정 보완이 가능한 구상 단계이다.

(2)는 인물들이 대략 완성되었으며 시간과 장소가 구체적이다. 주인공과 주변 인물의 관계 및 역할을 짐작할 수 있으며 역동적 행위를 통해 분위기와 사건의 추이를 예측할 수 있다. 즉 아이디어를 체계화하여 전체와 세부 항목들을 계획적으로 연계한 구성 단계이다.

(3)은 영화 포스터로 배우들이 인물을 연기하여 훨씬 현실적이다. 구상과 구성의 단계를 거쳐 실존하는 사람처럼 매력을 발휘하는 단계인데 인물에 생명력을 불어넣는 완성 단계이다.

인물형상화 3단계를 거친 뒤에는 생생한 캐릭터를 만들어야 한다.

인물을 만드는 기본 방법은, 인물의 ① 육체적 외모를 만들고 이름이나 별명 등을 붙여 ② 명명(命名)하는 것이다. 말투나 목소리, 어조, 사투리, 즐겨 쓰는 단어 등 언어적 특성을 선별하여 ③ 말씨(speech)를 만들어야 한다.

사람을 만나서 이야기를 해보면 외모와 이름에서 느껴지는 인상보다 그 사람에 대해 더 잘 알게 된다. 고향이나 지방색, 성장 환경과 성격, 학업의 정도, 직업관, 인생관 등 말씨와 말의 내용을 통해서 인물의 과거와 현재를 파악할 수 있다.

아내가 채식을 시작하기 전까지 나는 그녀가 특별한 사람이라고 생각한 적이 없었다. 솔직히 말하자면, 아내를 처음 만났을 때 끌리지도 않았다. 크지도 작지도 않은 키, 길지도 짧지도 않은 단발머리, 각질이 일어난 노르스름한 피부, 외까풀 눈에 약간 튀어나온 광대뼈, 개성 있어 보이는 것을 두려워하는 듯한 무채색의 옷차림. 가장 단순한 디자인의 검은 구두를 신고 그녀는 내가 기다리는 테이블로 다가왔다. 빠르지도 느리지도, 힘 있지도, 가냘프지도 않은 걸음걸이로.

내가 그녀와 결혼한 것은, 그녀에게 특별한 매력이 없는 것과 같이 특별한 단점도 없어 보였기 때문이었다. 신선함이나 재치, 세련된 면을 찾아볼 수 없는 그녀의 무난한 성격이 나에게는 편안했다. 굳이 그녀의 마음을 사로잡기 위해 박식한 척할 필요가 없었고, 약속시간에 늦을까봐 허둥대지 않아도 되었으며, 패션 카탈로그에 나오는 남자들과 스스로를 비교해 위축될 까닭도 없었다. 이십대 중반부터 나오기 시작한 아랫배, 노력해도 근육이 붙지 않는 가느다란 다리와 팔뚝, 남모를 열등감의 원인이었던 작은 성기까지, 그녀에게는 그다지 신경 쓰이지 않았다.

— 한강, 「채식주의자」 중에서

사람들은 아버지를 난장이라고 불렀다. 사람들은 옳게 보았다. 아버지는 난장이였다. 불행하게도 사람들은 아버지를 보는 것 하나만 옳았다. 그 밖의 것들은 하나도 옳지 않았다. 나는 아버지, 어머니, 영호, 영희, 그리고 나를 포함한 다섯 식구의 모든 것을 걸고 그들이 옳지 않다는 것을 언제나 말할 수 있다. 나의 '모든 것'이라는 표현에는 '다섯 식구의 목숨'이 포함되어 있다. 천국에 사는 사람들은 지옥을 생각할 필요가 없다. 그러나 우리 다섯 식구는 지옥에 살면서 천국을 생각했다. 단 하루라도 천국을 생각해 보지 않은 날이 없다.

— 조세희, 『난장이가 쏘아올린 작은 공』 중에서

하나코. 그것은 그들만의 암호였다. 한 여자를 지칭하기 위한 그들 사이의 암호.

한 여자가 있었다. 물론 그 여자에게도 이름이 있었다. 그 이름은 그들의 도시적 감성에는 그다지 매력적으로 다가오는 이름이 아니었다. 그렇다고 그 때문에 암호를 사용한 것은 아니다. 그리고 하나코 앞에서 그녀를 별명으로 부른 적도 없다. 그들끼리만 모였을 때, 지루하고 전망 없는 하루 저녁 술자리에서 그녀를 지칭하느라 우연히 튀어나온 농담조의 이 별명이 암호가 되었다. 그들은 암호 만들기를 좋아하는 삶의 그리 밝지 못한 단계를 지나고 있었다. 약간씩의 차이는 있지만 그들은 대충 스물 네댓 정도의 나이를 먹었고 모두들 대학 졸업을 앞둔 상태였다.

어느 날 그들 무리 중의 하나가 비슷한 나이 또래로 보이는 한 여대생을 소개했다. 키가 유난히 작고, 낮은 목소리로 그들의 대화에 무리 없이 끼어들고, 이마를 왼쪽으로 기웃하면서, 가끔 논리를 벗어난 그들의 객기에 대해 진지한 표정으로, 아주 심각하게 질문을 던지던 여자.

〈왜 그렇게 생각하죠?〉라든지,
혹은, 약간 우울한 눈을 하고,
〈아마 우리가 모두 젊기 때문에 그럴 거예요. 어떻게 그 젊음을 써야 할지 모르기 때문에 말이죠.〉같은 말을 해서 그들 모두를 당황케 만들던 여자가 하나코였다.

— 최윤, 「하나코는 없다」 중에서

④ 버릇과 습관은 개인적 특성으로 인물의 특수성을 보여주기 위한 좋은 장치이다. 주인공의 기질과 성격, 특히 문제적 상황에서 나타나는 육체적, 감각적 신호를 공감각화하여 제시하면 보이지 않는 내면심리를 그려낼 수 있다.

또한 버릇과 습관은 설명이나 대화보다 간단한 행위만으로 은밀한 기분과 심리를 효과적으로 드러낼 수 있기 때문에 극적 긴장을 야기하는 데 좋다. 버릇과 습관은 오랜 시간 고착된 비언어적 행위로 인물의 과거를 유추할 수 있고 현재의 갈등과 미래에 나타날 결과까지 추론할 수 있어서 복선과 암시의 역할도 한다.

⑤ 직업과 취미는 인물의 현재를 가장 잘 보여준다. 어떤 직업을 선택하여 생활하는 모습에는 만족과 불만 등이 내재하며, 욕망 실현이 제대로 이루어지지 않는 경우에 취미 활동을 통해서 욕구를 대리 해소한다. 직업과 취미는 이성적, 사회적 자아와 본능적, 개인적 자아의 내밀한 면모를 대비적으로 보여준다.

우리가 만난 건 재작년 2월이다. 나는 당시에도 발골사를 하고 있었다. 아침 일찍 공장에 나가 다섯 시가 조금 넘는 시간에 퇴근하고 집에 돌아오는 게 전부인 일과였다. 일탈이라면 가끔 친구들과 안마방을 가는 정도. 먹자골목 뒷길로 좀 더 가다보면 별의별 안마방이 다 있다. 신다는 생긴 지 얼마 안 된 파란 간판 안마방의 카운터를 보는 아이였다. 당시만 해도 신다는 제법 마른 체형이었다. 적어도 늘어진 티셔츠를 입을 때마다 쇄골이 보이긴 했으니까. 까무잡잡한 피부와 쌍꺼풀 없는 눈매는 초면부터 사나운 인상이어서 친구들은 면상이 재수 없다고 뒤에서 말했다. 나는 반대로 그 눈매가 마음에 들어서 신다와 섹스하는 장면들을 상상하며 카운터 쪽으로 자주 웃어

주기도 했다. 하지만 신다는 그게 전부였다. 카운터를 벗어나지도 않았고 번호가 붙어있는 몇몇의 방에 기웃거리지도 않았다. 몇 번을 눈여겨본 뒤에서야 신다는 카운터 뒤 다락방에서 자거나 먹고 싸는 계집이라는 걸 알았다. 그리고 고기에 환장하는 년이라는 것도. 나는 신다에게 돈을 주겠다 했다. 먹고 싶은 것도 먹게 해준다고 했다. 그러니 같이 살자고, 나랑 같이 가자고 말했다. 신다는 북한 억양으로 항정살은 비싼데 그것도 네가 사줄 거냐고 물었다. 항정살이 뭐야. 돼지고기라면 다 줄 수 있어. 발골사가 뭔지 알아? 네가 좋아하는 돼지고기 그거 다 내가 손보는 거야, 등갈비도 족발도 삼겹살도 가브리살도 항정살도 다. 나는 그렇게 대답했고 신다는 일주일 뒤 안마방을 관두고 지금의 집으로 왔다. 그리고 그날 저녁 우린 항정살과 삼겹살을 구워 먹으며 많은 이야기를 했다, 그중에는 신다의 탈북 이야기도 있었다.

— 남궁지혜, 「신다」 중에서

아내는 말수가 적은 편이었다. 나에게 무엇인가를 요구하는 일은 드물었고, 내 귀가시간이 아무리 늦어도 관여하지 않았다. 어쩌다 함께 있는 휴일에 어딘가로 외출하기를 청하지도 않았다. 내가 오후 내내 텔레비전 리모컨을 쥐고 뒹구는 동안 아내는 자신의 방에 틀어박혀 있었다. 아마도 일을 하거나 책을 읽는 모양으로 — 아내의 취미라 할 만한 것은 기껏 책 읽기 정도였는데, 그 책들이란 대부분 표지를 열어보기도 싫을 만큼 따분해 보이는 것들이었다. — 끼니때에만 문을 열고 나와 말없이 음식을 만들었다. 사실, 그런 아내와 산다는 게 그다지 재미있는 일일 리는 없었다. 그러나 하루에도 몇 번씩 직장동료나 친구들의 휴대폰을 울려대는 아내들, 주기적으로 바가지를 긁어 요란한 부부싸움을 벌이곤 한다는 아내들이 피곤하게 느껴지던 터였으므로 나는 감사히 여겼다.

오직 한 가지 아내에게 남다르다고 할 만한 점이 있다면 브래지어를 좋아하지 않는다는 것이었다. 짧고 민숭민숭했던 연애시절, 우연히 그녀의 등에 손을 얹었다가 스웨터 아래로 브래지어 끈이 만져지지 않는 것을 알았을 때 나는 조금 흥분했었다. 혹 그녀가 나에게 무언의 신호를 보내고 있는 것인지 판단하기 위해 잠시 새로운 눈으로 그녀의 태도를 관찰했다. 관찰의 결과는, 그녀가 신호 따위를 전혀 보내고 있지 않다는 것이었다. 신호가 아니라면, 게으름이나 무신경인가? 나는 이해할 수 없었다.

그녀의 가슴에 노브라란 사실이 어울리지도 않았다. 차라리 두툼한 패드를 넣은 브래지어를 하고 다녔다면 친구들에게 보일 때 내 체면이 섰을 것이다.

결혼 한 뒤 아내는 집에서 아예 브래지어를 벗고 지냈다. 여름철에 잠깐 외출할 때면 동그랗게 돌출된 젖꼭지의 윤곽이 드러날까 봐 할 수 없이 브래지어를 했지만, 일 분 안에 호크를 풀어버렸다. 옅은 색의 얇은 상의나 약간 끼는 옷을 입었을 경우에는 풀린 호크가 역력히 드러나는데도 그녀는 괘념하지 않았다. 내가 나무라자, 그녀는 찌는 듯한 더위에 조끼를 겹쳐 입는 것으로 브래지어를 대신했다. 답답해서, 브래지어가 가슴을 조여서 견딜 수 없다고 아내는 변명했다. 나야 브래지어를 해본 적이 없으니 그것의 착용감이 얼마나 숨 막히는 것인지 알 길이 없었다. 그러나 모든 여자들이 그녀만큼 브래지어를 싫어하지 않으리라는 것만은 확실해 보였으므로, 그녀의 과민함은 의아하게 느껴졌다.

— 한강, 「채식주의자」 중에서

어느새 나는 세상을 12자, 8자 통유리로 들여다보고 이해하는 나쁜 버릇에 길들여져 있었다. 언제나 거리에는 어디선가 본 듯한 사람들이 걸어 다녔고 거리는 완전하게 텅 비어 있는 적이 없었다. 택시보다 더 많은 화물트럭들이 지나다니고 60번 11번 16번 버스들, 그리고 버스보다 자주 은빛 체인이 달린 날씬한 자전거들이 지나다녔다. 가게 문을 열고 들어오면, 가로는 짧고 세로로 긴 그런 기역자 모양의 진열장이 있다. 언젠가 한 번 줄자를 들고 벽과 진열장 사이의 간격을 재어 본 적이 있었는데 세로로 긴 진열장과 벽 사이는 정확히 오십 센티미터였다. 그 오십 센티미터 공간 사이에 나는 지름 삼십오 센티미터의 둥근 플라스틱 의자를 가져다놓고 벽에 기대어 창밖을 내다보곤 한다. 내가 기댄 벽에는 홈을 넣고 선글라스를 진열해 놓고 있다. 오랜 시간 밖이 내다보이는 한 장소에 있어본 사람들은 알 것이다. 그렇게 창밖을 내다보고 있으면 굳이 시간을 확인하지 않아도 아, 지금은 몇 시쯤 됐겠구나, 저절로 알아지는 것이다. 이를테면 궁재덕 안과의 미스 장이 길 건너 공중전화 부스로 들어가는 것이 보이면 그때는 오후 네 시가 틀림없다. 옅은 분홍기가 있는 가운을 입은 미스 장은 매일 같은 시간에 나와서 공중전화를 이용한다. 한 번은 상가에 있는 슈퍼에서 미스 장을 만났을 때, 어디 숨겨둔 애인이라도 있나봐 했더니 얼굴을 붉히며 웃었다.

오후 네 시가 되면 저 길 건너에서 미스 장이 속삭이는 밀어들이 들려오는 듯해 나는 귀가 간지럽고 온몸이 나름 해지곤 하였다. 한편, 그런 미스 장뿐만 아니라 내 가게에는 한 번도 와본 적이 없지만 단신에 다리에 털이 많은 한 남자가 비디오 두 개를 들고 걸어가는 것이 보이면 영락없이 저녁 여덟 시다. 그는 꼭 두 개의 비디오를 빌려간다. 미라보다방 최 양은 시도 때도 없이 가게 앞을 지나다니는데 오후가 지나고 저녁이 될수록 그녀의 종아리는 육안으로 보기에도 딱딱하게 알이 서곤 하였다.

— 조경란, 「블란서 안경원」 중에서

위에 제시한 5가지 방법은 사회생활에서도 쓰이는 내용들이다. 그러나 그것만으로 어떤 사람을 잘 안다고 볼 수는 없다. 충분히 시간을 갖고 여러 경험을 통해서 유대감을 갖게 되면 이면의 모습까지 알 수 있게 된다.

한편 오랫동안 잘 지내왔지만 불현듯 적의나 두려움, 불안을 느끼게 되는 상대도 있다. 그 이유를 살펴보면 불안과 적의를 야기하는 문제들과 갈등을 야기할만한 징후들이 단서처럼 나타났기 때문이다. 이러한 징후와 단서는 뚜렷하게 나타나지 않으며 논리적으로 설명하기 어렵지만 좋은 작가는 인물에 대한 탐구력이 있기 때문에 자신이 창조하려는 인물에 대한 면밀한 탐색과 분석을 토대로 정신과 심리를 타당하게 구체화한다.

대표적인 방법으로 ⑥ 과거를 통해 인물의 욕망과 갈등을 집약적으로 드러낸다.

과거는 현재의 거울이며 현재는 미래의 과거가 된다. 인물의 정신세계에 담겨있거나 은폐시킨 과거일수록 핵심적인 단서가 되는데 인상적인 과거, 왜곡된 기억, 트라우마, 콤플렉스 등은 인물의 심층적 내면과 사건을 이해하는 키워드가 된다.

오빠는 열여섯까지 아빠한테 죽도록 맞고 자랐다. 아빠가 오빠한테 한 짓을 생각하면 함께 사는 것만도 다행이다. 아빠는 실컷 두들겨 패고도 분이 풀리지 않으면 오빠를 홀딱 벗겨 집 밖에 세워놓기를 좋아했다. 그러고는 깡소주에 취해 세워놓은 것도 잊어버리고 고꾸라져 잠들기가 일쑤였다. 옷가지를 챙겨 밖으로 나가보면 팬티만 입은 오빠가 오들오들 떨며 아빠를 욕하고 있었다. 개새끼, 씨발새끼, 좆같은 새끼. 내가 가만두나봐라. 그 예언은 열여섯이 되자 현실이 되었다. 오빠는 술에 취해 달려드는 아빠를 주먹으로 때려눕히고는 줄넘기 줄로 꽁꽁 묶어 놓고 집을 나갔다. 아빠는 줄넘기 줄에 묶인 채로 아들을 저주하다 모로 쓰러져 잠이 들어버렸다. 그 후로 사년 동안 오빠는 집에 한 번도 들어오지 않다가 스무 살이 다 되어서, 그러니까 올해 초에, 마치 점령군처럼 당당하게 입성했다. 너 이 자식, 감히 어딜 기어들어 오냐며 달려들던 아빠는 오빠의 발길질 한 방에 나가떨어졌고 그때부터 오빠가 법이었다.

— 김영하, 「오빠가 돌아왔다」 중에서

스무 살. 그때 내 인생은 노량진 길바닥에 깔려 있었다. 첫 번째 모의고사가 끝나 성적표를 받으러 교무실에 갔을 때 영어 과목을 담당하던 담임선생이 성적 때문에 할 말이 있으니 저녁에 다로 만나자고 했다. 학원 근처는 아이들 눈이 있으니 좀 먼 데서 만나자며 그는 상계동에 있는 어느 찻집이 그려진 약도를 내게 내밀었다. 성적 때문이라고 했다. 그럴 수 있다고 생각했다. 그럴 수 있다고 생각한 것이 잘못이었다. 암울했던 재수시절, 나는 지하철을 갈아타며 그 먼 상계동까지 찾아갔다. 그는 먼저 와서 맥주를 마시고 있었다. 다른 과목들은 다 괜찮은데 영어 점수가 좋지 않다고 과외를 시켜주겠다고 했다. 과외가 허용되지 않던 시절이었다. 학원비 외에 과외비를 낼 형편이 못 된다고 머리를 숙이며 말했다. 왠지 수치스럽다고 느꼈다. 그는 돈 따위는 받지 않겠다고 말했다. 돈 따위, 라고 했다. 그는 어디 조용한 장소를 찾아서 일주일에 두 번씩 수업이 끝난 후에 만나 공부를 하자고 했다.

그럼 어디서 공부를 하죠?

글쎄, 어디 괜찮은 데가 있을 거야. 정 뭣하면, 여관 같은 데라도 괜찮고.

스무 살의 나는 멀건이 사십 중반인 그 선생을 건너다보았다. 그는 수업시간이면 턱을 괸 내 손이 펜을 쥐고 있는 내 손등이 하얗게 빛나서 가슴이 다 후들거린다고 했다. 탁자 위로 그의 손이 건너와 내 손을 쥐었다. 굉장한 악력이 느껴졌다.

차라리 일주일에 두 번씩 만나 정사를 치르자고 말하는 게 더 낫겠네요.

그의 손을 뿌리치고 일어서서 나는 힐난하듯 그렇게 말하며 찻집을 나왔다. 나는 학원을 그만두었고 지금까지도 상계동이란 곳을 다시 가본 적이 없으며, 이유도 없이 호의를 보이는 사람을 쉽게 믿지 않는다.

— 조경란, 「블란서 안경원」 중에서

총 네 번의 탈북을 했다는데, 첫 번째 탈북에서는 엄마가 죽고 두 번째 탈북에선 아빠가 자기를 두고 도망갔다고 했다. 세 번째 탈북에서는 압록강을 건너다 걸려서 총대로 죽지 않을 정도로 맞고 이송됐었는데 그날의 후유증으로 신다는 다리가 짝짝이다. 요즘도 가끔씩 그 종간나 새끼들이 때리는 꿈을 꿨다며 나를 깨운다. 우는 건지 웃는 건지 알 수 없는 표정을 짓고는 그 씨발 같은 새끼, 씹 같은 새끼, 또 무슨 새끼 거린다. 나는 그럴 때마다 신다의 손을 잡고 넌 이렇게 살아있으니 다행이지? 나 없으면 넌 어떻게 고기를 먹고 이렇게 뜨신 곳에 잠도 자냐, 라고 말한다. 그러면 신다는 아무 일 없던 것처럼 다시 눈을 감고 나는 그런 신다를 보며 모처럼 사랑스럽다고 느낀다. 가끔씩 내가 아니면 안 될 것처럼 구는 신다의 미련한 얼굴을 볼 때면 쾌감이 발끝에서부터 저려온다. 꼭 사정하기 전의 감각과 비슷해서 나도 모르게 신다의 잠든 몸을 붙들고 하체를 비비기도 했다. 신다는 이런 면에서는 여우같은 계집임이 틀림없다.

— 남궁지혜, 「신다」 중에서

⑦ 타인에 대한 태도는 인물이 어떤 상황이나 타인에 대처하는 반응 및 태도를 말한다.

역사 드라마를 보면 주요인물의 어린 시절이 드라마 초반에 나온다. 놀이 할 때, 위험에 빠졌을 때 어린 주인공들은 천성적, 본능적으로 행동하는데 뜻밖의 상황에 반응하는 태도를 보면서 지혜와 정의로움이 있는지, 이기성과 술수에 능란한지, 용감하고 대범한지 남다른 면모를 살필 수 있다. 성인이 된 후에 그 성향은 어떤 형태로든 반드시 나타나는데, 이처럼 타인에 대한 태도는 인물의 진면목과 숨겨진 진실을 드러내는 방법이다.

⑧ 의식의 흐름은 인물 자신도 모르는 무의식의 세계를 드러내는 방법으로 심리학과 정신분석학 이론을 바탕으로 한다. 인물의 정신적 흐름은 자유연상이나 내적 독백, 기억이나 회상, 꿈과 환상, 상황에 대한 예측, 상관물 등을 이용하여 의식적, 무의식적 사고를 드러내는 방식이다.

내겐 아버지를 상상할 때마다 항상 떠오르는 장면이 있다. 그것은 아버지가 어딘가를 향해 열심히 뜀박질하고 있는 모습이다. 아버지는 분홍색 야광 반바지에 여위고 털 많은 다리를 가지고 있다. 허리를 꼿꼿이 편 채 무릎을 높이 들고 뛰는 아버지의 모습은 누구도 신경 쓰지 않는 규칙을 엄수하는 관리의 얼굴처럼 어딘가 우스꽝스러워 보인다. 내 상상 속의 아버지는 십 수 년째 쉬지 않고 달리고 있는데, 그 표정과 자세는 늘 변함이 없다. 아버지는 벌게진 얼굴 위로 황니를 드러내며 웃고 있다. 그것은 마치 누군가 아버지 얼굴 위에 일부러 붙여놓은 못 그린 그림 같다.

……아버지의 생애, 그때만큼 빨리 뛰어본 적이 있을까? 나는 아버지가 어머니를 안기 위해 달동네를 단숨에 뛰어 내려가는 상상을 할 때마다, 아무것도 보지 못하고 들리지 않았을 아버지에게 "아빠! 보기보다 잘 뛰네?!"라고 소리치고 싶어진다.

아버지는 그날 너무 급하게 달려오느라 피임약의 복용법도 자세히 알아오지 않았다고 한다. 어머니는 하얀 재를 뒤집어쓰고 온 아버지에게 몇 알씩 먹는 게 맞는지 물었고, 아버지는 "두 알이라고 했던 거 같은데……."라고 말하며 머리를 긁적거렸다. 어머니는 그 후 몇 달간 피임약을 하루 두 알씩 꼬박꼬박 챙겨먹었다고 한다. 그 몇 달간 하늘이 노랗고 구역질이 나는 게 어쩐지 이상했다고. 그랬던 어머니가 약사에게 물어 피임약을 한 알로 줄이고, 양동이에 언 물을 깨뜨려 달빛으로 뒷물을 하고, 그 차가움에 소스라치며 약 먹는 걸 까먹기도 했던 어느 날, 어머니는 임신을 했고, 아버지는 어머니의 부풀어 오르는 배를 보고 얼굴이 점점 하얘지다가, 아버지가 되기 전날 집을 나가 그 후로 다시는 돌아오지 않았다.

— 김애란, 「달려라 아비」 중에서

생각이나 해봤어? 광활한 사막을 별 하나만 보고 달린다는 게 어떤 건지. 생각이나 해봤냐구. 아무도 없어. 너 혼자 그 모래언덕을 넘고 또 넘는 거야. 사실 몰라. 저 너머에 뭐가 있는지는. 누군가가 말은 해줬지만 아무리 달려도 보이지 않으니까, 달리기만 하는 거야. 그래서 무섭고 두려운데 그만큼 아름다운 거지. 황홀하기도 하고. 좌우를 바라봐도 지평선만 보이는 순간들이, 그러니까 그런 것들이 내가 완전히 그곳을 벗어났다는 걸 실감하게 하거든.

신다는 후에도 그런 말들을 술주정처럼 반복했다. 그런 때의 신다는 드물게 말이 빨라지거나 많아져서 평소와 다르게 느껴졌다. 난 그런 신다가 낯설어 싫었다. 사막이 뭐라고 그렇게까지 되는지. 나는 신다의 느릿하고 나태한 모습을 볼 때마다 발로 차버리고 싶긴 했지만 막상 다른 모습을 보니 불쾌하기만 했다. 그래서 어느 날은 짜증이 나, 그 사막에 다시 가고 싶다는 말이냐고 물었다. 신다가 사막, 사막거리며 벙긋대던 입을 닫았다.

— 남궁지혜, 「신다」 중에서

나는 방죽의 비탈을 내려갔다. 순경 곁을 지나면서 나는 물었다. "무슨 일입니까?" "자살 시첸니다." 순경은 흥미 없는 말투로 말했다. "누군데요?" "읍에 있는 술집 여잡니다. 초여름이 되면 반드시 몇 명씩 죽지요." "네에." "저 계집애는 아주 독살스러운 년이어서 안 죽을 줄 알았더니, 저것도 별수 없는 사람이었던 모양입니다." "네에" 나는 물가로 내려가서 학생들 틈에 끼었다. 시체의 얼굴은 냇물을 향하고 있었으므로 내게는 보이지 않았다. 머리는 파마였고 팔과 다리가 하얗고 굵었다. 붉은색의 얇은 쉐터를 입고 있었고 하얀 스커트를 입고 있었다. 지난밤의 새벽은 추웠던 모양이다. 아니면 그 옷이 그 여자의 맘에 든 옷이었던가 보다. 푸른 꽃무늬 있는 하얀 고무신을 머리에 베고 있었다. 무엇인가를 싼 하얀 손수건이 그 여자의 축 늘어진 손에서 좀 떨어진 곳에 굴러 있었다. 하얀 손수건은 비를 맞고 있었고 바람이 불어도 조금도 나부끼지 않았다. 시체의 얼굴을 보기 위해서 많은 학생들이 냇물 속에 발을 담그고 이쪽을 향하여 서 있었다. 그들의 푸른색 유니폼이 물에 거꾸로 비쳐 있었다. 푸른색의 깃발들이 시체를 옹위하고 있었다. 나는 그 여자를 향하여 이상스레 정욕이 끓어오름을 느꼈다. 나는 급히 그 자리를 떠났다. "무슨 약을 먹었는지 모르지만 지금이라도 어쩌면…….” 순경에게 내가 말했다. “저런 여자들이 먹는 건 청산가립니다. 수면제 몇 알 먹고 떠들썩한 연극 같은 건 안 하지요. 그것만은 고마운 일이지만.” 나는 무진으로 오는 버스 안에서 수면제를 만들어 팔겠다는 공상을 한 것이 생각났다. 햇볕의 신선한 밝음과 살갗에 탄력을 주는 정도의 공기의 저온, 그리고 해풍(海風)에 섞여 있는 정도의 소금기, 이 세 가지를 합성하여 수면제를 만들 수 있다면……. 그러나 사실 그 수면제는 이미 만들어져 있었던 게 아닐까. 나는 문득, 내가 간밤에 잠을 이루지 못하고 뒤척거리고 있었던 게 이 여자의 임종을 지켜주기 위해서가 아니었을까 하는 생각이 들었다. 통금 해제의 사이렌이 불고 이 여자는 약을 먹고 그제야 나는 슬며시 잠이 들었던 것만 같다. 갑자기 나는 이 여자가 나의 일부처럼 느껴졌다. 아프긴 하지만 아끼지 않으면 안 될 내 몸의 일부처럼 느껴졌다.

— 김승옥, 「무진기행」 중에서

지금까지 살펴 본 캐릭터 창작 방법을 요약하면 다음과 같다.

캐릭터 창작 방법 8가지

① 육체적 외모
② 명명
③ 말씨
④ 버릇과 습관
⑤ 직업과 취미
⑥ 과거
⑦ 타인에 대한 태도
⑧ 의식의 흐름

다음은 학생들이 인상적인 인물이나 상상한 인물을 형상화한 예시이다. 감상 후 장·단점 및 보완점에 대해 이야기해 보자.

초임교수

그는 처음으로 강의를 맡게 된 초임교수로 교양 과목을 가르친다. 그는 항상 정장 차림이지만 격식 있고 단정해 보이지는 않는다. 흰 셔츠 안에 강렬한 색의 반팔을 겹쳐 입거나 사선 줄무늬 넥타이와 격자무늬 바지를 함께 입는 등 기이한 매치 센스 때문에 어수룩하고 산만해 보인다. 그는 수업 시작 시각을 문턱에 두고 휘적휘적 빠른 걸음으로 강의실로 들어올 때가 많다. 숨이 차오르고 이마에 한두 방울씩 땀이 맺히는 게 보이는데도 낯빛은 창백하고 탁하다. 다른 교수들처럼 목소리를 가다듬거나 태연한 척하지 않고 어색한 미소를 지으면서 습관적인 농담과 함께 강의를 시작한다.

'tmi', 요즘 인터넷에서 많이 쓰는 말인데 'too much information'이라는 뜻이다. 그는 이 시대의 진정한 'tmi talker'다. 그는 수업 때 양해를 구하고 부탁하는 투를 많이 사용하는데 보험 판매원이 이 보험 상품을 꼭 사야 하는 이유를 설명하듯 장황하게 본론에 들어가는 이유를 늘어놓는다. "이렇게 진행할 것인데 괜찮은가요? 괜찮은 걸로 알고 진행하겠습니다!", "여러분 지루하고 힘든 것 같으니 이것만 빨리 얘기하고 마치겠습니다.", "시험에 나오거나 하는 건 아니지만 알고 계시면 좋은 내용이니 짧게 한 번만! 보도록 하겠습니다!" 등의 말들을 반복적으로 한다. 그중에서 특히 '빨리', '짧게' 라는 단어를 많이 사용한다. 하지만 전혀 빠르거나 짧지 않다. 이런 식의 영양가 없는 도입부를 필요 이상으로 늘어놓는 터라 정작 중요한 강의 내용은 그것의 반도 되지 않는다. 입가에 침이 고이는 것도 모를 만큼 쉴 새 없이 말하지만 실속은 없는 편이다. 열정적이지만 아직 초임교수라 자신감이 없어서 그런가보다 이해하고 싶지만 가끔 답답해서 명치가 조여 온다.

난 이런 답답하고 어수룩한 사람에게 심한 거부감을 느낀다. 그건 이런 부류의 사람을 마주할 때 피어오르는 부정적인 감정을 쉽게 인정할 수 없을뿐더러 나도 모르게 찌푸려지는 미간을 인지할 때면 죄책감에 하루가 시들해지는 느낌까지 받기 때문이다. 상대가 좋은 사람이라는 생각이 들면 죄책감은 더 심해지는데 그의 경우가 그

렬다.

몇 주 전에 조모상으로 수업에 빠지게 되었고 이후에 출석 변경을 여쭈려고 그에게 사정을 말했다. 그는 걱정스러운 표정으로 내 안색을 살피며 조심스럽게 위로를 전했다. 그리고는 수업에 빠지는 바람에 중요한 사항을 듣지 못하고 시험을 치른 것에 대해서 내 의견을 물었다. 부득이한 일이었고 신경 쓰지 않아도 되는 학생 한 명의 사정일 뿐인데 이렇게나 사려 깊고 섬세한 사람이다. 또 좋은 어른이다. 사실 수업 중간에 계속해서 학생들에게 양해를 구하고 의견을 묻는 것도 상대를 배려하는 마음에서 온 것임을 알고 있었다. 그래서 나는 그를 싫어할 수가 없다. 그래서 명치가 더 조여 온다.

금사빠

"혹시 그 사람 알아? 나 그 사람이랑 맞선보거든."

"그 사람 칼 같아. 날카로워."

아버지와 어머니의 연애시절, 어머니의 뒷조사가 있었다. 아버지의 말에 의하면 아버지를 '칼'이라 불렀던 그 사람은 회사에서 가장 사이가 나빴던 동료라고 했다. 하지만 그렇게 말한 그 동료가 이해되기도 한다. 아버지는 삐죽한 턱에 큰 코, 날카로운 눈에 진한 눈썹, 눈 사이에는 내천 자가, 이마에는 석 삼 자가 새겨져 있는 까다로운 인상이다. 얼굴에 살이라도 있으면 좋을 텐데 모든 살들은 배에 붙어 있다. 볼록 나온 배만 보면 누구보다 푸짐한 아저씨 같다. 언니와 나는 그런 아버지를 놀리지만 아버지는 나름대로 자신의 모습을 자랑스러워하신다. 특히 눈썹 사이 내천 자는 아버지가 어렸을 적 계곡에서 다이빙을 하다 돌에 찍혀 생긴 상처이다. 용감함의 징표라며, 사람은 항상 용감해야 한다고 말씀하신다.

아버지는 주장이 강하고 신념 있는 사람이다. 노동위원회의 부조리함에 갈증을 느껴 직접 노동위원장 선거에 나가 당선되기도 했다. 자신의 위치를 유지하기 위해 회사의 입장에 설 수 있지만 기어코 본사에 올라가 회장을 만나 원하는 바를 이루어냈다.

아버지는 권위적이고 무서워 보이지만 장난기가 많으며 감상적이시다. 하이개그를 하시고, 과일을 먹을 땐 씨를 얼굴에 붙이며 장난을 치신다. 한번은 인터넷에서 새총을 구매하셔서 들판에서 목표물 맞추기 연습을 했다. 쉬는 날이면 훌쩍 사진 찍으러 돌아다니며, 베란다에서 꽃들과 난들을 키우신다. 자신이 죽어도 꽃들을 잘 키워달라는 것이 아버지의 유언이다. 자신의 혼이 담겨있다나.

아버지는 속히 말하는 '금사빠'이다. 금방 사람에게 빠진다. 대상은 사진, 판소리, 난, 마라톤, 자전거 셀 수도 없다. 어디서 그런 활력이 나오는지 이해가 되지 않을 때도 있다. 하지만 그렇게 배운 취미 활동은 가끔 나에게 이점이 되기도 한다. 졸업식 때는 멋진 사진을 찍어주어 친구들의 부러움을 사기도 했다. 요즘은 또 다른 취미를 찾고 계신다. '자연인'이라는 프로그램을 보는 걸로 보아, 조금은 두려운 취미가 생길 것 같아 걱정이다.

작가 면조

나와 제일 친했던 친구 '칠면조'를 말하고 싶다. 그녀와 나는 중학교 2학년 때 처음 만났다. 그녀의 본명은 '김수빈'이지만 나에게는 지금까지도 '면조'라고 불리고 있다. 왜냐하면 그녀는 아기 칠면조를 닮았기 때문이다. 면조는 그녀의 삶에서 가장 오래 기억남을 별명이다. 눈이 커다랗고 입은 두껍게 툭 튀어나와 있다. 코는 낮은 편이고 얼굴은 하얗다. 사진으로 보면 나와 매우 닮았다. 그러나 실제로는 나와 매우 다른 내면을 가진 친구이다.

면조는 내성적이지만 소심하지 않다. 할 일을 성실하게 다하면서 자신이 드러나는 것을 원치 않는다. 우유부단하지 않고 신념을 지키며 행동한다. 친하지만 가끔은 친하지 않은 것 같기도 하고 지금껏 나와 7년을 보냈지만 아직도 그녀를 잘 모르겠다. 그 세월 동안 그녀의 자아가 많이 변한 것 같다. 그 변화에는 내 영향도 있다고 생각한다. 서로 가까웠지만 지금은 어느 정도 거리가 있기 때문이다. 꼭 부정적이라고 생각하지는 않는다. 이러다가 어느 날 또 죽고 못 사는 사이가 될 수도 있다. 이렇듯 면조와 나는 설명하기 힘든 친구 사이이다.

면조는 작가가 꿈이라 매일 글을 쓴다. 책도 많이 읽고 시도 쓰고 소설도 쓴다. 그녀의 꿈은 방송 작가인데 라디오 작가를 희망한다. 또 다른 꿈은 성우이다. 보이지 않는 곳에서 자신을 표현하는 직업이라 매력적이란다. 다 면조에게 어울리는 직업이다.

요즘 면조가 즐겨 쓰는 글은 판타지물이다. 그녀는 외국 여행을 자주 하는데 그것은 그녀가 실현 중인 꿈이다. 외국을 좋아하기 때문에 판타지 소설을 쓰는 것인지, 현실을 도피하고 싶어서인지는 모르겠다. 어떤 마음이든지 나는 면조가 자신의 이야기를 쓰는 작가가 되었으면 좋겠다. 그러면 나는 그녀의 소설을 읽으면서 그녀를 더 잘 알고 이해할 수 있을 것 같다. 그리고 우리는 약속했다. 그녀가 책을 내면 내가 삽화를 그리겠다고. 꼭 그날이 오길 바란다.

나와 면조는 한 때 담배를 피웠었다. 면조는 담배를 싫어했지만 폈다. 어느 날 문득 우리는 또 함께 담배를 필 수도 있다. 다시 담배를 피우면 허심탄회하게 이야기를 하면서 담배가 줄어들듯이 나와 면조 사이의 거리도 줄었으면 좋겠다.

창작 실습

캐릭터 창작 방법 8가지를 이용하여 인물 형상화를 연습해 보자.

1 주변에서 본 인상적인 사람, 영화, 드라마 등에서 본 매력적인 인물을 살펴보자.

2 소설에서 형상화가 잘 된 작품과 인물을 찾아서 위의 8가지 방법으로 분석해 보자.

3 형상화에 실패한 인물과 그 이유를 제시하고, 문제점을 개선하기 위한 방법을 찾아보자.

4 직·간접 경험을 토대로 인물을 8가지 방법을 활용하여 형상화해 보자.

4장

인물 관계, 알고 보자

: 인물의 관계 설정

1. 인물의 관계와 역할

2. 정미경의 「밤이여, 나뉘어라」에 나타난
   인물의 욕망과 관계

4장 인물 관계, 알고 보자 : 인물의 관계 설정

1 인물의 관계와 역할

소설에 등장하는 인물은 저마다 역할이 있으며 관계에 의해 갈등과 욕망이 증폭된다. 작가는 주인공을 중심으로 인물의 기능과 의미를 생각하여 관계를 만들어야 하는데 그 역할을 제대로 하지 못할 경우 사건의 흐름이 흐려지고 흥미가 떨어진다.

먼저 인상적인 영화, 드라마, 애니메이션 등을 떠올려 보자. 인기 드라마를 잘 만드는 김은숙 작가의 작품에서는 공통된 인물 패턴이 나타난다.

〈파리의 연인〉, 〈프라하의 연인〉, 〈시크릿 가든〉, 〈도깨비〉, 〈태양의 후예〉, 〈미스터 선샤인〉 등을 보면 주인공 커플을 중심으로 두 세 명과 갈등 관계가 만들어진다. 삼각, 사각 관계를 통해 관계에 대한 추측과 오해를 만들고 갈등을 일으켜 주인공의 믿음과 신뢰를 진전시키거나 퇴색시킨다. 또한 사회적 신분이나 지위, 재해, 전쟁과 같은 갈등을 본격화하여 주인공의 사랑을 위기에 빠뜨려 긴장감을 강화시키고 문제를 해결해 나가는 과정을 보여준다.

이처럼 작가는 인물을 통해 생생한 이야기를 전달하며, 주인공과 관련을 맺고 있는 여러 인물에게 역할을 배정한다. 일반적으로 주요인물은(major character)은 세 네 명이 적당하다. 한 명은 흥미를 끌기에 부족하고 두 명은 다소 부족하며 세 명은 복잡하지 않으면서 분규와 갈등 발생에 유리하기 때문이다.

인물 설정을 위한 '인물관계도'는 등장인물을 역할에 따라 정리한 것인데, 한 인물이 한 가지 역할만 하는 것은 아니다. 몇 가지의 역할을 동시에 하며 중간에 역할이 바뀌기도 한다. 작가는 이 모든 것을 계획하여 인물을 구성해야 한다.

【소설의 구성 요소】

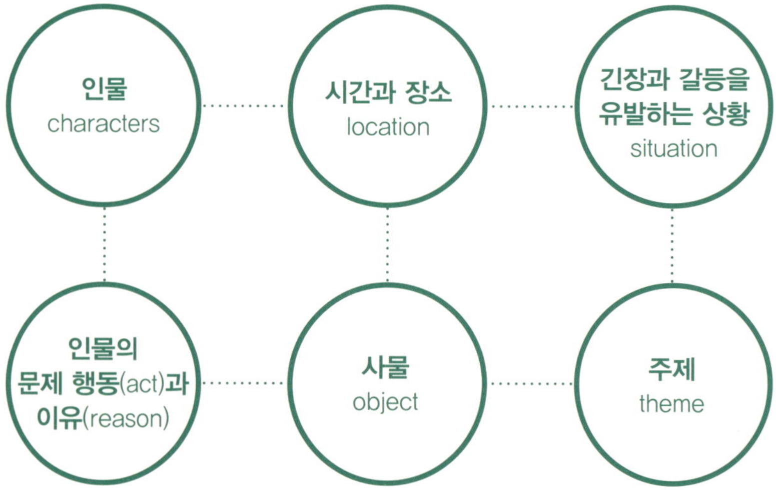

【소설의 인물관계도(역할, 기능)】

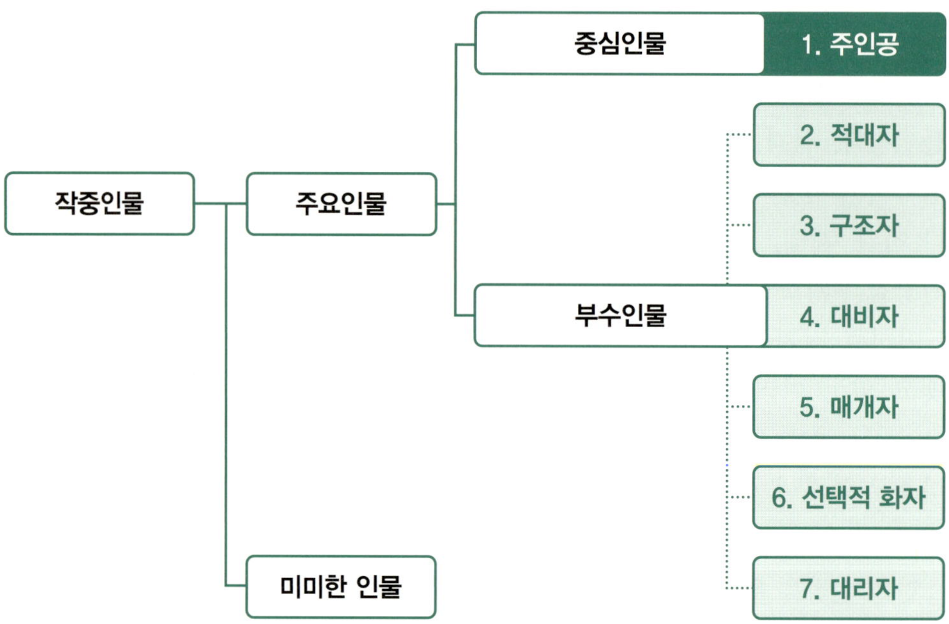

(1) 주동인물(protagonist)은 주인공(hero)으로서 사건을 주도해 가는 능동적인 인물이다. 소설에서 모든 요소들은 주인공에게 연결되어 있으며 주인공을 위해 존재한다고 해도 과언이 아니다. 부수적 인물들은 주인공을 중심으로 움직이게 해야 한다.

(2) 반동인물(antagonist)은 적대자/방해자로 주인공에게 갈등과 고통을 겪게 하는 인물이다. 긴장감을 유발하는 효과를 주며 정도가 약한 경우 방해자가 된다.

2 반동인물(antagonist)

불행의 집적은 깊고 깊어졌다. 부엌에서 뒷마당으로 통하는 쪽문의 문고리를 허술하게 내버려 둔 것이 잘못이었다. 잠귀가 밝지 못한 여자는 절대로 혼자 살면 안 된다고 나는 생각한다. 부엌문이 덜그럭거리는 소리에 나는 잠에서 깨어났다. 환청일까? 나는 몸을 구부리며 벽 쪽으로 돌아누웠다. 그가 떠난 뒤 이유도 없이 왼쪽 귀에서 이명이 들리고 가끔 따끔거리며 아프기도 했다. 이비인후과에서는 아무 이상이 없다고 했다. 잠을 자려고 베개에 머리를 묻을 때면 한쪽 귀에서 덜컹덜컹 기차 굴러가는 소리가 들려왔다. 매일 밤 귓속으로 기차 한 대가 회찻점도 없이 굴러다녔다. 그가 탄 기차일거라고 생각했다. 환청일 거라고 생각했다. 그가 가게 뒤편에 방을 만들면서 방문이라고 달아놓았던 새시문이 덜컥거리고 짐승 같은 검은 그림자가 보였을 때, 나는 벌떡 일어났다. 기차가 사라졌다 꼭 필요한 가재도구를 제외하고는 방안은 두 사람이 눕기에도 비좁은 그런 공간이었다. 두려움에 사지를 떨면서 나는 소리를 질러야 한다고 생각했다. 그러나 턱 막힌 가슴을, 옷 앞섶을 부여 쥐고 나는 벌벌 떨고만 있었다. 문이 열린다고 생각한 순간, 나는 어머니 자궁에서 처음 빠져나와 환하디 환한 빛에 놀라 울음을 터뜨린 공포로 그 질겁할 듯한 두려움으로 서른한 살, 온몸의 핏줄을 모아 소리쳤다.

사람 살려!

덜컥거림이 멈추고 부엌을 통해서 뒷마당으로 후다닥 도망치는 놀란 발짝 소리가 들렸다. 천년 같은 세월이 흘렀을까. 나는 문을 열고 밖으로 나갔다. 부엌에서 뒷마당으로 통하는 길이 어둡고 낯설어 보였다. 허름한 문고리가 떨어져 나가 있었다. 나는 가게로 나와 진열장 속에 들어 있던 이천 개가 넘는 안경테들을 끄집어내 벽으로 집어던지고 안경알들을 바닥으로 내팽개치며 그가 떠난 후 처음으로 참았던 울음을 터뜨렸다. 당신들, 다 죽여 버리고 말겠어…. 환하게 날이 밝은 무렵까지 울음은 길고도 길었다. 재료를 사러 새벽시장을 나가는 옆 가게 김 씨 아저씨를 불러 문고리를 새로 달고, 그것도 의심스러워 방문에는 두 개를 더 달아달라고 부탁했다. 퉁퉁 부은 눈두덩과 부석거리는 얼굴을 한 번 쳐다보더니 김 씨 아저씨는 아무 말 없이 문고리를 달아주었다. 반품이 되지 않는 안경테를 쓸어 담으며 나는 김 씨 아저씨 앞에서 휘청, 정신을 놓고 말았다. 그날 이후 궁재덕 안과의 처방전을 들고 오는 손님은 한 사람도 없었다.

— 조경란, 「블란서 안경원」 중에서

(3) 구조자/조력자는 주인공이 목표를 이룰 수 있도록 도움을 주는 역할을 하며 정도에 따라 조력자가 된다.

3 구조자 / 조력자

그러나 준은, "하지만 알아둬. 위궤양이 발병할 조건은 첫째 정신적 긴장감, 둘째가 불규칙적인 생활, 셋째는 술이거든. 부정할 테지만 그런 점에서 자넨 영락없이 합격이야. 더욱이 공복 시에 통증이 오고 식사로 그 통증이 가신다면 의심할 여지가 없어. 잘 생각해서 하란 말이야."

하고 못을 박았다. 나의 처지에다 일부러 연관을 시켰는지 준의 말은 그럴 듯하기도 했다.

그런 뒤로 증세는 정말 완연해졌다. 무엇보다도 공복에 통증이 온다는 말이 끼니가 불규칙한 나에게는 금방 공포로 변해 버렸다. 끼니 생각만 하면 멀쩡하던 배가 때도 되기 전부터 쓰려 오기 시작했다. 정작 한 끼라도 밥을 거르는 경우가 생기면 통증은 절망적일 정도로 심했다. 하루 종일 위를 채울 궁리만 해야 했다. 그래도 금방 통증이 오고 위가 패어 들어가는 정도를 느낄 수 있을 만큼 발작이 심할 때가 있었다. 할 수 없이 준을 다시 찾아갔다.

"더 살겠다는 욕심보다 우선 견딜 수가 없어."

입원을 하라고 했다. 복도 끝에 있는 입원실을 독방으로 썼다.

일단 입원을 한 뒤로 준은 일체 개인적인 면담을 허용하지 않았다. 그리고 무슨 특별한 배려가 있었는지 간호원은 나의 병명이 위궤양이라는 것을 알고 있다면서도 매일 아침과 저녁 두 차례씩 링거 병에다 오줌을 받아 갔다. 그러면서도 내가 가끔 화장실로 가서 오줌을 배설해 버리는 것에 대해서는 괘념을 하지 않았다. (중략) 준은 하루에 한 번쯤 나타나서 지극히 사무적인 거동만 취하다가 나가 버리는 것이었다. 무엇보다 다행스럽게 생각한 것은 이제 배의 통증을 쫓기 위해서 꼭 마련해야 할 세 끼의 식사에 대한 공포를 갖지 않아도 된다는 점이었다. 그렇게 며칠이 지나자 이상한 일이 생겼다. 통증이 깨끗이 사라져 버리는 것이었다. 거짓말 같은 일이었다. 나는 오히려 당황했다. 처음부터 나는 병에 확증이 없이 입원을 했던 터이고, 증세라는 것은 그 통증이 유일한 것이었으므로 난처할 수밖에 없었다. 그러나 그런 일을 입 밖에 내지는 않았다. 간호원은 여전히 오줌을 받아 갔다. 그것이 마치 내 병세 판별에 중요한 자료라도 되는 듯이 말이다.

— 이청준, 「퇴원」 중에서

(4) 대비자(對比者)는 주인공과의 유사점과 차이점을 보여주는 인물로 주인공의 특성을 강조하는 효과가 있다. 디자인에서 보색 관계의 색을 사용하여 미적, 경제적 효율성을 높이는 것과 같은 원리이다.

4 대비자

어머니는 때때로 내 삶에 무지막지한 폭력을 휘둘렀다. 도무지 말릴 수 없는 어머니의 식탐이 내게 식사의 강요로 돌아올 때가 바로 그러했다. 어릴 적 그 푸른빛의 라면을 먹으려다가 구타당한 기억 때문에 나는 항상 음식 앞에서 주눅이 들었고 더욱이 어머니가 보는 앞에서 도통 먹지를 못했다. 음식을 삼키는 순간마다 어머니의 매운 주먹이 날아들 것 같아 바로바로 입엣 것들을 뱉어내곤 했던 것이다.

그런 내 심정을 알 리 없는 어머니는 어떻게든 내게 뭘 먹이려고 했지만 으레 반나절씩이나 걸려서 만든 갖가지 음식들은 번번이 어머니의 차지였다. 그럴 때면 어머니는 몹시 화가 나서 두부소박이와 북어찜 그리고 시금치를 한 입 가득 우물거리며 방백을 하는 연기자처럼 중얼거렸다. 쟤가 똑 당신을 닮았다니까. 안 그래? 곧 죽어도 지 고집대로야. 아주 꼴도 보기 싫어 죽겠어. 어쩌면 그렇게도 내 뜻대로 되는 사람들이 아니냐. 둘 다. 그런 어머니를 보고 있으면 문득 어머니의 속에 꼭 누군가가 살고 있는 것처럼 느껴졌다.

— 이혜진, 「소인국」 중에서

(5) 대리자(代利者)는 주인공의 내면세계를 대신하여 보여주는 인물이다.

대리기사, 대리시험, 대리출석 등의 용어들을 생각하면 이해하기 쉽다. 주인공의 은밀한 욕망과 은폐된 자아를 드러낼 때 유용하며 인물의 내적 갈등과 심리적 불균형이 잘 드러나 의식의 흐름 소설에서 많이 쓰인다.

(6) 매개자(媒介者)는 주인공을 돋보이게 하는 대비자에 그치지 않고 주인공으로 하여금 중대한 깨달음과 성숙, 욕망을 갖게 하는 데 영향을 미치는 인물이다. 라이벌이나 멘토 등이 해당되는데 르네 지라르(R.Girard)의 '욕망의 간접화(삼각형적 욕망)' 이론을 바탕으로 설계된 인물이다.

'욕망의 간접화'란 욕망의 형태를 '주체—매개자—욕망의 대상'의 삼각형 구도로 설명한 사회학 이론으로 주체가 어떤 욕망을 이루고자 할 때 매개자로 인해 더욱더 적극적으로 행동하게 된다는 내용이다.

피겨스케이트 선수 김연아는 아사다 마오와 라이벌 관계였다. 두 선수는 선의의 경쟁을 통해 성장했으며, 결과적으로 김연아 선수는 최고 기록을 내는 목표에 더 빨리 도달했다. 광고의 효과 또한 욕망의 간접화를 이용한다. 사람들이 선망하거나 닮고 싶은 인물을 등장시켜 상품을 구매하게 만드는 것 역시 욕망의 간접화를 통해 구매율을 높이는 효과를 얻는다.

【욕망의 간접화】 르네 지라르(R.Girard)의 '욕망의 간접화(삼각형적 욕망)' 이론

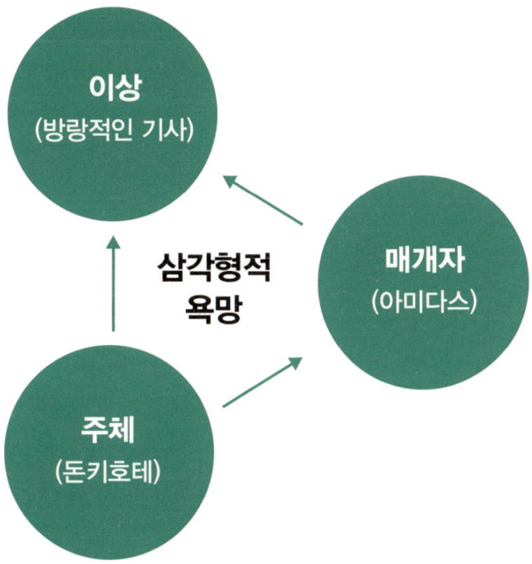

6 매개자

나는 미장원 앞을 떠났다. 수천의 깃털이 날아오르듯 거리는 노란 햇빛으로 가득 차 있었다. 언제였지, 언제였지, 나는 좀처럼 기억나지 않는 먼 꿈을 되살리려는 안타까움으로 고개를 흔들며 집을 향해 걸었다. 그리고 집 앞에 이르러 언덕 위의 이층집 열린 덧창을 바라보았다. 그가 창으로 상체를 내밀어 나를 손짓해 부르고 있었다.

내가 끌리듯 언덕 위를 올라가자 그는 창문에서 사라졌다. 그리고 잠시 후 닫힌 대문을 무겁게 밀고 나왔다. 코허리가 낮고 누른빛의 얼굴에 여전히 알 수 없는 미소를 띠고 있었다.

그는 내게 종이꾸러미를 내밀었다. 내가 받아 들자 그는 몸을 돌려 안으로 들어갔다. 열린 문으로 어둡고 좁은, 안채로 들어가는 통로와 갑자기 나타나는 볕바른 마당과, 걸음을 옮길 때마다 투명한 맨발에 찰랑대며 묻어 오르는 햇빛을 보았다.

나는 골방에 들어가 문을 잠근 뒤 종이뭉치를 끌렀다. 속에 든 것은 중국인들이 명절 때 먹는 세 가지 색의 물감을 들인 빵과, 용이 장식된 엄지손가락만한 등이었다.

나는 그것들을 금이 가서 쓰지 않는 빈 항아리 속에 넣었다. 안방에서는 어머니가 산고(産苦)의 비명을 지르고 있었으나 나는 이층으로 올라갔다. 그리고 숨바꼭질을

할 때처럼 몰래 벽장 속으로 숨어 들어갔다. 한낮이어도 벽장 속은 한 점의 빛도 들이지 않아 어두웠다. 나는 차라리 죽여 줘, 라고 부르짖는 어머니의 비명과 언제부터인가 울리기 시작한 종소리를 들으며 죽음과도 같은 낮잠에 빠져 들어갔다.

내가 낮잠에서 깨어났을 때 어머니는 지독한 난산이었지만 여덟 번째 아이를 밀어내었다. 어두운벽장 속에서 나는 이해할 수 없는 절망감과 막막함으로 어머니를 불렀다. 그리고 옷 속에 손을 넣어 거미줄처럼 온 몸을 끈끈하게 쥐고 있는 후덥한 열기를, 그 열기의 정체를 찾아내었다. 초조(初潮)였다

— 오정희, 「중국인 거리」 중에서

(7) 선택적 화자/선택적 청자란 극화된 화자/극화된 청자를 말하며 특별한 화자가 주인공에 대한 이야기를 실감나게 들려주거나 듣는 역할을 하는 인물이다. 이는 시점과도 연관이 있으며 작가가 들려주고자 하는 이야기의 관점이나 시각과 관련 있다. 즉, 작가가 화자로 나서지 않고 주인공에 대해 잘 알고 있는 사람을 끌어들여 주인공을 관찰하면서 이야기를 전달하는 역할이다.

주요섭 「사랑방 손님과 어머니」에서 옥희, 김영하 「오빠가 돌아왔다」에서 여동생이 선택적 화자이며, 정혜진 「소인국」에서 성물가게 직원, 박완서 「나의 가장 나종 지니인 것」에서 동서가 선택적 청자이다.

7 선택적 화자 / 선택적 청자

그녀는 걸음을 멈추고 도무지 알 수 없다는 얼굴로 나를 보았다. 대체 무슨 꿍꿍이속이냐는 듯이 성가신 표정이었으나 어느 순간 그녀의 눈에 웬 감정의 변화가 밀물처럼 밀려왔다 다시 썰물처럼 밀려가는 것이 보였다. 그러더니 마침내 그녀가 피식 웃으면서 말문을 열었다.

"그래요. 눈을 떠보니 사무치게 보고 싶은 사람은 없고 무슨 말이든 하고 싶어 안달하는 웬 마른 여자만 있군요. 왜요? 세상에서 제일 온화한 표정의 성모상이 필요한 거예요?"

기다렸다는 듯 이쪽에서 고개를 끄덕였다. 다시 다부지게 입술을 닫고 진열대를 훑어보던 그녀는 잠시 머뭇거리더니—아마도 나를 쫓아 보낼 계산이었던지 환한 소리로 말했다.

"집에 가 보세요. 가서 어머니 얼굴을 보면 거기에 당신이 찾는 표정이 있을 거예요."

순간 나는 아찔했다. 잠시 정신을 놓친 사이 의식 저편에서 어머니가 낡은 옷자락을 끌며 슬그머니 이쪽으로 넘어오고 있었다. 나는 엄마가 없단 말이에요! 항의조로 소리를 버럭 지르자 그녀는 난감한 듯 안절부절못했다. 그리고는 들릴락말락하게 사과를 했다. 나는 한참 만에 마음을 가다듬고서 언제 그랬느냐는 듯이 그녀의 손등을 토닥이며 괜찮다고 했다.

"너무 미안해하지 말아요. 뭐 일부러 그랬을까…. 대신 내 얘기를 들어주면 되잖아요."

다시 나직한 소리로 말을 건네자 그녀는 되게 질린 표정으로 겨우 고개를 끄덕였다.

— 이혜진, 「소인국」 중에서

2
정미경의 「밤이여, 나뉘어라」에 나타난 인물의 욕망과 관계[1)]

2-1. 매개된 욕망과 라이벌 관계

르네 지라르에 의하면 인간의 욕망은 자연 발생적이지 않기 때문에 항상 제3자와의 '관계'로 해석되며[2)] 모방 욕망을 통해 동물적인 본능에서 벗어나 정체성

---

1. 이은하, 「정미경의 '밤이여 나뉘어라'에 나타난 욕망의 서사구조 연구」 『한국문예비평학회』, 2016, 263-282면을 재구성하여 수록함.
2. 르네 지라르, 『욕망, 폭력, 구원의 인류학』, 김모세 역, 살림, 3008, 37면.

을 만든다고 했다.[3] 다시 말해, 인간이 환경에 적응하고 문화를 창조하는 것은 욕망의 모방적 속성에서 비롯되는데 소설에서 욕망과 갈등 관계의 설정은 인물과 주제를 심층적으로 엮는 핵심이 된다.

「밤이여, 나뉘어라」는 인물의 욕망을 나와 P의 '관계'로서 구체화시킨다. 영화감독인 내가 함부르크 시사회 초청장을 받는 순간 "여행의 진짜 목적은 P를 만나는 것"이라면서 떠나는 도입은 P에 근접하려는 심리를 암시한다. "P를 향한 신의 특별한 은총"을 지켜본 내가 해안을 지날 때 "지진이 일어난 듯 바닥이 울렁거리는" 느낌을 받으며 그 진원지가 바로 "나의 가슴 속"인 것을 깨닫는 독백은 내가 P를 만나야 하는 필연적 이유에 대한 문제 제기로서 소설 전체를 관통하는 욕망의 실체가 된다.

> (1) P와 처음 한 반이 된 건 고3 때지만, 그는 이미 걸어 다니는 신화였다. 새로 배정받은 고3 교실에 들어서면서 P가 앉아 있는 걸 본 순간, 제일 처음 스친 건 내가 이제 일등을 한 번도 할 수 없을 거라는 생각이었다. 쉬는 시간에 P가 참고서 따위를 들여다보고 있는 모습을 본적은 한 번도 없었다. 그의 집안이 한없이 가난하다는 얘기도 있었지만, 그에겐 눈을 씻고 찾아봐도 빈한함의 한 조각도 보이지 않았다. (중략) P를 볼 때마다 박탈감과 매혹을 동시에 느꼈다. 사타구니에 습진이 생기도록 책상에 앉아서 여름방학을 보냈지만, 2학기 모의고사에서 나는 여전히 2등이었다. 같이 지망한 의대에 P는 수석으로 합격을 했고, 몇 등인지는 모르지만 나도 합격을 했다. 내겐 과분한 결과였다. 어쩌면 한 번이라도 P를 이겨보려던 나의 눈물겨운 노력이 가져다준 열매였을 것이다.[4]

> (2) 내게 P는 라이벌이었을까. 그러지 못했다. 라이벌이란, 강을 사이에 두고 강변의 양안을 달리는 자에서 어원을 가져왔다 했던가. 서로의 모습을 곁눈질하며, 터질

---

3. 위의 책, 38면.

4. 정미경, 『내 아들의 연인』, 문학동네, 2008, 253-254면.

듯한 심장과 경련을 일으키는 다리를 질질 끌고라도 기어이 나를 달리게 하는 자. 그러나 나는 한 번도 P와 나란히 달려보지 못했다. P의 뒤에서 늘 숨이 찼다. 강 저쪽 아득한 앞에서나마 그의 모습이 완전히 사라지자 나는 바로 길을 잃었다. 그가 사라졌을 때의 좌절이 그가 있을 때의 좌절보다 크게 다가온 것은 예기치 못한 감정이었다. P는 내 인생의 내비게이션이었고, 보이긴 하지만 거리를 좁힐 수 없는 무지개였다. (중략)

미국으로 가서도 P의 소문은 늘 실시간으로 한국으로 날아와 떠돌았다. 그가 서부 최고의 의대에 들어간 것도, 거기서 확고한 터를 잡은 것도, 태평양의 파도가 정원의 가장자리를 어루만지는 저택을 산 것도, 오래지 않아 외과 팀의 캡이 된 소식도, 우리들에겐 그리 놀랍지 않았다. 그러면, 그랬을 것이다. 그가 떠난 후로 머릿속에서의 그에 대한 의식의 부피는 더 크고 더 생생하게 부풀어 올랐다. 나는 그를 떠나보내지 못했다.[5)]

위 예문은 고등학교와 대학 시절의 P에 대한 기억으로 선망과 라이벌 의식으로 고통 받는 나의 모습이 드러난다. 특히 의대 시절 P는 "누가 봐도 방약무인"이며 "그 오만은 눈부셨고", "끝내는 나를 비참하게" 만들었는데 P가 돌연 떠나버린 일은 내게 또 다른 좌절감으로 다가와 정체성마저 흔들리게 된다.

결국 나는 "인체의 내부" 대신 "영혼의 내부에 카메라를 들이대는" 영화 쪽으로 전향하는데 "언젠가는, 너는 할 수 없었지만 내가 해낸 것을 그 앞에 내밀고 싶었다."는 나의 독백은 모방 심리와 경쟁의식을 집약적으로 보여준다. 또한 "그의 좌표를 늘 확인하는" 나의 집요함은 P를 모방하는 추종자의 형태로 차이를 좁힐 때까지 자유롭지 못한 강박적인 심리 상태를 보여준다. 그러므로 내가 P를 만나러 가는 것은 P와 대등한 위치에 있다는 것을 확인하기 위함인데 재회한 P는 신약 개발로 나의 기대를 무너뜨린다. "손을 뻗으면 만질 수 있는 곳에 앉아 있는 너는, 또 얼마만큼 앞으로 날아가 있는가."라는 탄식은 P에 대한 질투와 흠모가 내재되어 있는 장면이다.

---

5. 위의 책, 255-256면.

이처럼 모방은 항상 모델이 되는 존재의 우월성을 전제로 하기 때문에 추종자에게 열등감으로 이어지기 마련이다.[6] P와의 차이를 소멸시키려는 맹목적인 욕망 때문에 나의 노력은 경쟁과 갈등으로 귀결되고 끊임없이 대상들(의사/영화감독에 대한 회의)로부터 미끄러지기(차액 a)[7]를 반복하는 것이다. 나와 P를 주체로 대상과 매개자를 그림으로 그리면 다음과 같다.

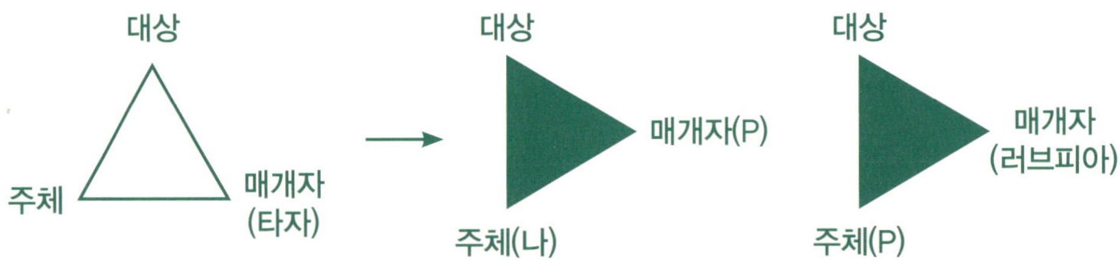

결국 나는 재회한 P에게 열등감을 느끼면서도 그를 “지독하게 아름다운 뜰”로 받아들이며 “거친 칼맛마저 숭고한 고통으로 보이는 목판의 이콘처럼” 여긴다. P는 나와의 관계를 통해서 “아름다운 것은 아름다운 대로, 추한 것은 추한 그대로 P의 아우라 아래서는 모든 것이 경외를 본질로 하는 오만한 존재감”을 획득하는 것이다. 나는 뛰어난 P를 모방함으로써 자신의 존재 의미를 획득하고 P와 같은 위치에 이르러 자신의 존재 가치를 상승시키려는 것인데 이는 모방 욕망의 형이상학적 속성[8]이다.

---

6. 르네 지라르, 앞의 글, 55면.
7. 무의식은 언어처럼 구조를 이루며 은유(대체/상징)와 환유(인접성, 연속성/여분을 남기게 되는 어긋남)로 이루어진다. 욕망이 대상을 향해 가는 단계가 상상계(은유)이고, 대상을 얻었을 때 느끼는 어긋남이 상징계(환유)이며, 이 둘의 차액(a 오브 제 프티아)에 의해 욕망이 지연되는 게 실재계이다. 라캉의 욕망은 소쉬르의 언어학에 근본을 두며 프로이트의 무의식을 은유와 환유로 읽어낸 구조주의 정신분석이다. 자크 라캉, 『영화와 소설 속의 욕망이론』, 권택영 역, 민음사, 1995, 9–10면 참조.
8. 지라르는 타인들이 욕망하는 대상(타인의 말, 귀족의 옷차림, 명품, 지성 등)을 모방함으로써 그 위치에 오르려는 인간의 속성을 강조하여 ‘속물’로 칭했다. 모방 욕망의 속성은 실제적 가치가 없는 대상을 욕망하거나 없는 가치를 부여하면서까지 그 대상을 욕망하는 현상을 통해서 증명된다. 르네 지라르, 앞의 글, 165–166면 참조.

또한 욕망의 삼각형 구조에서는 주체와 대상의 거리, 즉 매개자와 주체의 거리가 중요한데[9] 고교 시절부터 중년에 이르기까지 나와 P는 멀고도 가까운 거리를 넘나든다. 서두에서 내가 P를 만나러 가는 행위는 부단한 노력으로 거리를 좁힌 내가 P를 만나 위상 차이가 없음을 확인하려는 적극적 행동의 시작이다. P의 신약 개발로 다시 멀어졌다고 실망하지만 P의 프로젝트는 허상일 뿐이며 M을 통해 P의 실체가 드러나면서 급격히 거리가 좁혀진다. 나와 P의 거리는 위치가 전도되는데 사랑의 대상인 M을 놓고 갈등 관계가 명확해진다.

(1) 이제 내 마음속에 M에 대한 열정은 남아 있지 않다고 생각한다. 너무 오랜 시간이 흘렀기 때문이 아니라 P의 아내가 되었기 때문일 것이다. 삶의 모퉁이에서 가끔 M이 불쑥 떠오를 때가 있었다. 그럴 때면 M의 얼굴보다 먼저 떠오르는 건 그녀의 팔이다. 흰 반소매 교복 아래 칠 센티쯤 보이던, 볼 때마다 가슴이 콱 막혀버리던, 교복의 흰색과는 달랐지만 희다, 고밖에 말할 수 없었던 팔. 그 무렵 내 욕망의 대상은 M의 입술도 젖가슴도 아니었다. 교복 아래 보이는 그 팔을 한 번만 쓸어볼 수 있기를 얼마나 열망했던가.[10]

(2) M 역시 내게 호감을 갖고 있다는 건 느낄 수 있었다. 더 이상 가까워지지 못한 건 나 때문이다. M의 앞에서 말을 하면, 목소리가 나오지 않을 것이라는 두려움이 있었다. (중략) 아무렇지도 않다가 M에게 말을 하면 내 목소리가 나오지 않을 것이라는 강박이었다. 말을 하기 전에 벌써 드러난 팔을 보는 순간 내 호흡은 흐트러져버렸다. 삼학년 때 가입도 하지 않는 서클룸에 P가 M과 함께 들어섰을 때, 나는 불안과 분노와 체념을 동시에 느꼈다. M에게 가장 합당한 연인은 P, 외엔 있을 수 없다는 생각 때문은 아니었다. P와 나란히 들어서는 M의 표정에서 나는 사랑, 이라는 추상을 그린 그림문자를 읽고 있었다.[11]

---

9. 이 거리는 욕망의 강도를 결정짓는 요소이며 갈등과 폭력으로 이어지는 핵심 요소이다. 위의 책, 58면 참조.
10. 정미경, 앞의 글, 271면.

나는 M을 욕망하며 P와 삼각구조를 이루는 장면으로 P와 라이벌 관계가 되어 분노와 체념을 동시에 느낀다. 나는 P와 근접 거리에 놓인 것인데 한쪽이 얻으면 다른 쪽을 잃는 사랑의 특수성으로 인해 패배감은 더욱 커진다. M이 P에게 느끼는 사랑을 당연시하면서 P이기에 인정하는 부분은 P가 자신과 경쟁이 가능한 공간에 있다는 걸 알면서도 모방(우상화)을 위해 P에게 환상적인 가치를 부여한 것이다.[12)]

> 내가 여기까지 온 건 P에게 다만 필름을 보여주려던 게 아니다. 나는 오슬로에서 내 필름이 상영되는 것을, 평론가와 언론의 주목을 받는 나를, 그동안의 내 영화 성과가 실린 보도 자료를 P에게 보여주고 싶었을 것이다.
>
> 그런데, P는 시사회에 같이 가지 않겠다 한다. 내 영화에는 내 욕망만이 도드라져 보인단다. 집착만이 선명하단다. 친절하고 뻔하고 지루하단다. 방약무인한 태도로 논문 발표를 하던 P, LA의 상류층 환자를 상대하는 병원에서 오린엔탈 익스프레스라 불리며 환자들의 신으로 군림했다던 P, 천국의 풍경이 이러할까 싶은 스칸디나비아 반도의 한 점, 운자크레보에 자리 잡은 채, 이제 기억과 욕망을 제어하는 신약을 출시하겠다는 P. 그에겐, 이곳의 풍경처럼 밤이 없다. 끝내 어두워지지 않는 대기와 점점 요염하도록 노랗게 빛을 발하는 야생화와 얼어붙은 강처럼 보이는 피오르드를 바라보며, 나는 창가에 오래 서 있었다. (중략) 밤은 끝내 검어지지 않는다.[13)]

결국 나에게 M은 영원한 흠모의 대상이 되었고 매개자인 P 역시 멀어져 "밤이 없는 운자크레보의 백야"와 "노랗게 빛을 발하는 야생화" 같다. 그러나 M을 통해 차이가 소멸될 수 있는 가능성이 흥미롭게 드러난다.

나는 한국의 "탁하고 걸쭉한 공기"를 그리워하는 M을 보면서 "변한 부분이 어딘지는" 알 수 없지만 "말이 끊어지는 짧은 틈새"로 "절대적인 고요"를 느낀다. 이는 M의 우울과 원인을 나로 하여금 풀어내려는 복선인데, M을 두고 나

---

11. 위의 책, 272면.
12. 르네 지라르, 앞의 글, 76면.
13. 정미경, 앞의 글, 269-270면.

와 P가 벌이는 라이벌 의식이 여전히 내재하기에 가능하다. 나는 "구멍 뚫린" 차를 타고 "생존 모드"로 살고 있는 M의 처지를 "쓰라린 마음으로" 보면서 M과 P에 근접한 자신의 위치를 가시화한다.

이처럼 이 소설에서 나와 P의 삼각형 구조는 '외적 매개'[14]의 양상이었다가 '내적 매개'[15]의 양상을 보이는데 모방 욕망의 특성인 경쟁, 갈등, 폭력의 부정적 요소가 나타나기 시작한다.[16]

2-2. 삼각형의 전도와 짝패 관계

P는 내 영화의 결말에 대해 "꿈은 이루어지지 말아야 하는 거야."라며 무심히 말하지만 그의 일관된 무관심[17]은 내적 매개의 특징으로 나의 열등함을 부각시킨다. M과 함께 뭉크 미술관에 다녀오라는 P의 제안 역시 의도된 무관심이며 P한테도 열등감으로 확산되어 미묘한 감정으로 매개자(이중매개/나=P)를 보게 된다. 다음 예문은 모방 욕망에 빠진 인물들이 보이는 자기 경멸과 욕망 숨김의 메커니즘을 살필 수 있는 장면이다.[18]

---

14. 주체와 매개자의 거리(정신적)가 극복할 수 없을 정도로 먼 경우를 말하며, 누가 봐도 우월한 모델을 따르기에 자신의 열등함을 부끄러움 없이 받아들인다. 르네 지라르, 앞의 글, 63면 참조.
15. 주체와 매개자가 근접해 있으며 주체가 매개자의 위상을 자신의 것으로 만들려는 경우이다. 따라서 주체에게 매개자는 더 이상 무조건적인 존경의 대상이 아니며 같은 대상을 사이에 둔 경쟁자가 된다. 위의 책, 64면 참조.
16. 내적 매개의 경우 주체와 매개자의 차이가 소멸될수록 치열한 경쟁과 갈등이 발생되어 폭력으로 이어진다. 앞의 책, 63면 참조.
17. 무관심을 보이는 사람은 뛰어난 자제력이나 특별함이 있는 사람으로 여겨져 추종자의 눈에 환상을 불러일으킨다. 다시 말해 무관심은 욕망을 발동시키며 무관심을 위장하는 모델은 '주인'의 자리에 있게 되고 욕망을 고백하는 자는 '노예'가 된다. 위의 책, 86면 참조.
18. 위의 책, 93면.

M을 힘들게 하는 P가 나는 싫다.
"뭉크 미술관엔 가봤나? 거기 그림 두 개가 없어졌지?"
티브이 뉴스를 보고 알았을 것이다.
"비밀을 하나 알려줄까?"
P의 얼굴은 꽤나 진지하다.
"내가 훔쳤어. 아닌 것 같아? 내가 훔쳤다니까. 마누라가 거기만 한 번씩 갔다 오면 사흘은 우울해 있는 거야. 내 예쁜 마누라가. 날개 안 달린 천사 같은 저 여자가. 그래서 내가 훔쳤다. 아주 간단했어. 철사 줄을 자르고 들고 나오기만 하면 됐으니까. 보여줄 수도 있어."
그녀의 우울의 원인이 다만 그림이라고 생각하냐고 되묻기엔 P는 너무 취해 버렸다. 대신,
"그래? 한번 볼까?"
그렇게 말하지 말았어야 했다.
P는 입을 길고 동그랗게 벌린 채 눈을 부릅뜨고는 두 손으로 귀를 틀어막는다. 아아, 소리 지르듯 목을 길게 뽑으며. 벌린 입을 쳐다보고 있자니 내 귀에만 들리지 않는 절규가 실내에 가득 찬 것 같다. M은 못 본 척하고 설거지를 하고 있다. 매혹적인 인형극의 무대 뒤를 우연히 보아버린 어린 소년처럼 나는 발바닥이 간지럽다.
"마돈나는, 그러니까 내 마누라가, 마돈나야. 벗으면 똑같아. 절정에 이르게 해주면 꼭 그런 표정을 짓는 다니까?"
P는 소파에 드러눕 듯 하고는 눈을 감고 웃기 시작한다. 싱크대 앞에 선 M이 물을 켜놓은 채 고개를 숙인다. 어느새 사위고 있는 벽난로 불빛을 가리키며 P가 주절거린다.[19]

이전과 달리 술 취한 P로부터 질투와 욕망이 산발적으로 나타나는 장면이다. 알콜홀릭이 된 자신(지위 하락)과 성공한 영화감독인 나(지위 상승)를 두고 우월성과 열등감이 뒤바뀐 삼각 구조로서, M과의 사랑을 회복할 수 없어 망상 같은 욕망(러브피아)을 좇는 P의 상실과 결핍을 극명하게 보여준다.

이렇게 P가 나를 매개로 아내인 M을 욕망하는 아이러니한 상황은 나와 P가

---

19. 정미경, 앞의 글, 280-281면.

다시 경쟁 관계에 놓이는 위기로서 갈등을 고조시키는데,[20] 중대한 변화는 주인과 노예의 입장이 뒤바뀐다는 점이다. 나와 P의 거리가 매우 근접해져 이전과는 다른 경쟁 관계, 즉 외적 매개에서 내적 매개로 양상이 바뀌어 전복될 수 있는 가능성이 커지고 있다. 또 다른 부분을 보자.

> "마돈나는, 그러니까 내 마누라가, 마돈나야. 벗으면 똑같아. 절정에 이르게 해주면 꼭 그런 표정을 짓는 다니까." (중략) "더 추운 날엔 손님에게 마누라를 내놓지. 네가 왔는데 난 줄 게 없어. 마누라밖엔. 똑같아. 절정에 이르면 똑같은 표정을 짓는 다니까. 네게 줄 건 마돈나밖엔 없어."
> 나는 일어나 P의 뺨을 갈겼다. 아픔을 못 느끼는 듯 어리둥절한 표정으로 쳐다보는 P의 가슴에 다시 주먹을 한 대 날렸다. 그만해, M이 울 듯한 목소리로 낮은 비명을 지르지 않았다면, 피를 볼 때까지 주먹을 휘둘렀을지도 모른다.[21]

여기서는 나와 P가 동일선상에서 마주보게 되는데 묘한 경쟁 심리는 P의 민낯을 드러내고 갈등이 심화되어 폭력을 야기한다. P가 나를 매개로 M을 욕망하는 상황인데 대상이 희소하고(M) 매개자(나)가 주체(P)와 같은 대상을 욕망하며, 내가 욕망의 대상을 가로챌 수 있다는 사실로 인해 주체(P)의 욕망이 더욱 강화되면서 매개자(나)가 방해자로 뒤바뀐 것이다.[22] M을 놓고 나와 P의 거리가 더욱 가까워져서 차이 소멸[23]에 이르고(고교시절 대비) 급기야 전복되면

---

20. 외적 매개에서 주체의 욕망은 위대한 매개자와 최대한 가까워지는 데 있지만 내적 매개는 주체가 매개자의 우월성을 인정하면서도 증오하고, 자신에 대한 경멸감과 우월감 사이를 오간다. 위의 상황에서 알 수 있듯이 나와 P는 서로 갈등의 감정을 느끼는데 순종적인 존경심과 강렬한 원한이라는 상반된 감정의 결합으로 형성된 것이다. 르네 지라르, 앞의 글, 67-76면 참조.
21. 정미경, 앞의 글, 281-282면.
22. 르네 지라르, 앞의 글, 67면.
23. 주체와 매개자의 거리(한계)가 무너져 폭발하는 상황인데 P의 속물근성, 허영심을 극적으로 보여준다. 작가는 욕망의 삼각형 구조를 통해 매개 작용의 심오하고 근본적인 면을 탐색하는 것이다. 위의 책, 68면 참조.

서 나와 P의 욕망의 삼각형[24]은 이중매개[25]로서 중첩되어 나타난다.

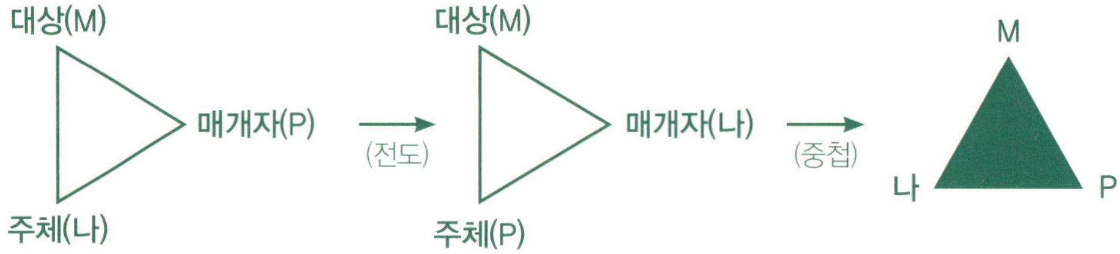

이처럼 나의 위치 변화 즉 추종자에서 매개자로의 이행은 나의 욕망을 발동했던 P의 변화(매개자, 주인 → 추종자, 노예)로 이어져 내적 매개의 메커니즘을 연속적인 관점에서 관찰할 수 있게 한다.[26] 결국 나와 P는 차이 소멸의 절정에 치닫게 되면서 모방의 결과인 욕망의 실체를 보여준다.

> 나는 너를 따라잡고 싶었고 겹쳐지고 싶었고 한 번만이라도 너를 밟고 지나가보고 싶었다. 모든 걸 잃은 건 P가 아니라 나인 것처럼, 그가 일순 내가 이룬 모든 것들을 무의미한 것들로 만들어버린 것처럼, 짓밟힌 모래집처럼, 나는 의자에 푹 주저앉았다. (중략)

---

24. 욕망의 삼각형이라는 도식 하에 주체와 매개자는 궁극적인 화해, 합일의 가능성이 존재하지 않는다. 경쟁자 한 명이 욕망을 고백하고 자만심을 꺾으면 투쟁은 끝나지만 그때부터 모방의 역전(주인과 노예의 관계 역전)은 불가능해진다. 노예의 표명된 욕망이 주인의 욕망을 파괴하면서 실제적인 무관심을 확고히 하기 때문이다. 역으로 주인의 무관심은 노예를 절망에 빠뜨려 그의 욕망을 배가시키는데 두 감정은 동일하기 때문에 서로를 보면서 강화될 수밖에 없다. 위의 책, 83면 참고.
25. 이상적인 매개자로서 신이 매개된 욕망의 삼각형 구조는 안정된 체계로(외적 매개) 민중을 의식하거나 모방할 필요가 없지만 참모습과 동떨어진 스타(우상)는 대중의 시선을 끌고 다녀야 한다. 그는 상업주의에 의해 부풀려진 이미지이기에 대중은 그의 욕망을 모방하고 다시 또 스타는 대중의 욕망을 모방해야하기 때문이다. 이런 이중매개에서 스타의 욕망과 대중의 욕망은 서로 자리를 바꾸어 상대방을 욕망하므로 대상은 시간에 따라 바뀐다. 나(대중)는 혼자 설 수 없기에 P(우상)의 욕망을 흠모하고 P(우상)는 만들어진 것이기에 나(대중)의 시선을 의식한다. 이런 경우의 믿음이란 안정된 체계 위에 세워지는 것이 아니기에 삼각형 구조는 불안하다. 위의 책, 157면 참조.
26. P는 더 노예 상태에 가까워지는데 주인도 결국에는 모방 욕망에서 벗어나지 못하기 때문이다. 위의 책, 84면.

"마돈나 맞아, 감은 눈을 뜨면, 눈빛이 노래져. 저 여자, 내겐 천사야. 천사하고는 섹스를 할 수 없잖아." (중략)

날 쳐다보며 살짝 미소를 짓는다. 눈가에 가늘게 주름이 잡히며 세포 하나하나가 웃는 듯한 저 웃음. 같이 지낸 세월이 짧지 않았지만 P가 이토록 행복감으로 충만했던 순간을 본적은 없었다는 생각이 든다.[27)]

사랑에서 속물은 스스로를 질투에 내맡기는 것이며 나의 욕망이 강해질수록 P의 욕망도 강해져 P는 일부러 아내를 라이벌 앞에 바치고(영화, 미술관 동행 제안) M이 이를 거부해 주기를 바랬던 것이다.[28)] 그러나 M은 기대를 저버렸고 P는 아내를 모욕함으로써 졸렬한 우월성을 드러낸다. 나는 P의 도덕적 타락에 분노하면서 충격에 휩싸이는데 P를 통해 깨진 거울과 다름없는 자신의 실체를 직시하게 된다.

나에게 P는 "강의 저편에서 끊임없이 질주하며 나를 유혹하는" 존재였고 그를 응시하며 "비굴과 모별을 비타민처럼" 받아 살아 왔지만 결국 "나의 지난 생은 너의 삶의 그림자"였다고 깨닫는 나의 심리에는 P에 대한 존경과 경쟁, 증오의 모순적 감정이 공존한다. 형이상학적 욕망은 항상 노예 상태, 그리고 실패와 수치심으로 귀결되기 때문이다.[29)]

결국 작가는 P에게 투사되어 그의 욕망을 좇았던 내가 비로소 자신의 실체를 보게 되는 순간을 통해 모방 욕망의 허망함을 극대화시킨다. 나의 왜곡된 시선에 가려진 P의 허상[30)]은 구멍난 시트로앵, 운자크레보의 낡은 집, 우울한 M의 얼굴, 러브피아 신약, 도난당한 그림들, 안데르센 일화 등 다채로운 상징과 삽

---

27. 정미경, 앞의 글, 282-283면.
28. 자크 라캉, 앞의 글, 160-170면 참조.
29. 르네 지라르, 앞의 글, 93면.
30. 라캉과 바르트는 대상이 허상임을 기호학적 입장에서 보여주고 지라르는 매개된 욕망으로 보여준다. 전자가 주체의 분열과 대상의 허구성을 보여주어 주체를 해체하고 독자로 하여금 마음을 비우게 만든다면 지라르는 외적 매개와 내적 매개를 구분하여 우리에게 무엇이 필요한지 암시한다. 위의 책, 186면 참조.

화를 관통하면서 실존의 진정성이라는 문제의식을 인물의 우매함과 허무의식으로 통합시켜 보여준다.

바에서 걸려온 전화다. 바의 문을 닫을 시간인데 당신의 친구가 당신을 찾는다, 그는 카드를 가져오지 않았다, 당신이 체크를 해줄 거라고 했다, 는 말을 하며 그는 P의 이름을 역시 짧은, 세 번의 비명처럼 또박또박 발음한다.

"나는 모르는 사람입니다."

그는 다시, 그 사람도 당신처럼 한국인이며, 술을 매우 많이 마셨다는 얘기를 반복한다.

"나는, 그런 사람 모릅니다. 다시는, 잠을 깨우지 말아주세요."

내 목소리는, 느리고 냉정하다. 아침이 오기 전에 그를 세 번이나 부인하기 싫어, 전화를 끊은 후, 수화기를 내려놓는다. 오슬로에서의 사흘을 나는 내 인생에서 지워버리기로 한다.

오슬로에는 오지 말았어야 했다. P는, 내 안의 불꽃이었다. 그가 사라지면, 나 역시 불의 그림자처럼 희미하게 사그라지고 말 것을 나는 알고 있다. P를 모른다 한 것은, P를 잃지 않기 위해서다.

잠은 우주 밖으로 달아나버렸다. 일어나 나무 덧창을 연다. 나무들은 정령처럼 그림자가 없다. 밤은 끝내 어두워지지 않는다. 나도 저 투명한 밤이 두렵다. 하얀 밤이여, 나뉘어라. 슬픔도 아닌 것이, 회한도 아닌 것이, 물이 되어 내 눈에서 밀려나온다. 밤은 그제야 출렁이듯 왜곡되며, 둥글게 소용돌이친다. 밤의 하얀 폭이 세로로 쪼개지며, 그 틈으로 검붉게 질퍽이는 덩어리들이 뭉클뭉클 밀려 나온다. 나는 내 목소리가 들리지 않도록 손바닥으로 귀를 감싸며 혼자 중얼거린다. 나는 P를 만나지 못한 지 오래되었다, 고.[31)]

위의 예문은 소설의 마지막 장면으로 나와 P의 노골적인 전복을 통해 인물의 동일성을 강조한다. 무엇보다 P를 외면하는 나의 심리를 통해 매개 욕망으로부터 벗어날 수 없는 비극적 결말을 암시한다. 나는 존경과 증오의 혼합된 감정에서 P를 바라보다가 자기 경멸의 시선으로 자신을 직시하게 되지만 모방 욕망의

---

31. 정미경, 앞의 글, 289면.

상실은 주체 상실과 같기에 이를 인정하지 않는 것이다.[32] 또한 P의 해체를 인정하지 않음으로써 자신의 실존을 유지하려는 나약한 태도는 자기 혐오의 비극적 정서를 드러낸다. 나는 존재 가치를 회복하지 못하고 자멸한 P와 동등한 짝패가 되고 만 것인데 "차이 소멸로 생겨난 짝패는 항상 괴물의 존재와 연결된다"[33]는 지라르의 말처럼 짝패와 괴물은 하나인 것이다.

또한 도난당한 뭉크 〈절규〉는 허상으로 드러난 실체 앞에서 무너진 인물들, 즉 나와 P와 M의 자화상이며, 사라진 〈마돈나〉는 인물들의 헛된 욕망을 상징적으로 보여준다. "아무 것도 아니지만 모든 것(a)"[34]이 되어버린 매개 욕망, 환상적 욕망의 허무함을 작가는 인물들의 관계와 상징을 통해 반복적으로 그려내고 있다.

최종적으로 살펴보면, 나와 P와 M은 서로 다른 매개 욕망을 모방하면서 대상에 다다르고자 살아왔지만 매개 욕망의 환상(상상계)에 갇혀 주체와 매개 욕망을 동일화하는 고착 상태에 빠져버렸고 매개 환상이 벗겨져 욕망이 해체되는 순간 무(無)의 상태로 돌아가고 만다. 욕망은 근본적으로 결핍이어서 끝없이 계속되는 반복충동으로 그것을 충족시키는 단 하나의 대상은 죽음뿐인 것이다.[35]

결국 작가는 나와 P의 삶을 통해 인간 실존에 대한 문제의식을 욕망의 간접화 구조를 통해 구체화하면서 모방 욕망의 파괴성, 채워지지 않는 욕망의 허무함을 치밀하게 그려냈다.

지금까지 살펴본 인물관계도를 정리하면 다음과 같다.

---

32. 르네 지라르, 앞의 글, 93면.
33. 보통 신화에서 괴물의 존재가 강조되는데 이는 차이 소멸과 짝패에 대한 상징이다. 괴물은 짝으로 갈라지려는 경향이 있고, 짝패는 은밀히 괴물 같은 성질을 내포하므로 차이 소멸과 경쟁의 테마는 괴물 같은 짝패의 존재가 언급되며 폭력적 상호성의 위기를 상징한다. 위의 책, 174–175면 참조.
34. 실재계에 난 구멍으로 상상계적 주체가 상징계를 거친 후 남겨놓은 얼룩이다. 신기루처럼 멀리서 손짓하는 모습은 다가서기 전까지 상상계이고, 잡는 순간 상징계이며, 다시 물러서 유혹하는 게 실재계(혹은 실재를 상정하는 현실계)이다. 자크 라캉, 앞의 글, 31–33면 참조.
    위의 책, 33면.
35. 위의 책, 33면.

【인물관계도】

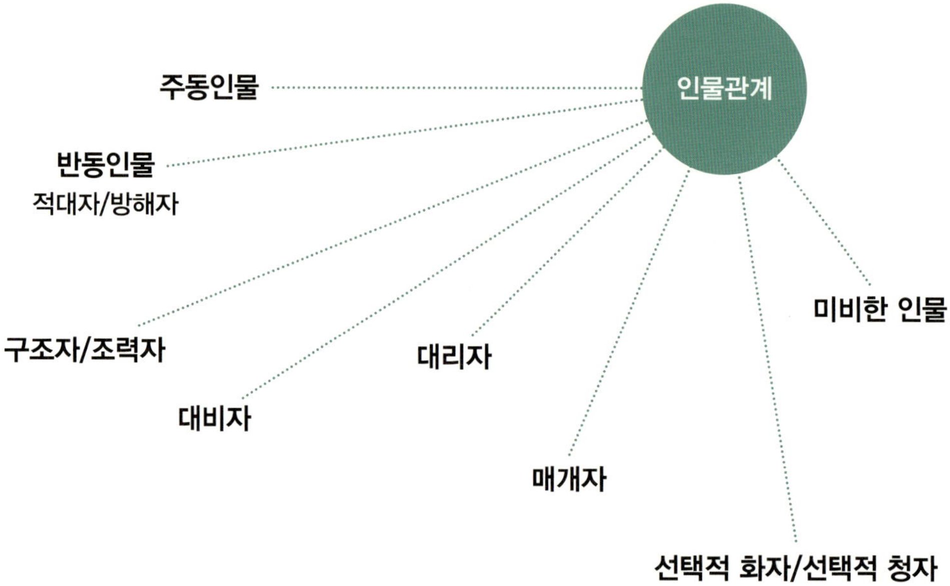

학생 실습 예시

다음은 학생들이 자신을 중심으로 인물관계도를 작성해 본 사례이다.

실제 인물(나)을 중심으로 인물관계도를 만들면 주인공의 갈등과 주변인물과의 관계를 살펴볼 수 있다. 학생들이 작성한 인물관계도의 장·단점 및 보완점을 이야기해 보자.

효빈은 수험생

주인공 : 효빈

효빈은 현재 사범대학교 4학년 졸업반이며, 중등임용고시를 준비 중이다. 최소 학점만 신청하여 대부분의 요일을 독서실에서 보내게 된다. 매주 목요일 특강을 들으러 학교에 나가며 강아지를 통해 효빈의 마음이 드러난다. 주변인물들은 모두 동기들이며, 같은 과목을 준비하는 동기들과의 에피소드를 통해 이야기가 진행된다.

적대자 : 해수

과탑이라 불리는 동기이자 효빈의 라이벌이다. 자료 공유 스터디를 함께 하나 은근슬쩍 자료를 나누지 않고, 이를 알게 된 효빈과 다툼이 일어난다. 또한 교수님이 만든 모의고사 일정을 잘못 알려주거나 잘못된 사실을 말하는 등 갈등이 커진다.

구조자 : 교수님

임용합격이라는 효빈의 목적을 이루는 데 도움을 주기 위해 매주 목요일마다 특강을 해준다. 학생들에게 밥도 사주고 용기를 주며 동기 부여에 있어서 가장 큰 도움을 준다.

대비자 : 민아

같은 동기이자 친한 친구이다. 공부에는 흥미와 적성이 없으며, 초수 합격을 목표로 하는 효빈과 다르게 형식상의 공부만 할 뿐이다. 매일 남자 친구와 놀러 다니며 알바 등으로 공부할 시간조차 없는 상황. 결국 시험을 몇 개월 앞두고 대학원 진학으로 진로를 바꾸게 된다. 지금을 마지막 놀 수 있는 기회라 여기고 노는 데 더 많은 시간을 소요하여 효빈과 대비된다.

매개자 : 지현

동기이자 친한 친구이다. 취직해서 돈 버는 것이 삶의 목표이며 학원알바나 취직자리를 알아보고 다닌다. 공부를 열심히 하는 효빈과 대비되나 자신의 목표를 이루려고 노력하는 모습을 보고 효빈은 많은 것을 깨닫는다.

선택적 화자 : 이나

같은 과 후배이다. 주인공인 효빈과 그 외 주변인물들을 모두 알고 있으며, 입이 무겁고 성격이 묵직해 많은 사람들이 고민을 털어 놓는다. 또한 효빈이 자신의 속마음을 털어놓는 인물이라 주인공에 대한 이야기를 실감나게 들려줄 수 있다.

대리자 : 강아지 아롱이

효빈이 어렸을 때부터 키우던 강아지로 효빈의 마음을 대리하는 친구이다. 마음이 복잡한 효빈의 모습을 직접적으로 제시하기보다 아롱이를 통해 보여줄 수 있다.

미미한 인물 : 독서실 사람들

효빈과 매일 만나는 사람들로서 소소한 일들이 일어난다. 효빈의 이야기에 크게 영향을 미치지는 않는다.

여행을 떠나요

(줄거리) 주인공 혜지는 졸업을 앞두고 친구인 소연에게 함께 유럽 여행을 가자는 제안을 받는다. 특가로 나온 비행기를 발견한데다가 졸업식 직후이니 여유가 있지 않겠냐는 것이다. 혜지는 모아둔 돈이 있어서 소연에게 함께 가겠다고 말한다. 하지만 부모님은 동생 입학금으로 그 돈을 쓸 것이며, 취업 준비만 해도 모자란 시간에 여행을 하는 것이 제대로 된 생각이냐고 화를 낸다.

혜지는 엄마, 아빠한테 유학 간 오빠에 대해 말한다. 오빠는 부모님의 전폭적인 지지를 받고 미국으로 유학을 갔다. 오빠에게는 미술 도구며 대학 등록금, 기숙사비까지 모두 지원해 주면서 자신은 학자금 대출로 학교를 다녀야 했다. 오빠는 미래가 창창한 예술가라고 생각하는 부모님과 가족을 위해 아르바이트로 번 돈까지 부모님께 드리는 혜지. 집에 갇힌 자신과 자유로운 오빠를 보며 혜지는 비참함을 느낀다.

아버지는 여행은 오빠처럼 명문대학에 간 사람만이 누릴 수 있는 여유라고 말한다. 혜지는 아무 말을 하지 않고 방으로 들어와 소연에게 못 갈 것 같다고 문자를 보낸다.

소연이랑은 같은 과를 다녔다. 휴학과 복학 시기가 겹치면서 함께 다니기 시작했고, 대화가 잘 통해 친하게 지냈다. 휴학동안 소연은 유럽 여행을 다녀왔다고 했다. 아직 여권도 없는 자신과 비교가 되었다. 또한 소연의 집은 자유로웠다. 통금시간이 8시인 혜지와 달리 소연은 외박도 허용되었다.

혜지는 소연에게 속상한 마음과 자신의 처지를 말한다. 소연은 분노하며 혜지의 집으로 찾아온다. 소연은 혜지의 부모님들에게 파일을 가져와서 여행의 목적과 활동을 말하며 허락해 줄 것을 부탁한다. 당황해 하던 부모님은 소연의 설득 끝에 여행을 승낙하고 만다. 소연은 혜지에게 당당해질 것을 당부한다. 몇 달 뒤, 두 사람은 공항에서 마주보며 웃다가 비행기를 탄다.

인물관계도

1	**주요인물(중심인물) → 나**	
	신중하고 생각이 많은 소심한 인물	
2	**구조자 → 교수님**	
	주인공을 좋게 봐주며 조언해 주는 인물	
3	**대비자 → 절친한 친구**	
	즉흥적이고 충동적이며 술과 노는 것을 좋아하는 인물, 직언직설의 소유자	
4	**매개자 → 어머니**	
	실패한 과거를 토대로 미래를 준비하는 인물	

5	대리자 → 주인공의 고등학교 선생님
	- 상대의 기분은 생각하지 않고 거침없이 말하여 상처받는 아이들이 많음. - 나는 선생님을 보면서 상대를 먼저 생각하는 습관을 갖게 되었고 지나치게 남을 배려하는 사람이 됨.
6	미미한 주변인물 → 주인공이 어울리는 친구들

만남

1. 주인공 — 나

나는 인문계 고등학교를 다니며 미술을 하는 고등학생이다. 중학교 때 따돌림 경험이 있어서 나는 쉽게 마음을 열지 못한다. 호불호가 나뉘는 성격을 가지고 있어서 고등학교에서도 친구들과 마찰이 있었지만 다행히도 마음이 통하는 선생님을 만나 세상이 밝다는 것을 알아가는 중이다.

2. 적대자 — 여자 친구 무리들

나를 질투하고 아니꼽게 생각하는 무리들이 생긴다. 친구 뒷담화에 동참하지 않아 결국 싸움으로 번지지만 나는 중학생 때처럼 상심하지 않고 자연스레 혼자 다닌다. 불편한 사람들과 어울리기보다 혼자가 더 가치 있다는 것을 알게 해주는 인물들이다.

3. 조력자 — 선생님

심심하고 외로운 나의 학교생활에서 낙(樂)이 되는 인물이다. 나의 학교생활뿐만 아니라 집안 환경까지도 관심을 갖는다. 부모님께 혼나서 학교에 늦고 아파서 하루 종일 미술실에서 잠을 자던 나를 불러 같이 산책을 하신다. 나의 삶에 문을 열고 들어오는 첫 손님이기도 한다.

4. 대비자 — 민아

선생님을 통해 만난 친구이다. 선생님이 아니었다면 만나지 못 했을 인연이다. 나와는 정반대 성격과 외모를 가지고 있는 친구이다. 덩치 크고 공부만 하는 범생이. 약속을 잘 지켜서 두루 인정받는 성실한 친구이다. 민아와 나, 둘 다 태어나서 처음으로 다른 종족과 접속을 한다. 이 세상에는 다양한 사람이 있고, 다른 사람과 어울릴 수도 있다는 것을 알게 해준다.

5. 매개자 — 면조

중학교 동창. 다른 고등학교이지만 마음으로 응원하는 친구이다. 그러나 서로 보이지 않은 경쟁의식이 있다. 면조는 작가의 길, 나는 그림의 길, 다르지만 서로 뒤처지기 싫어한다. 서로 삶의 고민이나 철학을 들어주고 자극을 받는다. 내가 고등학교에서 힘들 때 그녀에게 내색하지 않았지만 그녀는 존재만으로 도움이 된다.

6. 선택적 화자 — 선생님

의사 전달을 잘하지 못하는 나를 위해 선생님이 나서 주신다. 내가 친구들 사이에서 겉돌 때 나를 지칭하지 않고 나를 위해 시를 들려주신다. 덕분에 반에서 도는 나에 대한 오해나 왜곡이 완화된다.

7. 대리자 — 엄마

마음이 약해서 쉽게 무너지고 화를 내며 눈물도 많다. 본질적으로 나와 닮았으나 그녀는 살아가면서 너무 많이 변해버렸다. 양의 탈을 쓴 괴물 같을 때도 있다. 그녀의 삶에서 내가 보일 때도 있으나 그 모습이 점점 사라져 간다. 그럴수록 나는 나를 지키기 위해, 그녀처럼 변하지 않기 위해 정신을 차린다.

창작 실습

1 소설, 영화, 만화 등 한 작품을 선택하여 인물을 살펴보고, 인물관계도를 작성해 보자.

2 나를 중심으로 인물관계도를 만들어 그 역할과 기능을 살펴보자.

3 창작 스토리 작성하고, 인물관계도를 만들어 보자.

5장

여기가 어디야?

: 배경의 의미와 기능 설정

1. 시간과 장소의 설정

2. 배경의 묘사

3. 배경의 분위기

4. 배경의 구성 요소

5. 시간적 배경 구성

5장 여기가 어디야? : 배경의 의미와 기능 설정

1 시간과 장소의 설정

배경(setting)이란 이야기 속에서 인물의 행위가 일어나고 있는 시간과 공간을 말하며 환경, 장소, 현장, 정황으로 이해할 수 있다. 배경의 종류를 시간적·공간적 배경으로 구분하며, 특성에 따라 사회적·심리적·상황적 배경으로 나누기도 한다.

사회적 배경은 통시적 시대성과 공시적 사회성이 잘 드러나 소설의 사회상과 역사적 특성을 제시한다. 사회적 배경을 통해 사회 현실에 대한 문제의식이 의미 있게 제시될 경우 이를 사회소설이라고 부른다.

조세희 『난장이가 쏘아올린 작은 공』, 박경리 『토지』, 조정래 『태백산맥』 등은 한국의 시대적 현실과 작가의 문제의식이 탁월하게 발현된 작품이다.

심리적 배경은 주로 심리주의 소설에서 나타나며 인물의 의식의 흐름에 따라 과거, 현재, 미래가 뒤섞여 나타난다. 현실적인 시·공간과 환상적인 시·공간이 다양한 방식으로 혼합되어 인물의 심리적 시·공간으로 구조화된다.

버지니아 울프 『자기만의 방』, 제임스 조이스 『율리시스』, 『젊은 예술가의 초상』, 권지예 『뱀장어스튜』, 김영하 『옥수수와 나』는 시·공간을 심리적 배경으로 활용한 소설이며, 영화 〈인셉션〉, 〈메멘토〉, 〈어바웃타임〉 등도 심리적 배경을 신선하게 구성한 작품이다.

상황적 배경이란 한계 상황을 통해 인물의 본질과 실존에 대해 보여주는 소설에서 주요하게 쓰인다. 벌레가 된 그레고르가 자기 방에 갇혀 살다가 비참하게 죽는 『변신』, 전염병에 감염된 환자들이 감옥이 돼버린 병원에서 탈출하는 『눈먼 자들의 도시』, 사설 감옥에 갇혀 살다가 풀려나 마주하게 되는 충격적인 이야기 〈올드보이〉, 유신정권의 희생양이 된 교사와 형사의 아이러니한 상황을 고문실이라는 공간을 통해 보여주는 「붉은 방」 등은 극한적 상황을 토대로 인간 심연을 드러낸다.

영화 〈군함도〉, 〈봉오동 전투〉 등도 일제 치하의 사회적 배경과 상황적 배경을 진지하게 다루었고, 〈세 얼간이〉 또한 인도의 교육 문제를 유쾌하게 보여주었다.

〈세 얼간이〉에서 대학은 최고의 엘리트 교육기관으로서 권위와 위엄을 상징한다. 부와 명예를 좇다가 오히려 꿈을 잃고 얼간이가 되어 가는 천재들의 대학 생활은 어두운 미래를 암시하는 아이러니의 공간이기도 하다.

이와 달리 사라진 란초가 외딴 섬에 설립한 초등학교는 가난한 아이들이 행복하게 공부하는 공간이다. 자유롭고 창의적인 학교는 바다와 하늘과 어우러져 자연의 일부처럼 보인다. 햇살 아래 활력이 넘치는 아이들의 웃음소리는 대학과 대비되어 교육과 성장에 필요한 것이 무엇인지 생각하게 만든다.

영화 〈핸섬수트〉의 골목 식당과 모델 스튜디오, 〈빌리 엘리엇〉의 탄광촌과 발레 교습소, 〈밀양〉의 소도시 밀양, 〈피아노 치는 여자〉의 피아노 교습실, 〈설국열차〉의 설국열차는 상징적 의미가 탁월한 공간들이다.

요약하자면, 배경은 소설에서 허구적 이야기에 사실성을 부여하여 리얼리티를 확보하는 기능을 한다. 또한 배경은 인물과 조화적 양상을 보이는데 의도한 부조화를 통해 갈등을 암시하면서 유사성과 이질성을 통해 이야기의 보편성과 독창성을 전략적으로 보여줄 수 있다.

2
배경의 묘사

일반적으로 소설 서두를 보면 특정한 장소나 날씨 등에 대한 정보가 먼저 제공된다. 사건과 인물에 대한 분위기를 만드는 데 용이하기 때문이다. 만약 어떤 공간이나 환경 등을 모호하게 제시하거나 빈약한 묘사로 기술하면 구체적으로 상상하기 어려워서 몰입하기가 어려워진다.

한 작품 안에는 여러 배경이 나오기 마련인데 시·공간들은 서로 대조, 친화, 긴장, 혐오 등의 관계를 맺고 있다. 인물과 관련 있는 배경들은 바로 인물의 심리, 정신, 주제를 암시하는데, 인물의 성격과 욕망 등이 내재된 곳이기 때문이다.

박완서 「엄마의 말뚝」에 나오는 박적골(시골)과 대처(서울), 김승옥 「무진기행」에 나오는 무진(고향)과 서울은 인물의 욕망을 집약적으로 보여주는 공간이다.

드라마에서도 인물의 갈등, 특히 사회적·경제적 차이를 집이나 사무실 등의 공간 대비를 통해 부각시킨다. 작가는 인물의 욕망과 갈등을 보여주는 장치로 배경을 이용하는 것이다.

> 가만, 뭔가 끔찍스럽고 이상한 소리에 후드득 정신을 차린다. 얼핏 눈이 잘 떠지지 않는다. 모래알이라도 끼인 듯 눈꺼풀이 꺼끌꺼끌하다. 머리가 깨질 것 같고 목이 탄다. 이내 시야를 꽉 채우고 들어오는 붉은 빛깔의 세상. 사면의 벽과 천정을 덮고 있는 그 핏빛의 공간 한가운데서, 문득 나는 전신이 어느 틈엔가 온통 붉게 물들어가고 있는 게 아닌가 싶다. 잠시 졸았던 것일까. 고개를 간신히 세워 방안을 둘러보니 아무도 없다. 피잉, 현기증이 인다. 어떤 무중력 상태의 공간에 붕 떠 있는 듯한 묘하게 비현실적인 느낌. 책상과 의자, 변기, 욕조, 샤워 꼭지 그리고 내가 누워 있는 침대…. 그 모든 사물들이 마치 무대 위의 소도구들처럼 퍽이나 생경하고 낯설어 보인다. 그건 어쩌면 이 방 안을 가득 채우고 있는 저 붉은 빛깔 때문일 것이다. 저 광기의 빛깔 속에서는 모든 것이 기괴하게 뒤틀리고 일그러져 보일 수밖에 없을 터이다. 나는 무심코 진저리를 친다.
>
> **— 임철우, 「붉은 방」 중에서**

방과 부엌은 물론 마루에도 환히 켜 놓은 전등은 이층으로 오르는 계단의 중간까지 빛을 던지고 있어 집안은 어느 곳 한 군데 그늘 진 곳이 없이 밝았다.

불을 꺼요. 필시 민방위 요원일 사내가 거칠게 구둣발로 대문을 차며 소리쳤다.

그 여자는 곤두박질치듯 뛰며 차례로 전기 스위치를 내렸다.

정기적으로 실시되는 것은 아니었으나 그 여자가 기억하는 한, 몇 차례인가 등화관제 훈련이 있었다. 예비 사이렌이 울리면 아들과 딸은 지레 불을 끄고 이층의 제 방으로부터 후다닥 층계를 서넛씩 건너뛰어 내려와 안방으로 들어왔다. 누구든 어두운 방에 혼자 앉아 이십 분이나 혹은 그보다 조금 더 긴 시간을 보내려 하지 않았다.

갑자기 빛이 사라지면 포격과 살상이 무자비하게 행해지는 바깥세상으로부터 안전하게 대비하고 있다는 것, 그들은 한동아리이며 둥지 속의 알처럼 안전하다는 사실을 어둠은 새삼 상기시켰고 설혹 생활 속에 느닷없이 뛰어든 고의적인 어둠의 또 다른 면모에 남몰래 전율한다 해도 그것은 술래가 숨은 아이들을 찾아 나설 때까지의, 열을 셀 동안의 순간에 불과한 짧은 시간일 뿐이었다.

어둠 속에서 울리는 목소리는 그들이 알고 있던 평소의 자신들의 목소리가 아닌 듯 귀에 설어 그들은 약간의 외경마저 느끼며 소리 죽여 소곤거렸고, 그 여자는 곧잘 대동아 전쟁 말기의, 등화관제가 잦았던 한 시절을 떠올리곤 했다. 당시 그 여자는 관립 여학교 기숙사에 있었다. 창마다 불빛이 사라진 뒤 쉴 새 없이 울리는 공습경보를 들으며 그녀들이 나누는 것은, 규율이 엄격한 관립 여학생들에게는 금지된 장난이었던 비밀한 사랑 이야기였다. 한숨과 비탄과 이룰 수 없는 사랑과 어떤 최악의 상황을 갖다 대어도 좋을 청춘의 꿈들은 어둠 속으로 사라졌다.

— 오정희, 「어둠의 집」 중에서

어머니가 온다. 잔교(棧橋)를 건너 남항동 철공단지를 나와 신선국민학교 높은 담을 따라 지금 집으로 오고 있다. 낡은 차들이 검은 연기를 쿨럭이며 겨우 올라오는 가파른 길을 어머니는 힘 하나 들이지 않고 사뿐사뿐 올라온다. 고무 작업복과 머릿수건이 담긴 보자기를 들고, 신선동으로.

부산시 영도구 신선동. 신선이 살았다고 믿기에는 너무 낡고 더러운 곳이다. 옹색한 집들로 향하는 좁은 골목마다 집요한 악다구니가 아침부터 저녁까지 이어지고, 악다구니가 끝나면 사내아이들이 모여 담배를 피우거나 벌거벗은 여자의 사진을 돌려 보고, 아이들이 사라지면 쥐들의 차지가 되는 동네.

나는 악다구니와 벌거벗은 여자들과 쥐들의 골목을 나와 담 위에 앉아 시시각각 다른 빛이 되는 항구를 바라보며 시간을 보낸다. 때로 선박 아래에 이는 흰 포말과 잠루(岑樓)에서 반짝이는 싱싱한 금속성 눈부심을 보기도 하고, 해안을 따라 자리 잡은 상점과 술집들이 그려내는 주홍빛 소묘를 보기도 한다. 그리고 항구가 완전히 어둠에 잠기면 어김없이 담 위에 올라앉아 집으로 돌아오는 어머니를 기다리는 것이다.

— 천운영, 「눈보라콘」 중에서

3
배경의 분위기

소설에서 분위기(atmosphere)란 장소에서 받는 느낌과 인상을 말한다. 배경의 특성이 인물에게 어떤 영향을 주는가에 따라 효과적인 분위기를 만들었다고 평가한다. 인물은 어떤 장소나 상황에서 특유의 분위기를 느끼고 그에 따라 행동하게 되며 독자는 배경과 연결된 인물에 공감하면서 이야기에 몰입하게 된다.

효과적인 분위기를 만드는 방법은 ① 섬세한 사물 묘사, ② 행위의 템포, ③ 대화의 말투, ④ 인물의 태도, ⑤ 감정을 자아내는 언어(문체)이다.

시·공간적 정보뿐만 아니라 장소 안의 묘사, 그러니까 사물 혹은 인물의 행위와 태도 등의 묘사도 배경에 해당된다. 인물 묘사가 되는 동시에 배경의 분위기 묘사가 되는 것이다.

영화 〈신과 함께〉, 〈설국열차〉, 〈시〉, 〈버닝〉, 〈씨크릿 가든〉의 시·공간을 떠올려 보자.

배경이 주는 정보를 뛰어넘어 특유의 분위기를 만드는 방법을 생각하면서 영화, 광고, 사진 등을 감상하면 배경의 분위기가 전달하는 의미와 기능을 이해할 수 있다. 신비하고 강렬한 메시지를 전달하는 데 효과적이다.

4
배경의 구성 요소

배경을 만들기 위한 구성 요소를 살펴보면, ① 장소와 공간, ② 직업이나 생활 방식, ③ 시대와 계절적 시간, ④ 문화적, 종교적, 사상적 분위기가 있다.

장소와 공간은 사실적이면서도 분위기를 자아내어 인물의 성격과 행동을 결정하는 개연적 기능이 있으며, 공간적 미학을 통해 인물의 관념, 의식, 심리를 반영한다. 또한 국가, 지역, 조직, 기관 등 인물의 직업이나 생활 방식을 보여줌으로써 인물이 머무는 시·공간이 배치되어 배경이 형성된다. 영화 〈상하원〉, 〈천문〉, 〈나랏말싸미〉, 〈군함도〉는 좋은 예이다.

특히 배경을 통해 인물의 직업, 생활 방식을 표현하는 작품을 지방주의 작품이라 부르며, 지방(배경) 사람들이 종사하는 일과 생활 방식이 인물의 사고나 행동에 미치는 영향에 심혈을 기울이는 작가를 지방주의(localism) 작가라고 지칭한다.

시대와 계절적 시간은 동일한 장소라도 낯설고 다르게 표현된다. 보통 시간적 배경은 관습을 따르는데 노스롭 프라이의 플롯과 연관이 있다.

N. 플라이(N. Fry)는 플롯(plot, mythos)을 자연 주기에 따라 봄은 탄생(만남), 여름은 성장(결혼), 가을은 죽음(이별), 겨울은 소멸(시련)로 구분하여 설정하였다. 인간은 자연의 일부이며 자연 환경과 삶은 뗄 수 없기에 자연 주기가 플롯(구조)의 기본이라는 것이다. 그는 자연의 시간에서 삶의 보편적 양상을 유추하고, 이야기 전개를 자연의 흐름과 일치시키는 관습을 선호하였는데 이는 현대문학에서도 일관되게 따르는 안정적 구조이다.

영화 〈소나기〉, 〈클래식〉, 〈설국열차〉, 〈만추〉, 〈꽃피는 봄이 오면〉, 〈봄 여름 가을 겨울 그리고 봄〉 등은 자연 주기를 시간적 배경의 구조로 만든 작품들이다.

부연하자면, 소설에서 배경은 공간이 고정되거나 이동되면서 의미가 강조된다.

소설 「붉은 방」과 영화 〈명량〉, 〈시즈닝 하우스〉처럼 제약된 공간일 경우 전체를 집약적으로 보여주는 상징적 특성으로 인해 작품의 총체적 의미가 더욱 확대된다. 구체적 장소이면서 시대적 상황과 사회적 조건, 분위기까지 담아내는 공간이라면 배경의 기능을 효율적으로 높일 수 있다.

이효석 「메밀꽃 필 무렵」은 시·공간적 이동이 조화로운데, 낮에서 밤으로 이동하는 것은 무덥고 시끄러운 장터의 현실적 모습에서 아름답고 고즈넉한 산길로의 이행이며 인물의 감성과 소설의 정취를 배경의 분위기를 통해서 보여준다. 결국 배경의 분위기는 작품의 전체적인 흐름과 주제를 형성하는 중요한 요소이다.

그러나 누가 벌써 이 조용한 잠에서 깨어나 있는 것일까.

소리가 전혀 없는 게 아니었다. 딱! …….

어디선가 꼭 그 한 가지 소리가 새벽 시간을 점찍어 헤아리듯 간간이 울려나고 있는 것이다. 마치 작은 구멍을 새어 나온 물이 한참 만에 방울이 되어 떨어지는 소리 같았다. 어떻게 들으면 밤을 쫓기 위해 망치를 두드리는 신령이, 정적 속에서 졸음을 견디려고 애쓰고 있는 것 같기도 했다. 그것은 대개 규칙적이었으나 혹 어떤 때는 듣는 사람이 잊어버리기를 기다리는 듯 시간이 떴고, 아주 드물게는 훨씬 짧아지기도 했다.

(중략) 각각 활을 들고서, 북호정과 조그만 골짜기를 하나 낀 맞은편 언덕, 아직 안개가 걷히지 않은 곳을 향해 교대로 화살을 보내고 있는 중이다. 노인이 화살 하나를 쏘고 나면 한참 있다가 여자가 쏘고 그리고는 한참 후에 다시 노인이 쏘고. 그 시간은 일정했다. 여자는 활을 쳐들고 공중에서부터 화살을 재어 내려 겨냥해 쏘았고, 노인은 힘 좋게 가슴께에서 정면으로 겨냥해서 쏘았다. 그때마다 맞은편 언덕 안개 속에서 딱, 딱 화살 맞는 소리가 울려 나왔다. 소리는 바로 그것이었다. 아니, 그때마다 소리가 울려 나오는 것은 아니었다. 소리는 대개 노인이 쏘았을 때뿐이었다. 여자가 쏘았을 때는 잘 나지 않았다. 어쩌다 한 번씩뿐이었다. 그러나 그들은 소리에다 마음을 쓰고 있지는 않은 눈치다. 말 한마디 주고받지 않으며 다만 일정한 간격으로 교대교대 화살을 보낼 뿐이다.

— 이청준, 「과녁」 중에서

남산의 신선한 바람이 고여 있어야 마땅한 좁은 골목길은 공장 봉고차들이 왔다 갔다 하느라고 사람 지나다닐 틈도 없을 지경이고, 공장들에서 풍겨 나온 냄새들이 합성된 이상한 악취가 콧구멍을 쿡쿡 쥐어박아 만우 씨는 미간을 찌푸리지 않을 수 없었다. 남산으로 올라가는 고전적인 삽상한 길 같은 것은 이미 존재하지 않았다. 그때 만우 씨는 생각했다. 이제 한국 어느 구석에도 전통적인 주택가를 찾아보기는 힘들겠다고, 그리고 정부에서 남산을 보존하려면, 외관상의 문제만 다룰 것이 아니라 남산 밑에 보이지 않게 뻗어 있는 골목길들부터 정화하여 원래의 주택가 골목으로 복원하는 것이 급선무라고.

사태가 이쯤 되고 보면 가내공장들이 잠식해 들어올 염려가 없는 아파트촌으로 들어가는 것이 상책이긴 하지만, 아파트 높이만큼이나 치솟아 있는 아파트 가격을 감당할 재력이 만우 씨에게 있을 리 없고, 무엇보다 시멘트 개미집 내지는 벌집에 불과하다고 여겨지는 그 곳에서 살다가는 소설가로서 갖추어야 할 정서니 감수성이니 하는 것들이 형편없이 손상될 것이 확실하므로, 아파트 입주 역시 꺼려지기는 마찬가지였다. 아직은 공기가 그래도 맑고 소음도 적은 시골로 내려가는 것도 생각해 볼 만하지만, 시골이 오히려 변덕스럽기 그지없는 정부의 개발정책에 희생될 가능성이 더욱 많다 할 것이다. 어느 소설가가 물색하고 물색한 끝에 조용한 시골 땅을 사서 거기 집을 짓고 집필실을 마련하여 좀 편안한 마음으로 글을 써볼까 했더니, 병풍처럼 둘러쳐져 있는 뒷산마루들이 무지막지한 포클레인, 불도저, 굴삭기들에 의해 깎여 나가고 비행장이 떡하니 들어서게 되었다고 하지 않는가.

— 조성기, 「우리 시대의 소설가」 중에서

5
시간적 배경 구성

소설에서 시간은 이야기 시간(Story-Time)과 텍스트 시간(Text-Time)으로 구분된다.

이야기 시간이란 사건이 시간 순서에 따라 배열되는 시간을 말하고, 텍스트 시간이란 소설에서 여러 요소들이 배열되는 서술의 시간으로 플롯과 연관이 있다.

플롯은 시간 순서에 의한 스토리를 재배열하여 작품의 구조를 체계적, 효과적으로 완성하는 구성 방법이다. 따라서 사건이 진전되는 이야기 시간과 텍스트 시간은 불일치하며 여러 사건들은 복잡하게 얽혀 진행되는 것처럼 보인다.

시간은 ① 순서, ② 지속, ③ 빈도에 따라 구성된다.

① 시간 순서는 소급 제시와 사전 제시로 나타난다.

소급 제시란 지나간 시간을 회상하거나 회고하여 서술하는 회상과 시간상 후퇴하여 보여주는 플래시백(Flashback)을 말한다.

사전 제시란 사건을 미리 보여주기 위한 예시의 방식이다. 사전 제시 방식에 따라 소설의 이야기는 사건의 중간 단계에서부터 시작되고, 소급 제시의 방법에 따라 앞에서 생략된 처음 일어난 이야기 시간으로 사건이 역행하여 나타난다.

② 시간 지속에 따라 요약, 장면, 감속, 휴지, 생략의 방법으로 시간이 구성된다.

요약은 어떤 사건에 대한 서술 시간을 압축하여 제시하는 방법으로 이야기 사건에 비해 텍스트 사건이 짧게 나타난다. 장면은 특정 사건이나 장면을 강조하기 위해 더 많은 시간을 부여하는 방법으로 이야기 시간의 지속과 텍스트 시간의 지속이 같은 것처럼 서술된다. 이야기 속에서 인물이 주고받는 대화나 사건이 현장감 있게 묘사되어 그려지는 것을 말한다.

감속과 휴지는 시간 지속을 확장하는 것인데, 감속은 사건을 느린 동작으로 이야기하여 이야기 시간보다 텍스트 시간을 길어지게 만드는 방법이다.

하던 것을 멈추고 쉰다는 뜻의 휴지는 이야기 시간이 중단되고 텍스트 시간이 계획되어 인물에 대한 묘사나 해설 등이 길어지는 것을 말한다. 생략은 이야기 시간의 한 부분을 생략하는 것으로 시간의 지속을 제거하여 장면 전환과 시간 전개를 효율적으로 진행시키는 방법이다.

③ 빈도에 따라 시간은 일회적, 반복적으로 구성된다.

이야기 속에서 한 번 일어난 사건이 텍스트에 단 한 번 서술될 경우는 일회적이며 그 의미가 반복적으로 서술되는 경우에 비해 미비하다. 반복적으로 제시되는 사건은 이야기 전체에서 차지하는 중요도가 높으며 그 의미를 다각적으로 제시하여 강조하려는 작가 의도가 담겨 있다.

지금까지 시간에 대한 개념을 살펴보았는데, 영화 〈악마가 너의 죽음을 알기 전에〉, 〈아가씨〉, 〈기생충〉 등은 시간적 배경 구성이 잘 된 작품들이다. 영화나 광고를 통해 장면으로 이해하면서 이야기 시간과 텍스트 시간을 구분해야 한다. 또한 텍스트 시간을 이루는 ① 순서, ② 지속, ③ 빈도의 시간 구성이 언제, 어떻게 쓰였는지, 흥미, 몰입, 감동에 효율적이었는지 생각하면서 분석하면 좋다.

다음은 소설에서의 배경 예시이다. 소설 한 편을 면밀히 읽으면서 시·공간을 체크하면 배경의 흐름(연결)과 효과가 입체적으로 드러난다. 또한 여러 작품에서 발췌한 배경 예문을 비교하면 작가와 작품에 따라 다채롭게 기술되는 개성을 살필 수 있다

밭에서 완두를 거두어들이고 난 바로 그 이튿날부터 시작된 비가 며칠이고 계속해서 내렸다. 비는 분말처럼 몽근 알갱이가 되고, 때로는 금방 보꾹이라도 뚫고 쏟아져

내릴 듯한 두려움의 결정체들이 되어 수시로 변덕을 부리면서 칠흑의 밤을 온통 물걸레처럼 질펀히 적시고 있었다.

동구 밖 어디쯤이 될까. 아마 상여를 넣어두는 빈 집이 있는 둑길 근처일 것이다. 어쩐지 거기라면 개도 여우만큼 길고 음산한 울음을 충분히 낼 수 있을 것 같은 생각이 들었다. 그러나 실제로는 그보다 훨씬 더 먼 곳일지도 모른다. 잠시 꺼끔해지는 빗소리를 대신하여 멀리서 개 짖는 소리가 짬을 메우고 있었다. 그것이 저희들끼리의 무슨 군호나 되는 듯이 난리통에 몇 마리 남지 않은 동네 개들이 차례로 짖기 시작했다. 그날 밤 따라 개들의 극성이 몹시도 유난했다. 그때 우리는 외할머니가 거처하는 건넌방에 모여 있었다. 외할머니의 심중에 뭔가 큰 변화가 생겨 우리는 그분을 위로하고 안심시켜 드리지 않으면 안 되었기 때문이다. 그런데 어머니와 작은 이모는 개들이 사납게 짖기 시작하면서부터 갑자기 입을 다물어버렸다. 서로 외할머니의 눈치만 슬금슬금 살펴가며 모기장베가 붙어 있는 방문 쪽으로, 얼멍얼멍한 모기장베가 가린 둥 만 둥 막고 있는 어둠 저쪽으로 자꾸 눈길을 돌렸다. 나방인지 하늘밥도둑인지 모를 날벌레 한마리가 아까부터 날개를 발발 떨면서 방문에 붙어 끊임없이 오르내리고 있었다.

— 윤흥길, 『장마』 중에서

수화기를 내려놓고 노인은 한동안 그 자리에 움직이지 않고 앉아 있다. 아들과 통화를 하지 못한 것이 못내 마음에 걸린다. 노인은 치마말이 속에서 담배를 꺼내려던 손길을 거두고 석유를 뿌려놓은 짚더미와 함께 이불을 잡아 끌어당긴다. 이불을 단정히 덮고 누워 머리맡의 성냥갑을 끌어당긴 노인은 가만히 귀를 기울인다. 숲을 휩쓸고 지나가는 바람과 밤새의 간헐적인 울음 사이로 누렁이의 신음 소리가 들려온다. 노인은 말갛게 뜨고 있던 눈을 감은 채 성냥갑에서 성냥 하나를 꺼내든다.

무엇이든 목숨 가진 것으로는 태어나지 말게 해 주시오. 바람이어도 좋고, 물이어도 좋고, 바위여도 좋지만, 번뇌의 옷을 입고 생명 있는 것으로는 다시 나게 하지 말아주시오. 부처님, 천지 신령님께 간절히 비오.

눈을 감고 성냥을 긋는 노인의 얼굴 위로 짧은 순간 미소 같기도 울음 같기도 한 표정이 떠오른다.

붉은 혀를 놀리며 순식간에 천장까지 솟구친 불길이 지붕을 뚫고 솟아오르고, 밭을 가로질러 산 가장자리의 키 작은 소나무에 매어놓은 늙은 개가 발작을 일으킨 간질병 환자처럼 푸들푸들 떨며 하늘을 향해 길게 신음소리를 내지를 때, 총총히 별을 안고 넓게 펼쳐진 어둔 하늘에서 별 하나가 길게 꼬리를 끌며 북동쪽을 향해 날아가고, 숲에 둥지를 틀고 밤잠을 재촉하던 새들이 난데없는 불기둥에 놀라 별이 사라진 어둔 하늘 쪽으로 높이 날아오른다.

— 나유진, 「다비식」 중에서

그는 '악'하는 비명조차 내지르지도 못한 채 마치 몸이 빨려들어 가듯 똥통 속으로 쑤욱 빠져 버리고 말았다. 간신히 두 팔로 입구를 잡았지만 너무 늦었다. 뜨뜻미지근하고 물큰한 똥통으로 그의 두 다리는 허벅지 아래까지 쑤욱 빨려 들었다. 초여름에 분뇨차가 왔던 이후 겨울에야 차를 부른다고 했던 아비의 말이 떠올랐다. 아비는 똥이 가득 차지 않으면 분뇨차 새끼들이 통에 똥을 덜 채운 채 한 통 값을 받는다면서 변소에 똥이 가득 찰 때까지 부르지 말아야 겠다고 했었다. 이대로 손에 힘이 빠지면 아무도 모른 채 똥물에 빠져 질식해 죽을지도 모를 일이었다. 그는 거기까지 생각이 미치자, 그제야 비명을 질러댔다. 설희 마저 이곳을 나간다면 그의 비명을 들을 사람은 아무도 없었다. 공중변소는 상가와도 뚝 떨어져 있는데다가 그나마 가까이 붙어 있는 매미 집은 늘 음악을 크게 틀어놓고 있기 때문에 그의 소리를 들을 수가 없었다. 게다가 술이라도 마시면 가뜩이나 잠귀가 어두운 아비가 그의 소리를 들을 리 없었다.

자신을 구할 이는 '오란씨'의 여자, 설희 밖에 없다는 생각이 미쳤다. 그는 사내답지 못하게 계속해서 살려달라고 소리를 질러댔다.

오줌 이끼가 잔뜩 낀 시멘트 바닥은 말할 수 없이 미끄러웠다. 더 이상 손바닥으로 바닥을 잡고 버틴다는 것은 불가능했다. 차츰 몸은 아래로 빠져 내려갔다. 그는 절망했다. 이렇게 어처구니없는 일이 자신에게 벌어졌다는 게 믿기지 않았다. 형이라도 있었다면 단번에 그를 꺼내 주었을 텐데. 그는 마침내 훌쩍거렸다.

— 배지영, 「오란씨」 중에서

여자는 현관문을 밀고 들어가, 엘리베이터를 타고 3을 눌렀다. 엘리베이터가 올라감에 따라 땀이 가시고, 자신의 몸이 개펄이 된 것처럼 느껴진다. 문 앞에 섰는데도, 무슨 소리, 인기척 하나 없다. 볼록 렌즈를 들여다본다. 목을 맨 것일까. 설마, 여자는 저도 모르게 혼잣말을 하였다. 무엇보다 이 방에는 끈을 맬 만한 장소가 없다. 여자는 얼른 천장을 떠올렸다. 그러나 오피스텔에서 자살한 사람이 없는 것은 아니다.

벽장 안 쇠 파이프에 여자 옷과 함께 걸려 있는 남자의 모습이 떠올랐을 때, 불쑥 웃음이 터져 나왔다. 웃음이 거품처럼 점점 부풀어, 도저히 억제할 수 없어진다. 웃음을 털어내려고 몸의 방향을 틀고 한걸음에 두 계단씩 뛰어내렸지만, 웃음은 이미 미끄러져 나왔다. 여자는 아무 관계없는 목소리로, 손이 닿지 않는 먼 곳에서 말했다. 오늘은 토요일, 토요일에 죽을 리가 없지, 그 남자가 죽을 리가 없어, 주말에는 자기 집으로 가는 걸, 내가 나가자 바로 자기 집으로 간 거야, 틀림없어.

밖은, 뜨겁다. 웃음은 여자를 옴짝달싹 못하게 하려 한다. 웃음으로 젖혀진 머리로 무슨 기억인가 떠올리려 해도, 웃음이 여자를 완전히 덮쳐 버리고 말았다. 내리쬐이는 한낮의 햇살 아래로 삼거리가 여자 앞에 한없이 뻗어 있다.

— 유미리, 「한여름」 중에서

지금까지 살펴본 배경을 요약하면 다음과 같다.

배경의 구성 요소
① 장소와 공간
② 직업이나 생활 방식
③ 시대와 계절적 시간
④ 문화적, 종교적, 사상적 분위기

효과적인 분위기를 만드는 방법
① 섬세한 사물 묘사
② 행위의 템포
③ 대화의 말투
④ 인물의 태도
⑤ 감정을 자아내는 언어

소설에서의 시간
① 이야기 시간
② 텍스트 시간(플롯)

시간 구성
① 순서
② 지속
③ 빈도에 따라 구성

다음은 학생들이 인상적인 배경을 선택하여 묘사한 예시이다. 감상 후 장·단점 및 보완점을 이야기해 보자.

출항

현재시각 새벽 6시. 오늘도 나는 부둣가로 발걸음을 향한다. 바다에 계류한 나의 배, 참수리-269호정. 국가를 지키는 군인으로 산다는 것은 자부심을 가질만한 일이지만 언제나 나의 삶은 위험하고 힘들다. 배에 승조한 뒤 해치를 열고 계단 밑으로 내려간다. 내 발걸음과 맞닿는 플레이트 바닥의 소리가 내 마음의 차가움을 몸소 느끼게 해준다.

이곳은 기관실. 아무도 이곳에 내려오지 않는다. 가장 뜨겁고, 더럽고, 시끄러운 곳.

이곳에 출근한 지 딱 1년이 되는 날. 나는 오늘도 공구를 들고 폐기관과 엔진 사이의 비좁은 틈을 타고 들어간다. 20기통의 No.1엔진과 No.2엔진의 코크를 다 푼다. 1년 째 하는 일상적인 일이지만 방심하면 안 된다. 여기서 다친 것을 센다면 열 손가락이 턱없이 부족하다.

엔진 시동 검사를 시작한다. 코크에선 오늘도 어김없이 익숙한 냄새의 기체가 뿜어져 나오며 엔진이 이상 없음을 내게 알린다. 몽키스패너를 집어 든다. 3개의 주유구멍을 모두 열었다. 측심자를 가져와 주유구멍에 넣기 시작한다. 추가 바닥에 닿는 소리와 함께 손잡이를 돌리며 추를 올린다. 노란 기름이 마지막에 묻어있는 부분을 손으로 만지며 기름의 충분 유무를 검사한다. 아무 이상이 없다. 오늘도 손가락엔 기름때가 가득하다. 잘 지워지지 않는 기름때를 볼 때면 어머니 생각이 난다.

다시 마음을 가다듬고 발전기를 육전에서 함전으로 돌린다. 함교에서 엔진을 시동하라는 명령이 시달되었다. "EOS실 기관시동완료" 기관이 시동 걸림과 동시에 내 머리 위에 24개의 계기판들이 춤을 추듯 움직이고 있다. 나의 손가락은 바빠지기 시작한다. 내부의 70도 온도가 너무 더워 바람이 통할 수 있도록 배기구를 열었지만 나를 맞이하는 건 차갑고 매운 폐기바람이다. 눈물이 흐른다. 오늘도 나는 동주의 서시를 속으로 낭독한다. 흐르는 눈물을 닦고 나는 인터폰에 대고 소리친다. "출항!"

초소

일을 마치고 집으로 돌아가는 길, 밤하늘을 올려다본다. 별들을 보니 뜬금없게도 저녁에 먹은 김치찌개가 떠오른다. 김치찌개에 고깃덩어리가 참 없었더랬다. 별이 아쉬운 것인지 고깃덩어리가 아쉬운 것인지 알 수 없는 아쉬움과 허기짐은 나를 별 많던 군대의 어느 산 속에 있는 초소로 데려갔다.

1평 남짓한 공간에 콘크리트로 된 세 벽, 삐거덕거리는 문이 달린 초소는 누가 뭐래도 꽤나 안락했다. 위장한답시고 검정색과 갈색, 국방색을 적절하게 조화시키며 조악하게 바른 페인트와 곳곳에 있는 나뭇가지들은 이름 모를 산과 잘 어울렸고 만약 적이 침투한대도 우리를 쉽게 찾아내지는 못할 터였다.

바람이 불거나 눈비가 오면 초소에 들어갔다. 페인트칠을 하지 않아 그대로인 회색 벽과 군화나 바람에 딸려 온 풀과 흙이 깔린 바닥 등 뭐 설명할 것도 없이 단조롭다. 아무것도 없지만 비와 눈과 바람으로부터 피할 수 있게 해주는 우리만의 피난처다.

겉은 산과 어우러져 우리를 숨겨주고 속은 단조로워 아늑함까지 느끼게 하는 초소는 그 고유의 냄새와 선임, 후임들과의 추억들로 기억되는 나만의 잊지 못할 장소이다.

여름 방학

방학이면 동생과 외할머니 댁에 갔다. 부모님 없이 단 둘이 타는 시외버스가 생소했지만 낯선 풍경에 우리는 신이 났다.

시외버스를 타고 두 시간을 달린 뒤 다시 한참을 걸어 시내버스를 타야 했다. 굽이굽이 논둑길을 달리다 보면 할머니 동네가 나왔다. 할머니는 굽은 허리로 정류장까지 마중을 나왔다. 어린것들이 오느라 고생했다면서 버스가 마을 어귀에 들어서면서부터 눈물을 훔쳤다. 전동차를 탄 할머니와 그 뒤를 졸졸 따르는 우리. 그 여름, 하늘은 새파랬고 논과 밭은 눈이 시리게 푸르렀다.

엄마가 가방 한가득 싸준 반찬과 할머니의 옷가지를 풀어놓고 우리는 전동차를 하나씩 잡아탔다. 온 세상이 우리 것 같았다. 전동차를 타고 새파란 논둑을 달렸다. 하늘에 잠자리가 날았고 온 천지에 흙냄새로 가득했다. 사람도 차도 얼마 없는 그곳은 온전히 우리 것 같았다. 그때 우리는 목이 늘어난 티셔츠와 유행이 지난 체육복 바지를 입었고 할머니의 슬리퍼를 신었다. 뭉게구름이 선명하던 한낮부터 붉게 노을이 질 때까지 동생과 나는 하염없이 논두렁을 달렸다. 여름 바람을 맞으며, 구름이 움직이는 것을 구경하며 잠자리에게 말을 걸었다.

해질 무렵, 길 잃을 것도 없는 작은 동네에서 할머니는 스무 살이 넘은 우리를 찾아다녔다. 하늘이 어둑해졌을 때야 집에 돌아 온 우리는 마당에 불을 피우고 삼겹살을 내어가며 캠프파이어를 하겠다고 난리를 부렸다. 할머니는 그저 웃음 가득한 얼굴로 우리가 하는 양을 바라보았다. 마당에 돗자리를 깔고 숯에 불을 피워 고기를 구웠다. 할머니랑 나랑 동생이랑 불 옆에 둘러앉아 고기와 소라를 먹었다. 배가 터지게 먹었는데도 할머니는 반찬이 맛없어서 밥을 조금만 먹느냐고 서운해 하셨다. 우리는 소라를 다섯 개씩 더 먹었다. 아이스크림도 먹었다.

온통 아름다웠다. 밤늦게 총총한 별도 아름다웠고 새벽녘 이슬을 맞은 푸른 마당도 아름다웠다. 쾌쾌한 할머니 냄새도 아름다웠고 눅진한 여름 공기도 아름답기만 했다.

그 여름 할머니는 지금보다 다섯 해만큼 젊었고, 나와 동생은 다섯 해만큼 어렸고, 하늘은 새파랬고 논과 밭은 눈이 시리게 푸르렀다. 그 여름 할머니의 사랑은 찬란하게 눈이 부셨다. 그건 정말로 '여름 방학'이었다.

창작 실습

1 내(타인)가 좋아하는 시 · 공간과 분위기를 떠올려 보자.

2 인상적인 사진(스케치, 키워드)을 찍고 상상력을 발휘하여 배경을 기술해 보자.

6장

누가 들려주는 건데 ?

: 시점(視點)의 선택과 화자(話者)

1. 시점의 종류와 특성

2. 적절한 시점 찾기

3. 화자의 존재와 역할 그리고 거리

6장 누가 들려주는 건데 ? : 시점(視點)의 선택과 화자(話者)

소설은 화자(話者)에 의해서 이야기가 서술되며 이를 시점(視點)이라고 한다.

시점(point of view)은 누가 어떤 사건(행위)을 서술하는가, 화자가 어떤 위치에서 사건을 보고 독자에게 들려 줄 것인가의 문제를 담고 있어서 주제의식과 면밀히 닿아 있다.

① 제라드 쥬네트(Gerard Genette)는 시점에 대해 "누가 보는가"와 "누가 이야기하는가"라고 말하였고, ② 카터 코웰(Carter Cowell)은 시점을 "이야기가 어느 각도로 보여졌는가"라고 설명하였다. ③ E.M.포스터(E.M.Forster)는 "작가가 말하는 것을 보여주는 힘"이라고 언급하였다.

같은 사건이라도 화자의 직업, 연령, 성별, 신분 등 사람의 위치와 말하는 방법에 따라 이야기의 의미가 달라질 수 있다. 따라서 시점은 소설의 초점(focus of narration)과 같은 성격을 갖는다. 서술의 초점 또는 초점화란 '누가 어떤 각도에서 보고(시점), 이야기하느냐(서술)'를 구성하는 문제이다.

시점은 이야기의 객관성을 높이고 진실성과 신뢰성을 획득하는 데 유용하다. 시점을 선택할 때는 화자가 이야기 속에 위치하는지, 이야기 밖에 위치하는지, 중심인물인지 주변인물인지 등을 생각해야 하며, 주관적 입장에서 이야기를 서술할 것인지, 객관적 입장에서 서술할 것인지, 소설의 의미를 효과적으로 전달하는 데 적절한 시점인지 충분히 생각한 뒤 일관되게 기술해야 한다. 그렇지 않으면 시점이 흔들려 이야기의 초점이 흐려지고 전달력이 떨어져 산만한 인상을 주게 된다.

1
시점의 종류와 특성

소설의 시점을 서술의 초점(focus of narration)으로 이야기를 제시하는 중요한 방법이며, 네 가지로 구분된다.

1-1. 전지적 작가 시점

화자가 곧 신(神)과 같은 전지전능한 입장에서 인물의 모든 행동을 서술하는 기법이다. 내레이터인 작가가 인물들의 외부적인 행동과 태도는 물론 그들의 감정과 의식, 행위의 동기와 심리 등 내면세계까지도 설명하고 해석할 수 있는 준비가 되어 있어야 한다.

다시 말해 전지적 작가 시점은 작가가 인물의 내·외면을 관장하고 심리 변화와 의미까지도 해석하기 때문에 작가의 사상, 지성, 관념이 드러난다. 작가의 철학과 지성이 뛰어날 경우에 다양한 인물과 사건을 확실하게 제시하여 인생의 총체적 의미를 다각적으로 표현할 수 있는 장점이 있다.

전지적 작가 시점은 위에 언급한대로 인물의 심리와 내면을 표현하는 데 유리하고 객관적 관찰, 사고 분석, 편집자적 논평, 요약적 보고 등이 모두 가능하다. 그러나 계속적으로 중요한 정보를 독자에게 감출 수 없기 때문에 강렬한 인상(thrill, suspense)을 주기 어려운 한계가 있다.

> 어부는 코를 생선시장에 내다 팔기로 마음을 먹었지요.
> 생선을 사러 갔던 하녀가 잉어며 맛있는 생선 사이에 놓여 있는 코를 알아보았어요.
> "이건 우리 주인님의 코야. 얼른 이리 주세요. 주인님에게 갖다 드려야겠어요."
> 하녀는 어부를 졸랐지요. 그러나 어부는 정색을 하며 말했어요.
> "누구 건지 내가 알게 뭐요? 내가 잡았으니 당연히 팔아야지요."
> "얼마에 팔지요?"

"그야 당연히 금값이지요. 웬만한 생선하고는 틀리잖아요?"

하녀는 급히 주인에게 달려갔어요.

"값은 얼마든지 주어도 좋아요. 난 내 코를 되찾아야겠소!"

하녀는 재빨리 돈을 준비했어요. 워낙 큰 코라 돈이 많이 필요했지요. 주인의 돈으로는 모자라 자기가 달고 다니던 귀걸이까지 팔아야 했지만 마음씨 착한 하녀는 눈물을 머금고 꾹 참았어요.

하녀는 코를 사서 손수건으로 소중히 감싸 들고 집으로 왔어요. 코는 말썽을 피우지 않고 얌전히 있었지요. 아저씨가 손을 벌벌 떨며 두 손으로 받아 들었을 때도 코는 잠자코 있었어요.

"코야, 너 왜 도망을 간 거니? 내가 뭘 잘못했길래?"

코는 주인을 흘겨보며 퉁명스레 말했지요.

"이젠 절대로 코를 후비지 마세요! 아니면 손톱이라도 짧게 깎으란 말이에요!"

— 잔니로다리, 『도망간 코』 중에서

세라는 한솔이가 바로 옆에 있는 것 같아 하나도 외롭지 않았다. 한솔이도 세라의 씩씩하고 밝은 목소리가 들리는 것 같아 가슴이 설레었다. 할아버지는 노인정에, 엄마는 가게에 나가 집은 텅 비어 있었지만, 세라는 집안 가득 훈훈한 정이 넘쳐나는 걸 느낄 수 있었다.

세라의 가슴 벅찬 기분은 멀리 있는 한솔이에게까지 고스란히 전해졌다. 초여름 더운 기운이 한 발 한 발 다가오고 있었지만 한솔이와 세라는 찌는 듯한 무더위가 찾아와도 거뜬히 넘길 자신이 있었다. 세라와 한솔이는 창문을 열고 밤하늘에 뜬 별들을 바라보았다.

"비바람에 휩쓸려서 사라져버린 줄 알았더니, 어디 있다 나왔니?"

세라가 오랜만에 하늘에 뜬 별들을 보고 반가운 웃음을 지었다. 비와 구름에 가려져 있던 별들은 모두 제 자리에 총총히 떠 있었다.

"한솔아……"

세라는 유난히 크고 반짝이는 별 하나를 보면서 한솔이의 이름을 불러보았다.

"세라야……"

세라의 목소리를 듣기라도 한 것처럼 한솔이도 창밖의 별을 보면서 세라 생각을 했다.

비바람이 불어도 사라지지 않고 하늘에 떠 있는 별.

반짝반짝 빛나던 밤하늘의 별들은 서로의 가슴속으로 날아가기 위해 조용히, 먼 여행을 시작했다.

— 이은하, 『바람 부는 날에도 별은 떠있다』 중에서

1-2. 1인칭 주인공 시점

'나'라는 화자가 곧 중인공이며 자신의 이야기를 서술하는 시점으로 인물과 서술의 초점이 일치한다. '나'가 자신의 내밀한 이야기와 심리를 드러내기 때문에 진술 내용에 대한 진실성을 독자에게 전달하는 데 유리하며 독자의 감정에 직접 호소하는 힘이 내재한다.

주인공의 생각과 감정을 생생하게 전달할 수 있어서 작가들이 습작기에 즐겨 사용하며 서간체, 일기체 형식으로 기술하는 경우도 많다. 박완서 「나의 가장 나종 지니인 것」, 수 타운젠드 『비밀 일기』 등이 해당한다.

반면 이 시점은 화자의 주관에 의해 전달되고 타인의 행동이나 심리는 객관적 거리를 유지해야 하기 때문에 화자의 기질과 성격, 재능에 따라 사건이나 대상을 이해하는 폭이 한정된다. 중립적, 객관적인 것이 요구되는 경우에는 부적절하다. 김승옥 「무진기행」, 이청준 「퇴원」, 이상 「날개」, 이문열 「그 해 겨울」은 1인칭 주인공 시점을 사용한 작품들이다.

어디서부터 얘기를 시작할까, 실마리를 찾고 있는데, P는 바로 어제의 일을 묻는다. 어쩌면 그게 당연한 순서일 것이다. 십 년의 세월을 더듬으려면, 이렇게 거꾸로 시작하는 게 빠르고 정확하게 길을 찾는 최선의 방법일 것이다.

"음. 성황이었어. 변방에서 온 예술가를, 우리라면 제3세계 작가를 이렇게 대접해

줄까 생각이 들 만큼 진지하게 접근하더라."

"그 이상은 아니지. 오래 살수록 느끼게 되는데, 그뿐이야. 결코, 진정으로 받아들이진 않는다는 거야."

"그럴까?"

"하긴, 영화감독도 괜찮은 직업이라고 봐. 영화를 만드는 동안은 자기가 신인 줄 착각할 수 있잖아."

이게 P지. P는 여전하다. 그의 몇 마디가, 함부르크에서의 며칠 동안 내가 빠져 있던 들뜬 기분에서 바로 깨어나게 한다. 내가 알고 싶은 건 P의 근황이다.

"요즘도 바빠?"

"늘 그래."

P는 미간을 살짝 찌푸린다. 변함없는 삶의 성취가 조금은 지루한 듯.

— 정미경, 「밤이여 나뉘어라」 중에서

나는 혹시 내가 꿈을 꾸고 악몽에 숨 가쁘게 시달리다가 들은 환청이 아닌가 하고 이미 달아나 버린 잠 속의 기억들을 곰곰이 되새겨 보기까지 하면서 다시 한 번 그 소리가 들려오길 기다렸다. 그러나 어둠 속을 손가락 하나 움직이지 않고 한참을 누워 기다렸지만 어둠 속에서는 시간의 실핏줄 속을 흐르는 무수한 외로움까지도 포착하던 내 청신경의 섬세한 그물 속으로도 그 소리는 좀체 잡혀 오질 않는 것이었고 나는 종내 달아나 버린 잠의 날개들을 야광시계의 바늘이 가리키는 새벽의 입구에서까지도 되잡을 수 없었다.

나는 슬며시 건넌방의 인기척을 살폈다. 그 소리가 먼 곳이 아닌 건넌방에서 들려온 것이 아닌가 하는 생각을 사실 나는 처음부터 하고 있었기 때문이었다. 그러한 생각의 배경으로 흉하게 늙은 부부의 얼굴이 보이지 않는 줄을 기어오르는 거미처럼 스멀스멀 떠올랐다.

— 소을석, 「무한궤도」 중에서

1-3. 1인칭 관찰자 시점

화자인 '나'는 소설 속에 나오는 인물이며, 관찰자 입장으로 주인공에 대한 이야기를 서술하는 시점이다. 1인칭으로 서술되며 초점은 주인공에 맞추어져서 스토리는 관찰자의 눈에 비친 주인공의 외면세계가 된다.

나에 대한 이야기가 나올 때는 주관적이 되고, 주인공에 대한 이야기를 서술할 때는 관찰자가 되어 주관성과 객관적 특성을 종합적으로 보여줄 수 있다. 주인공 가까이에서 관찰자적 화자가 이야기를 들려주기 때문에 주관에 빠지지 않는 객관화가 이루어져 독자의 신뢰를 얻는 데 효과적이다. 또한 주인공 이야기가 지루해지면 주인공과 관련 있는 인물에 대해 서술할 수 있기 때문에 독자의 흥미 유발에도 유리하다.

일반적으로 1인칭 관찰자 시점에서 화자는 주인공의 가족, 친구, 동료 등 주인공을 가까이에서 관찰할 수 있는 인물로 설정되는데, 관찰자의 입장과 거리에 따라 관찰의 기회가 제한되기 때문이다.

한편 1인칭 관찰자 시점에 가까운 소설 구조로 액자식 구성이 있다. 액자 속에 사진이 끼워져 있는 것처럼 하나의 틀 안에 또 하나의 이야기 또는 여러 개의 짧은 이야기를 내포하는 구성 형식을 말하며, 1인칭 관찰자 시점을 사용하거나 내부 이야기에서 시점을 바꾸어 진행하기도 한다.

1인칭 관찰자 시점의 소설로는 이청준 「병신과 머저리」, 은희경 「아내의 상자」, 천운영 「당신의 바다」, 주요섭 「사랑방 손님과 어머니」 등이 있으며, 영화 〈세 얼간이〉, 〈당갈〉 등도 1인칭 관찰자 시점을 효과적으로 사용한 작품이다.

> 엄마는 정말 화가 난 것 같았다. 국자를 국통에 던져 넣고 앞치마를 벗어던졌다. 마침 들어온 인부들이 국밥을 시켰지만 엄마는 들은 척도 않고 함바집 밖으로 나와 버렸다.
> "장사는?"
> "윤정이 엄마 있잖아."
> "어디 가는데?"

"며느리 될 년이 들어왔다는데 가서 낯짝은 봐야 할 거 아냐."
"며느리는 무슨. 개날라리야."
"개날라리든 소날라리든."
이건 정말 큰일이다. 우리 집 먹이사슬은 이렇다. 오빠는 아빠를 이긴다. 아빠는 엄마를 이긴다. 그런데 엄마는 오빠를 이긴다. 나는? 엄지공주다. 나는 너무 작기 때문에 누구도 나 따위를 이기려고 하지 않는다. 싸움은 그 셋 사이에서 늘 벌어진다. 어쨌든 엄마가 출동했다는 건 오빠한테는 달갑지 않은 일이다. 이상하게 오빠는 엄마한테 약하다. 그건 오빠가 데려온 그 계집애도 엄마한테는 밥이란 얘기다.

— 김영하, 「오빠가 돌아왔다」 중에서

나는 저녁을 끝마친 대로 곧장 형의 방으로 가서 서랍을 뒤졌다. 소설은 언제나 같은 곳에 있었다. 형은 아주머니나 나를 경계하는 것 같지 않았다.
"형님을 갑자기 문호로 아시는군요."
아주머니는 관심이 없었다. 소리를 귀로 흘리며 나는 성급하게 원고 뭉치의 뒤쪽을 펼쳤다. 그러나 이야기는 전 날 그대로 한 장도 더 나가지 못하고 있었다. 휴지통에 파지를 내놓은 것이나 하루 종일 책상에 매달려 있었다는 아주머니의 말을 들으면 형은 무척 애를 쓰기는 했던가 보았다. 망설이는 것이었다. 이야기의 결말에 대해서, 아니 하나의 살인에 대해서 형은 무던히도 망설이고 있다. 그것은 마치 그 답답하도록 넓은 화폭 앞에 초조히 앉아 있기만 하다가 집으로 돌아와 버리곤 하는 나를 일부러 형이 골리고 있는 것 같기도 했다. 나는 다시 서랍을 정리해 두고 나의 방으로 돌아왔다. 일찌감치 자리를 깔고 누웠으나 눈이 감기지 않았다. 눈을 감으면 곧 잠이 들던 편리한 습관은 고등학교 때까지 뿐이었다. 나대로 소설의 결말을 얻어 보려고 몇 밤을 새웠던 상념이 뇌수로 번져 나왔다.

— 이청준, 「병신과 머저리」 중에서

1-4. 작가 관찰자 시점

작가가 모든 스토리를 전개하되, 관찰자의 위치에서 객관적인 태도로 이야기를 서술하는 시점이다. 작가는 관찰자이므로 주관성을 배제하고 인물이나 사건에 대해 해설이나 평가를 하지 않는다. 대체로 건조하고 담담한 어조로 서술되는 이 시점은 리얼리즘 문학의 주조를 이루었고 단편소설에서 미학적 효과를 높일 수 있다.

신문기사를 쓰는 기자처럼 객관적 태도로 대상의 실체를 제시해야 하며 여러 요소들을 통해 독자 스스로 인물의 내면세계를 포착해야 하므로 다른 시점에 비해 독자가 작품을 이해하는 데 독서 능력이 필요한 시점이다. 객관적 입장과 태도로 인생의 단면을 제시해야 하므로 작가 역시 여러 시점을 충분히 연습한 뒤에 이 시점을 활용하는 것이 좋다.

작가 관찰차 시점은 '객관적 시점', '무비 카메라 시점'으로도 불린다. TV에 대상과 사건은 나오지만 카메라와 감독은 화면에 나오지 않는 방송 카메라 기법과 유사하기 때문이다. 또한 '3인칭 시점', '3인칭 객관 시점'으로도 불리는데 소설에서 인물이 주로 '그, 그녀, 그들'로 지칭되기 때문이다.

더 나아가 작가 관찰자 시점은 특정 인물을 선택(한정, 제한)하여 그 인물에 초점을 맞추어 부분적으로 내면과 심리 등을 그릴 수 있다. 이러한 허용을 가리켜 '선택적 전지' 혹은 '제한적 전지'라고 한다. 또한 초점을 한 인물로 한정하지 않고 몇몇 인물로 이동시킬 수도 있다. 인물을 다각적 입장에서 볼 수 있도록 하는 장치인데, 중·장편소설에서 '선택적 전지'를 쓰면 부분적 전지가 허용되어 흥미와 몰입을 높일 수 있다. 그러나 훈련이 부족한 경우 전지적 시점 혹은 1인칭 주인공 시점과 혼동하여 시점이 흔들리는 경우가 많다. 작가 관찰자 시점은 선택적 전지를 부분 허용한다는 특성을 명확히 인지하고 기술해야 한다.

이청준 「이어도」, 하성란 「곰팡이꽃」, 무라카미 하루키 『스트푸니크의 연인』 등이 이 시점에 해당된다.

남자는 지난 겨울부터 지금까지 통틀어 100개가 넘는 쓰레기봉투를 뒤졌다. 쓰레기를 뒤지는 동안 자연스럽게 이 아파트에 사는 90가구의 취향을 조금씩이나마 알게 되었다. 15평의 이 작은 아파트에는 두 부류의 사람들이 산다. 남자처럼 독신이거나 아니면 신혼부부인 한 부류와 자식들을 모두 출가시키고 난 후 큰 집을 되팔고 이사를 들어온 노부부가 그 한 부류이다. 텔레비전에서 선전하는 신제품의 상품들에 민감한 것은 언제나 젊은 사람들이다.

그들에게는 아직까지 모험심이 남아 있다. 포장이 화려하고 열대 지방의 과일이 섞인 펀치류의 음료수도 망설이지 않고 구입한다. 양이나 크기에 비해 값비싼 물건들을 구입하는 것도 그들이다. 그 동안의 자료를 가지고 통계를 낸 적도 있다. 이 아파트에 사는 여자들은 손을 보호하는 성분이 들어간 고급 트리오를 쓰고 직장 여성이 많은 까닭인지 샴푸와 린스 겸용의 샴푸를 쓰며 양 날개가 달린 생리대를 쓴다.

남자는 욕조 안에 흐트러진 쓰레기를 다시 봉투 안에 쓸어 담는다. 물기가 빠진 쓰레기는 그 사이 더욱 부피가 줄어 있다. 매듭을 묶은 쓰레기봉투를 들고 다시 일층으로 내려가 쓰레기통 안에 집어넣는다. 바지 주머니에서 담배를 꺼내 문다. 그 여자의 쓰레기를 볼 수만 있었다면 남자는 그 여자의 숨은 성격에 대해서 알 수도 있었을 것이다. 그렇다면 그 여자는 까닭 없이 코발트색에 약하고 입심이 좋고 단정한 옷차림의 남자에게 끌린다는 것을 알아낼 수도 있었을 것이다.

— 하성란, 「곰팡이꽃」 중에서

주차장 입구에 세워진 새시 건물 안의 노인으로부터 주차권을 받아 든 선혜는 조금이라도 빨리 담배를 사겠다는 생각에 빠른 걸음으로 물이 흐르지 않는 개천 옆의 길을 따라 걷는다. 한옥들과 최근에 지은 듯한 다가구주택들이 모여 있는 동네는 조용하다 못해 적막하기까지 하다. 조금만 더 걸어가면 그토록 많은 차들과 건물들과 사람들을 볼 수 있다는 게 믿어지지 않을 정도로. 소음 속에 있을 때면 조용함을 원하지만 정작 주위가 고요해지면 세상으로부터 고립된 것만 같은 선혜는 핸드폰을 꺼내 은혜 언니네 집 전화번호를 누른다. 발신음만 울린다.

동생 민혜하고라도 통화를 하고 싶지만 민혜와는 늘 안부 외엔 할 말이 없던 터라 선혜는 거래처 주인이며 친구이기도 한 승옥의 핸드폰 번호를 누른다. 승옥의 핸드

폰이 꺼져 있다. 무슨 말인가를 하고 싶은데, 하고 나면 숨쉬기가 조금은 편안해질 것 같은데 그 누군가가 떠오르지 않는다. 밤에 장 보는 일을 하면서 그다지 많지 않던 친구들도 추억 속의 사람들이 되고 말았다.

— 김향숙, 「감이 익을 무렵」 중에서

2 적절한 시점 찾기

위에서 설명한 네 가지 시점은 특성이 다르기에 작품의 내용과 분위기, 주제와 의도에 맞게 시점을 선택해야 한다.

예를 들면, 도스토예프스키의 장편소설 『죄와 벌』은 전지적 작가 시점으로 내용이 방대하며, 작가의 의도가 살인 사건에 대한 미스터리보다 살인범의 윤리적, 심리적 동기 및 갈등을 표현하는 데 초점을 두었고, 인간 본성과 삶의 면모를 진지하게 고찰하는 철학적 사상이 강하여 전지적 작가 시점이 적절하다.

반면 살인 미스터리 소설을 쓰려고 한다면, 살인자나 탐정에게 초점을 맞추는 데 전지적 작가 시점은 부적절하다. 감정을 공유한 주인공의 심리와 동기가 드러나고 전체적으로 중요한 정보가 설명을 통해 제시되면 독자는 배반감과 실망감이 상승하여 극적 긴장이 중요한 미스터리 소설의 미적 효과가 떨어지기 때문이다.

현대소설에서 시점은 다양하게 변화, 활용되고 있으며 작품 안에서 시점의 전이가 가능하다. 그러나 시점을 자주 바꾸면 소설의 안정감과 리얼리티가 손상된다.

시점을 변화하여 작품성을 높인 소설로는 이청준 『당신들의 천국』, 임철우 「붉은 방」, 무라카미 하루키 『해변의 카프카』, 밀란 쿤데라 『참을 수 없는 존재의 가벼움』, 빅토르 위고 『레미제라블』 등이 있다.

한강의 연작소설집 『채식주의자』를 예로 들어 좀 더 상세히 살펴보자.

1부 「채식주의자」는 영혜의 남편인 '나'의 시선으로 서술되는 1인칭 관찰자 시점이다.

육식을 거부하는 채식주의자 영혜의 이상한 행동을 남편의 위치에서 관찰하는데, 육식을 강요하는 장인 앞에서 급기야 손목을 긋는 영혜를 이해하지 못하는 입장이다. 영혜의 상처와 원인, 이를 해결하기 위한 이해와 공감이 부족한 가족, 영혜의 고립과 문제의 심각성을 보여주기에 적절한 시점이다.

> 나는 마치 타인인 듯, 구경꾼들 중의 한사람인 듯 그 광경을 바라보았다. 지쳐 보이는 아내의 얼굴을, 루주가 함부로 번진 듯 피에 젖은 입술을 보았다. 물끄러미 구경꾼들을 바라보던, 물을 머금은 듯 번쩍거리는 그녀의 눈이 나와 마주쳤다.
>
> 나는 저 여자를 모른다, 라고 나는 생각했다. 그것은 사실이었다. 거짓말이 아니었다. 그러나 어쩔 수 없는 책임의 관성으로, 차마 움직여지지 않는 다리로 나는 그녀에게 다가갔다.
>
> "여보, 뭘 하고 있어, 지금."
>
> 나는 낮은 소리로 속삭였다. 아내의 무릎에 놓인 환자복을 들어 그녀의 볼품없는 가슴을 가렸다.
>
> "더워서…."
>
> 아내는 희미하게 웃었다. 내가 잘 알고 있다고 믿었던, 그녀 특유의 수수한 미소였다.
>
> "더워서 벗은 것뿐이야."
>
> 아내는 칼자국이 선명한 왼손으로 자신의 이마에 쏟아지는 햇빛을 가렸다.
>
> "그러면 안 돼?"
>
> 나는 아내의 움켜쥔 오른손을 펼쳤다. 아내의 손아귀에 목이 눌려 있던 새 한 마리가 벤치로 떨어졌다. 깃털이 군데군데 떨어져나간 작은 동박새였다. 포식자에게 뜯긴 듯한 거친 이빨자국 아래로, 붉은 혈흔이 선명하게 번져 있었다.
>
> **— 한강, 「채식주의자」 중에서**

2부 「몽고반점」은 비디오아티스트인 영혜의 형부가 영혜를 바라본다. 아내한테서 영혜의 엉덩이에 있는 몽고반점의 이야기를 들은 '그'는 영혜의 몸을 욕망하게 되고 영혜를 비디오 작품의 모델로 서게 한다. 몽고반점으로 미화된 순수, 영혜의 육체적 신비는 형부의 삶을 뒤흔들게 되고 바디 페인팅한 영혜와의 교합 장면을 비디오로 촬영한다. 다음날 아내가 발견한 촬영물은 가족의 파멸을 예고하면서 욕망과 금기, 폭력적 관계와 상처를 환기시킨다.

형부인 '그'를 중심으로 서술되는 「몽고반점」은 작가 관찰자 시점, 3인칭 객관 시점으로 선택적 전지를 쓰고 있다. 그는 가족이나 남편보다 객관적 거리에 있는 또 다른 가족으로서 영혜의 상처와 고통을 공감하며, 예술가로서의 한계와 목마름을 느끼던 터라 영혜의 육체는 신비한 예술적 욕망의 대상이 되기에 충분하다. 그는 비디오아트에 식물 같은 영혜를 소생하게 만들려는 의지를 담았지만 금기를 깬 예술적 욕망은 결국 동물적 본능에서 기인한 폭력성으로 나타나 영혜뿐만 아니라 인혜와의 관계마저 파괴한다.

(1) 그의 스케치 속의 여자는 얼굴이 잘려 있을 뿐 처제였다. 아니, 처제여야 했다. 한 번도 보지 못한 처제의 알몸을 상상해 처음 그리고, 작고 푸른 꽃잎 같은 점을 엉덩이 가운데에 찍으며 그는 가벼운 전율과 함께 발기를 경험했었다. 그것은 결혼한 이후, 특히 삼십대 중반을 지나서는 거의 처음 느끼는, 대상이 분명한 강렬한 성욕이었다. 그렇다면, 여자의 목을 조르듯 껴안고 좌위로 삽입하고 있는 얼굴 없는 남자는 누구인가. 그것이 자신이라는 것을, 자신이어야만 한다는 것을 그는 알았다. 거기까지 생각이 이르렀을 때 그의 얼굴은 일그러졌다.

(2) 처가식구들은 고기를 유난히 즐기는 편인데, 처제가 어느 날부턴가 채식을 한다면서 고기를 먹지 않은 것이 장인을 비롯한 모두의 심기를 불편하게 한 모양이었다. 처제가 딱할 만큼 말라 있었으므로, 그들이 그녀를 심하게 나무란 것도 이해 못할 바는 아니었다. 그러나 베트남 참전용사 출신의 장인이 반항하는 처제의 뺨을 때리고, 우격다짐으로 입 안에 고깃덩어리를 밀어 넣은 것은 아무리 돌아봐도 부조리극의 한 장면처럼 믿기지 않는 것이었다.

그러나 그보다 선명하게 섬뜩하게 기억되는 것은 그 순간 터져 나온 처제의 비명 소리였다. 고깃덩어리를 뱉어낸 뒤 과도를 치켜들고 그녀는 가족들의 눈을 차례로 쏘아보았다. 흡사 궁지에 몰린 짐승처럼 그녀의 눈은 불안정하게 희번덕이고 있었다.

마침내 그녀의 손목에서 피가 솟구쳤을 때, 그는 홑이불을 찢어 그 자리를 묶은 뒤 허깨비 같은 그녀의 몸을 들쳐 업었다. 자신에게 그런 결단력과 순발력이 있다는 것에 놀라며 주차장을 향해 내처 달렸다.

혼절한 그녀가 응급치료를 받는 모습을 지켜보던 한순간, 그는 무엇인가가 탁 하고 자신의 몸에서 빠져나가는 소리를 들었다. 그것이 어떤 느낌이었는지 그는 지금까지도 정확히 설명해낼 수 없었다. 누군가가 그의 눈앞에서 스스로의 목숨을 쓰레기처럼 던져버리려 했고, 그 사람의 피가 그의 흰 셔츠를 흠뻑 적셨고, 그의 땀과 뒤섞인 그것은 차츰 갈색으로 꾸덕꾸덕 말라갔다.

— 한강, 「몽고반점」 중에서

3부 「나무 불꽃」은, 사라진 남편 대신 가족을 살피고 정신병원에 입원한 영혜를 보살피는 인혜의 시선으로 진행된다. 작가 관찰자 시점으로 '그녀(인혜)'에게 선택적 전지를 허용하여 영혜에 대한 객관적 시선과 주관적 자기 심리를 적절히 제시한다. 언니 인혜의 시각으로 영혜를 둘러싼 관계의 문제들(가족, 폭력, 충동, 욕망, 금기, 상처, 각인, 파멸)을 종합적으로 보여주고 있다.

구체적으로, 음식을 거부하는 영혜가 자신은 곧 나무가 될 거라는 의미심장한 말을 하는데 이는 현실에서 인간이 보이는 동물성(육식성, 폭력성), 즉 인간의 육체적 욕망을 견디는 퇴화(식물성, 식물 되기)의 한 형태로 영혜가 살아남기 위한 심리적 방어기제이다.

어린 시절 끔찍한 기억으로부터 시작된 영혜의 내적 문제는 가족으로부터 이해받지 못해 자해와 새를 죽이는 폭력성으로 드러난다. 동물적, 폭력적 본능을 환멸하기에 영혜는 자기(정체성)를 버리고 '나무(죽음)'가 되고자 하는 것이다. 남편의 폭력성으로 영혜뿐만 아니라 자신의 가정도 파괴된 인혜는 남편과 동생의 관계 속에 갇혀버리고, 악화되어 가는 영혜를 큰 병원으로 옮기면서 이야기는 마무리된다.

문득 그녀는 손을 뻗어, 이 울고 있는 여자의 다부진 어깨를 끌어안고 싶은 충동을 느낀다. 그러나 그녀는 그렇게 하지 않는다. 대신 창 너머를 애타게 바라보는 환자들에게 눈을 돌린다. 넋이 풀린 그들의 간절한 시선은 마치 창 너머로 걸어 나가고 싶어 하는 것 같다. 그들은 여기 갇혀 있는 것이다. 이 여자가 그렇듯이. 영혜가 그랬듯이. 그녀가 이 여자를 안지 않은 것은, 영혜를 이곳에 가둔 사람이 바로 자신이었다는 사실을 잊지 않았기 때문이다.

동쪽 복도에서 빠른 발소리가 들린다. 들것에 실린 영혜를 두 명의 보호사가 잰걸음으로 들고 나오고 있다. 좀 전에 간호조무사와 그녀가 급히 씻긴 뒤 옷을 갈아입혀, 눈을 감은 영혜의 깨끗한 얼굴은 목욕을 마치고 단잠에 든 아기 같다. 희주 씨의 거친 손이 영혜의 뼈만 남은 손을 거머쥐기 위해 뻗어나가는 것을, 그녀는 고개를 돌려 외면한다.

— 한강, 「나무불꽃」 중에서

3
화자의 존재와 역할 그리고 거리

웨이 부우스(Wayne Booth)와 채트먼(S. Chatman)은 화자의 존재와 역할을 강조하였다. 화자는 작가—인물—독자가 연결되어 소통하고 감동으로 정화되는 문학적 기능을 수행하는 역할을 하기 때문이다.

화자는 극화된 화자(dramatized narrator)와 극화되지 않은 화자(undramatized narrator)로 구분된다. 전자는 화자가 작중인물로 나타난 경우이며, 후자는 작중인물로 변용되지 않은 경우를 말한다. 청자 또한 극화된 청자와 극화되지 않는 청자로 구분된다.

결국 서사 텍스트는 '실제 작가 →《내포 작가 → (화자) → (인물) → (청자) → 내포 독자》→ 실제 독자'에 닿게 된다.

작가는 독자가 인물에 어떻게 동화되어 이야기를 체험하는가에 대한 고민을 하게 되는데, 시점을 통해 이 거리가 만들어진다. 부룩스와 워렌 역시 '거리란 소설 속의 인물이 관찰되어지는 분리의 정도'라고 설명하면서 작가와 작중인물과의 관계, 인물과 독자와의 관계, 작가와 독자와의 관계 양상으로 거리의 중요성을 설명하였다.

시점의 선택과 화자의 문제를 요약하면 다음과 같다.

시점(視點)의 선택과 화자(話者)의 문제 :

'누가 어떤 각도에서 보고(시점), 이야기하느냐(서술)'를 구성하는 문제(소설의 초점화)

【화자의 존재와 역할】

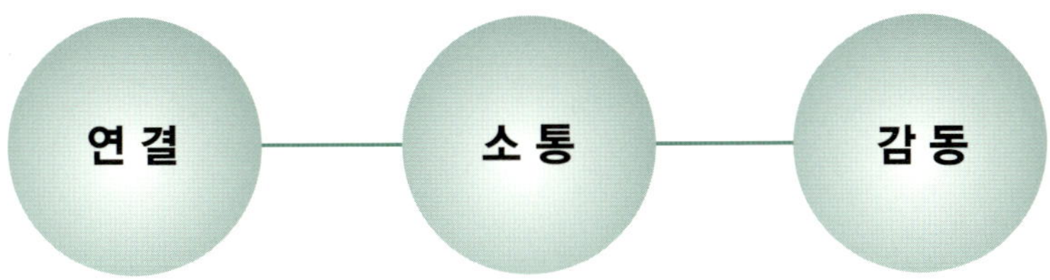

【서사 텍스트】

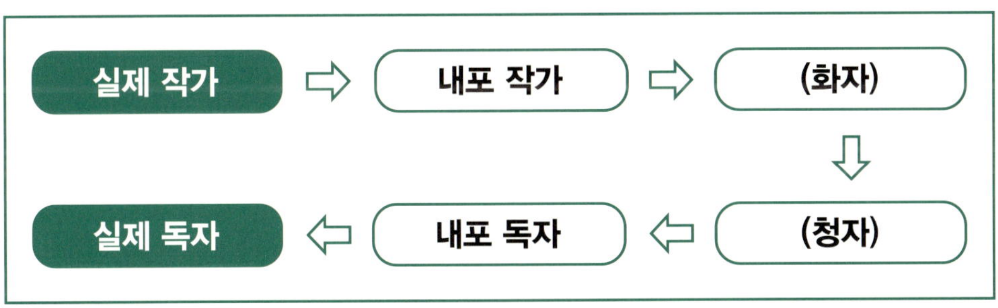

창작 실습

1 소설이나 영화의 한 장면을 다른 시점으로 서술해 보자.

2 스토리를 창작한 후에, 한 장면을 네 가지 시점으로 기술해 보자.

7장

설계도를 만들자 !

: 서사구조와 플롯

1. 창작과 감상의 3단계

2. 스토리, 시놉시스, 플롯

3. 플롯의 기능과 범위

7장 설계도를 만들자! : 서사구조와 플롯

1 창작과 감상의 3단계

흥미롭고 좋은 작품들을 살펴보면 재미와 감동이 있으며 승화에 이르게 된다.

재미는 호기심, 흥미, 새로운 발상과 표현을 통해 느끼게 되며, 감동은 충격과 발견을 통해 카타르시스를 느낄 수 있다. 승화(昇華)란 자아(自我)의 방어기제 중 하나로 인간의 충동이나 욕구를 예술, 종교, 학술 활동 등 사회적·정신적 가치가 있는 것으로 치환하여 충족하는 것이다. 음악, 미술, 체육, 봉사 등 자신과 타인에게 영향을 주는 긍정 에너지의 전환 활동을 의미한다.

이처럼 '재미—감동—승화'가 이루어지는 좋은 작품은 '보편성, 타당성, 독창성'을 지닌 유기적 구조의 연쇄체라는 특성이 있다.

소설은 독립된 세계이며 '보편성, 타당성, 독창성'의 요소들을 선택하여 이야기를 만들고 이를 '관심—긴장—해소'의 과정으로 엮어 인상적인 세계(전체)로써 의미를 갖도록 조직된다. 이러한 조직 과정을 '소설의 구성'이라고 한다.

구성은 사건 전개와 행위의 구조를 통해 구체화되는 '이야기의 짜임새'이며, 주제의식을 바탕으로 질서와 통일에 의해 만들어진다. 소설의 구성 요소는 인물, 사건, 배경으로 소설 3요소인 주제, 구성, 문체 중에서 소설을 형상화하는 데 중추적인 역할을 한다. '이야기의 짜임새(얽어 짜기)'는 소설을 이루는 요소들을 선택, 배열하여 이야기의 처음, 중간, 끝이 개연적으로 연결되도록 만드는 구성 원리이다. 이는 시, 수필, 방송, 공연, 게임, 노래 등 다양한 문화콘텐츠를 만드는 데도 기본이 되는 필수 과정이다.

【콘텐츠 창작(감상)】

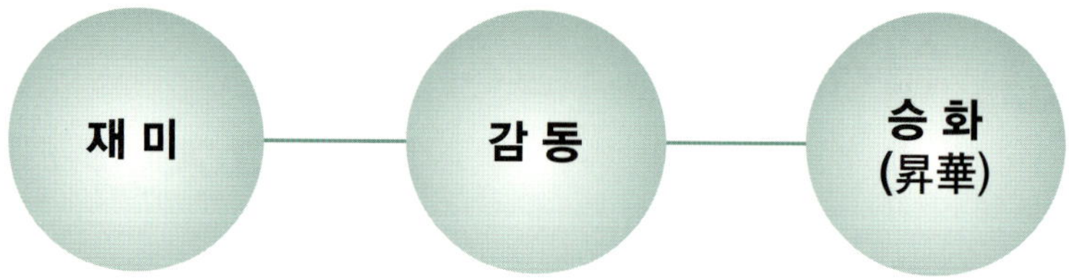

【좋은 소설, 재미있는 작품은?】

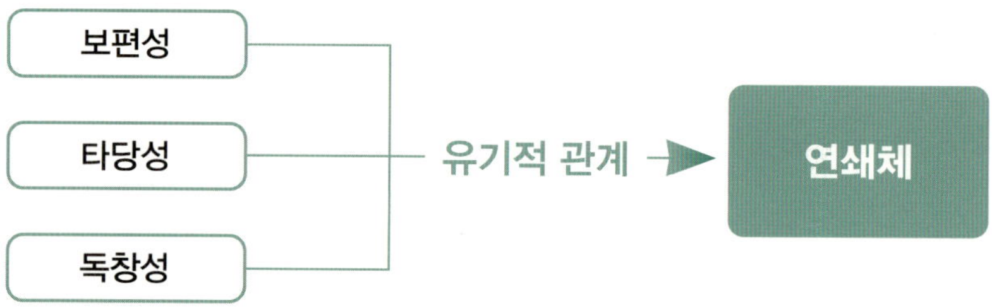

2
스토리, 시놉시스, 플롯

소설을 구성하기 위해서는 '스토리—시놉시스—플롯'의 작성 과정을 거쳐야 한다.

1) 스토리는 앞에서 설명했듯이 이야기를 시간 순서대로 서술한 줄거리이다. 신문기사처럼 누가, 언제, 어디서, 무엇을, 어떻게, 왜 하였는지 이야기의 개요를 일목요연하게 정리한 것이다. 간단명료하게 내용을 전달하지 못하거나 장황하고 유려한 묘사로 작성한 스토리는 좋은 스토리라고 볼 수 없다.

2) 시놉시스는 소설 구성을 위한 기획 의도, 장르, 분량, 대상, 주제, 스토리, 인물, 배경, 시점 등 세부 사항이 정리된 기획안, 설계도로 볼 수 있다.

시놉시스는 소설, 희곡, 시나리오, 광고 등의 초기 핵심부로써 작품의 의도가 무엇이고, 작가의 주관은 무엇이며, 전달하고자 하는 메시지가 무엇인지 분명하게 작성해야 한다.

소설은 '논리성'을 갖춘 픽션이므로 스토리에서 제시하지 못한 필연적 인과관계를 시놉시스 단계에서 구체화해야 한다. 소설을 포함한 문화콘텐츠에서 시놉시스가 필요한 이유이기도 하다. 이 단계에서는 시놉시스(기획안)가 시추에이션(구체적 상황, 사건)으로 만들어지는 상승 효과를 노리면서 진행될 수 있도록 유기적으로 연결하는 것이 중요하다.

3) 플롯은 위의 과정을 통해 구체화한 이야기를 인과관계에 따라 엮어 짜는 과정이다.

아리스토텔레스는 스토리와 시놉시스를 '왕이 죽고, 그 다음에 왕비가 죽었다'의 예문을 들어 순차적으로 진행되는 단순한 이야기를 '그래서? → 쓴다'라고 설명했다.

반면 플롯은 '왕이 죽자, 왕비도 슬퍼서 죽었다'라는 예문을 들어 예술적인 음모로 의문이 들지 않도록 조직하는 과정이라고 설명했다. 인과성, 사건의 암시, 발전가능성 등을 담아 '왜? → 엮다'라는 단계로 진행되어야 한다는 것이다. 개연적 흥미, 감정의 고조, 반전과 발견을 의도적으로 만들어 내는 조직력과 구성력은 소설에서 매우 중요하다.

정리하자면, 스토리는 플롯을 작성하기 위한 기본 재료이고, 시놉시스를 통해 구체적 내용과 인과성을 살피며, 논리적 전개에 중점을 둔 플롯을 통해 사건 또는 인물의 행위를 흥미롭게 개진할 수 있다.

또한 스토리는 한 가지이지만, 플롯은 여러 가지로 만들 수 있다. 플롯은 스토리와 시놉시스보다 발전한 것으로 소설 창작을 위한 긴밀한 작성표인 것이다.

플롯에서 중요시하는 '인과성, 필연성, 개연성, 리얼리티'는 모두 유사한 말인데 이는 '내적 일관성'을 의미하며, 유기적 구조를 만들기 위한 질서와 통일성은 플롯으로 만들어진다.

플롯에 따라 사건의 최소 단위인 모티프(Motif)를 연결하여 모티브(Motiv)를 포괄한 주제를 형성하게 되는 것이다. 이러한 일련의 조직·구성이 치밀하게 이루어졌을 때 '잘 짜인 플롯'이라고 말한다.

플롯을 면밀하고 탄탄하게 작성하면 이야기가 자연스럽고 흥미진진해진다. 그러므로 플롯 단계에서 불필요한 요소가 없도록 수정·보완하면 작품의 완성도가 높아진다. 소설은 '스토리—시놉시스—플롯'의 단계를 거쳐 만들어지기에 '잘 빚은 항아리', '유기체', '건축물'로 비유된다.

3 플롯의 기능과 범위

좋은 플롯은 사건과 행위의 추진력, 설득력, 긴장감을 형성하는 기능을 한다.

플롯에 따라 스토리를 재배열할 뿐만 아니라 각종 제재, 소재 등을 이용하여 단어, 문장, 단락을 만들어 간다. 플롯은 독자로 하여금 이미 발생한 일들을 기억하면서 사건과 인물이 어떤 관련이 있는지, 행동의 패턴에는 어떤 의도가 있는지, 모티프들의 전후 관계를 파악하면서 앞으로의 결과와 의미를 예측하게 만든다.

한편 플롯의 범위에 따라 사용하는 의미가 조금씩 달라진다는 것도 알아두면 편리하다.

1) 광범위한 플롯은 말 그대로 소설 한 편을 쓰기로 한 순간부터 마무리하는 기간까지 총체적 계획 모두를 일컫는다.

예를 들어, 원고 청탁을 받았다면 원고를 쓰기 위한 구상 단계부터 출판사에 원고를 제출하는 마감까지의 전 과정을 말한다. 작품을 창작하기 위한 것들뿐만 아니라 소설을 쓰기 위한 스케줄을 잡고, 구상, 기획, 집필, 퇴고 등 소설을 완성하기 위한 시·공간적, 물리적, 정신적 조절까지도 '계획하다, 짜다, 설계하다'의 플롯으로 볼 수 있는 것이다.

2) 시놉시스의 범위를 아우르는 플롯이다. 기획 의도, 주제, 구성, 문체 등 소

설 전체를 설계하는 단계를 플롯으로 명명하기도 한다.

3) 구성의 플롯이다. 2)단계 시놉시스를 바탕으로 초고 집필을 위한 구체적 장면 배열과 배치의 과정을 말한다.

일반적으로 영화를 만들 때 첫 장면부터 마지막 장면까지 대략 100개의 씬(Scene)을 만든다고 한다. 소설도 마찬가지이다. 생각나는 대로 글을 쓰는 것이 아니라 첫 단락은 어떤 장면을 쓸 것이며, 두 번째 단락은 과거의 장면을 그릴 것인지 모든 장면들을 요약적으로 정리하여 이야기 시간(Story-Time)과 텍스트 시간(Text-Time)을 매끄럽게 연결해야 한다. 일반적으로 소설 창작에서 플롯을 언급할 때는 2)와 3)을 의미하는 범위로 많이 쓰인다.

지금까지 설명한 소설 창작의 작성 단계를 정리하면 다음과 같다. 아래의 과정은 일반적인 순서이며, 작가에 따라 순서와 방식이 다를 수 있다. 중요한 것은, 소설을 집필하기 전에 이와 같은 단계를 고심했는지 반드시 생각해 보아야 한다.

1	**주제의 단계**	작가가 어떤 의도로 무엇(내용)을 표현할 것인지 결정
2	**소재의 단계**	주제와 내용을 무엇으로 표현할지 소재와 제재 결정
3	**스토리의 단계**	일목요연하며 흥미로운지 점검
4	**시놉시스의 단계**	주제, 문체, 구성(스토리, 인물, 인물관계도, 배경, 시점, 플롯) 등
5	**플롯의 단계**	소설 구성에 대한 이해 필요 시놉시스를 바탕으로 구체적 이야기를 장면(극적 국면)으로 설정(분량 고려)

플롯의 의미와 범위를 요약하면 다음과 같다.

【시놉시스와 플롯의 차이】

시놉시스	플롯
전체적 글의 기둥, 흐름	시놉시스에 극적 요건 가미 → 장면으로 조직(배치, 배열)

【범위에 따른 플롯의 의미】

① 광범위한 플롯	② 시놉시스 범위의 플롯	③ 구성의 플롯
원고 청탁 ~ 제출	〈주제, 구성, 문체〉 소설의 3요소를 생각하며 전체 설계	장면 전개 조직 (첫 장면 ~ 마지막 장면까지 정리)

창작 실습

1 광고를 선정하여 스토리, 시놉시스, 플롯(3번 범위/극적 장면 배치)을 작성해 보자.

2 동화를 선정하여 스토리, 시놉시스, 플롯(3번 범위/극적 장면 배치)을 작성해 보자.

8장

튼튼한 집짓기

: 분규발생과정형/연쇄고리식전개형 플롯

1. 단순구성과 복합구성
2. 분규발생과정형 플롯과 연쇄고리식전개형 플롯
3. 플롯의 패턴과 개연성
4. 플롯 작성의 노하우
5. 영화와 소설의 서사구조
6. 이준연 장편동화 『도깨비나라 로봇대통령』의 서사구조

8장 튼튼한 집짓기 : 분규발생과정형/연쇄고리식전개형 플롯

1 단순구성과 복합구성

북경올림픽에서 금메달을 딴 김연아의 피겨 스케이트 경기 〈김연아007〉은 한 편의 영화를 보는 것처럼 극적이다. 주제곡에 맞추어 펼쳐지는 레이스는 기승전결에 따라 긴장감이 고조된다. 영화 〈설국열차〉의 예고편도 짧지만 인상적이다. 스토리를 추측할 수 있게 보여주면서 사건 전말에 대한 호기심과 궁금증을 극대화시킨다. 이처럼 상영 시간과 상관없이 작품은 특성에 따라 처음, 중간, 끝으로 기획되어 구성된다.

7장에서 설명한 플롯의 의미와 특성을 떠올리면서 화제가 된 작품의 구성을 생각해 보자.

외국 인기 드라마 〈닥터 포스터〉를 한국 정서에 맞게 각색한 〈부부의 세계〉는 매회마다 시청률이 고공 행진했다. 세계인이 극찬한 영화 〈기생충〉은 첫 장면부터 결말까지 눈을 뗄 수 없게 충격과 완화를 반복하면서 유머와 긴장, 공포의 반전을 만들었다.

결국 좋은 문화콘텐츠는 필요한 부분들이 긴밀하게 연결된 유기적 생명체와 같다. 그렇기 때문에 문화와 시대를 초월한 생명력을 갖는다. 특히 언어로만 기술되는 소설은 유기적 서사구조를 갖추는 것이 매우 중요하며, 미학적 구성은 소설의 예술성을 의미한다.

지금부터는 본격적으로 소설 구성 방법에 대해 살펴보고자 한다.

먼저 구성의 단계로 발단, 전개, 위기, 절정, 결말의 5단 구성이 있다.

일반적으로 발단은 주요인물과 배경 소개, 사건의 실마리 제시, 사건의 방향, 분위기 등이 제시된다. 전개는 사건이 복잡해지고 인물의 성격이 여러 방향으로 변화되며 갈등과 대립, 긴장이 나타난다. 위기는 사건과 인물의 갈등이 고조되어 인물이 위험에 빠지게 되며, 절정은 갈등의 정도가 정점에 이르는 긴장의 국면이다. 이때 인물의 숨겨진 본성이 부각되며 위기의 반전이 이루어지기도 한다. 결말은 사건이 해결 국면을 맞아 주인공의 욕망 달성 여부가 드러난다. 갈등의 전말을 완전히 파악하게 되고 요소들의 의미가 소설 전체 의미로 귀결되어 주제의식이 총체적으로 전달된다.

구성의 유형으로는 단순구성과 복합구성이 있다.

단순구성이란 단일한 주인공을 중심으로 하나의 사건과 배경 등이 조화와 통일을 이루는 구성 방법이다. 『지각대장 존』, 『어린 왕자』, 『지워지지 않는 일기』, 『사랑해요 아빠』 등 어린이를 대상으로 하는 동화나 분량이 짧은 소설 등에 적합한 구성 방법이다.

복합구성이란 여러 인물과 사건이 얽혀 교차 전개되며 시점이나 화자의 변화 등 소설의 요소들을 복잡하게 연결하여 만든 구성 방법이다.

영화 〈말할 수 없는 비밀〉은 현재와 과거의 시·공간이 얽혀 있으며 현실과 판타지를 넘나들면서 미스터리한 사랑의 수수께끼를 풀어나가는 복합구성이다. 영화 〈기생충〉도 같은 공간에 머물게 된 세 가족의 삶이 뒤얽혀 예기치 못한 사건들이 파생되어 파국을 맞는 복합구성이다. 세 가족이 행복을 추구하는 것은 같으나 욕망에 다다르는 방법이 달라서 갈등이 발생한다.

이 영화는 빈부격차 같은 환경적, 사회적 문제는 차치하고서라도 개인적 욕망에 눈이 멀어 타인에게 죄악이 되는 것조차 망각한 채 기생충처럼 돼버린 비극적 삶을 희화화하여 인간의 잔혹성과 처참함을 극대화한 작품이다.

앞에서 언급한 드라마 〈부부의 세계〉는 남편의 불륜을 목격한 이네기 남편의 상간녀와 함께 어울리는 친구들을 보면서 치욕과 배신에 몸서리치는 장면으로 시작된다. 도입에서부터 주인공이 느끼는 분노와 고통을 내밀하게 보여주는데 남편의 불륜이 단순히 부부 문제로 끝나지 않으리라는 예상을 하게 만든다. 주인공의 복수는 남편뿐만 아니라 친구들에게도 해당될 것이며, 친구들 또한 겪게 될 배신의 국면이 암시적으로 드러나 흥미와 기대감을 상승시킨다.

소설과 동화에서도 복합구성은 대상과 분량, 작가의 특성에 따라 사용된다. 단순구성과 복합구성은 어느 것이 우수하다고 평가되는 문제가 아니라 작품의 성격에 따라 얼마나 적절하게 활용되었는지 적합성으로 평가해야 한다.

2
분규발생과정형 플롯과 연쇄고리식전개형 플롯

소설을 구성하기 전에 작가는 자신이 만든 스토리가 어떤 유형인지 생각하고 방향을 설정해야 한다. 먼저 외적 갈등으로 구성할 것인지, 내적 갈등으로 구성할 것인지 선택하고 그에 맞는 구성 방법을 찾아야 한다. 같은 스토리라도 내/외적 갈등에 따라 두 가지 이상의 플롯을 만들 수 있다.

외적 갈등이란 주인공의 갈등이 외부적 요인으로부터 발생하는 이야기이다.

인물/인물, 인물/조직, 인물/사회, 사회/사회 등 외적 갈등의 대상은 많으며 갈등 요인도 복잡하다. 외적 갈등은 인물의 내적 갈등을 야기하며 내적 갈등이 또 다른 외적 갈등을 만든다. 중요한 것은 소설을 창작할 때 주요 갈등을 어디에 둘 것인지 먼저 결정해야 한다는 것이다. 사건 전개의 중점적 갈등을 외적 문제로 다룰 것인지, 내적 문제로 다룰 것인지 분명하게 구분하여야 적합한 구성 방법을 찾을 수 있으며 주제를 전달하는 방식 또한 의도에 맞게 설정할 수 있다.

일반적으로 외적 갈등의 소설은 '분규(紛糾)발생과정형' 플롯을 따른다. 각종 싸움과 사건들이 그러하듯이 시비가 불거졌다가 본격적인 갈등으로 파장이 커지는 유형이다.

사건이 어지럽게 얽히는 것을 '분규'라고 하며, 분규발생과정형 플롯은 최초분규, 소분규, 대분규 등의 과정으로 갈등이 증폭되는 이야기이다. 삼각형 모양의 발단, 전개, 위기, 절정, 결말(대단원)의 구성 방법으로 기본적인 플롯 형태의 구성 방법이다.

내적 갈등은 인물의 내적인 문제로 갈등이 생기며 정서적, 심리적, 정신적 내면세계를 그린다. 사건의 '연쇄고리식전개형' 플롯을 따르며 균일한 진주알을 엮은 모양과 유사하다. 바닷가에 배를 정박할 때 굵고 단단한 쇠사슬을 이용하는 것과 같다. 쇠사슬 역시 균일한 크기와 질량의 작은 고리들이 하나하나 교차로 연결되어 큰 띠(목걸이)를 이룬다. 이는 유연하면서도 결합된 고리가 반복적으로 연결되어 매우 단단하다.

내적 갈등의 소설은 외적 갈등의 소설과 달리 무형적인 심리가 많아서 유연(유약)해 보이지만 정교한 목걸이나 쇠사슬처럼 쉽게 끊어지지 않는 단단한(집요한) 특성이 있다.

인물의 문제적 행위는 복잡한 심리에서 기인하며 심리적 문제를 다룬 이야기가 쉽게 풀리지 않는 것과 유사하다. 이처럼 내적 갈등의 소설은 인물의 복잡 미묘한 심리와 정신세계를 에피소드와 삽화, 상관물과 상징을 통해 구체화한다.

내/외적 갈등을 구분하여 분규(紛糾)발생과정형 플롯과 연쇄고리식전개형 플롯을 결정하였다면, 다음 네 가지 방식으로 세부적인 플롯을 구성할 수 있다.

① 연쇄고리식 구성은 사슬, 목걸이 유형으로 작은 에피소드 등을 나열하는 방식이고,
② 교차전개식 구성은 사건이나 인물을 A—B—A'—B'—A"—B"와 같이 교차·전개하는 방식으로 드라마에서 즐겨 쓴다.
③ 삽입식 구성은 소설의 스토리 구성상 생략되어도 무방하나 인물에 대한 이해를 다채롭게 유도하는 삽화 등을 끼워 넣는 유형이며,
④ 혼합형 구성은 ①, ②, ③을 자유롭게 혼합하는 방식이다.

대체로 인물의 '내적 갈등'을 다루는 이야기는 '연쇄고리식전개형 플롯'을 따르며 '혼합형 구성'으로 세부적인 플롯을 만든다. 특히 '삽화식 구성'은 작가의 의도를 다채롭게 보여줄 수 있어서 소설을 읽는 풍미가 있다.

삽화식 구성에서 쓰인 삽화 예문을 살펴보면 다음과 같다.

연어가 돌아온다. 텔레비전 뉴스를 보았어. 알래스카 언 소금 바다에서 연어가 다시 돌아오고 있다. 미아, 듣고 있니? D는 내가 그를 안후로 사 년 동안 해마다 그렇게 말해왔다. 연어가 돌아온다고, 뉴스에서 보았다고. 그리고 더 나이 들기 전에 나를 갖고 싶다고 말한다. 연어가 돌아오는 것을 중요한 뉴스로 올리는, 텔레비전 보도국의 데스크 역시 남자일 것이다. 우연하게도, D가 전화한 그 날, 남편도 저녁에 돌아와 식탁에 앉으며 말했다. 연어가 돌아온다는군. 그렇게 말한 남편의 얼굴에는 잠시 낯선 동요가 일었다. 그러나 뭔가 말을 이을 듯하던 남편은, 딱딱한 갑각류의 등을 지고 한 끼 밥을 기다리던, 원래의 무표정한 얼굴로 돌아가고 말았다. 나는 남편 앞에 수저를 놓으며 말했다.

"연어가 돌아오는 것이 남자들의 감수성을 뒤흔드는 어떤 실마리라도 되나요?"

"왜 그렇게 묻지?"

남편은 지나치게 민감해진다.

"남자들이 연어의 회귀에 관심이 많은 것 같으니까."

"누가 또 연어의 회귀에 관심을 보였다는 거지?" (중략)

"모든 남자들은 상실한 나라를 가진 고독한 존재들이지. 알렉산더 대왕, 칭기즈칸, 진시황제, 나폴레옹, 심지어 히틀러도 바로 그 나라에 가고 싶었던 것인지도 몰라. 남자들에겐 세계를 다 정복한다 해도 결코 갈 수 없는 나라가 있어."

— 전경린, 「남자의 기원」 중에서

크로커다일(crocodile). 바다악어로도 불리며 민물과 바다가 만나는 기수 지역에 서식한다. 주로 적도 부근 열대 지방의 강 하류에 서식하며 나일악어가 대표적이다. 나일악어는 악어 중에서 가장 크며, 크게는 10미터까지 자란다. 미국 동부와 중국 등지에 서식하는 앨리게이터(Alligator)보다 공격적이며, 드라큘라처럼 나 있는 덧니로 앨리게이터와 구별된다. 주로 소금기가 많은 먹이를 섭취해서 몸속에 쌓인 염분은 눈물샘을 통해 배출하는데, 이것이 악어의 눈물로 잘 알려져 있다.

김 형사는 악어 우리 입구에 세워진 안내문을 쳐다봤다. 우리 안의 악어 중 가장 큰 놈은 족히 6미터는 넘어 보였다. 안내문처럼 밖으로 돌출된 날카로운 이빨에는 아직 붉은 피가 묻어 있었다. 사육사에 의하면 나일악어는 악어과 중에서도 가장 포악한 종중의 하나이며, 작은 코끼리도 공격해서 잡아먹는다. 물속에서 코끝과 눈, 귀만 드러낸 채 물을 마시러 오는 동물들을 사냥한다고 했다. 그렇다고 해도 사람을 공격하지는 않는다고 사육사는 힘주어 말했다. 그럼 저건 뭐지? 김 형사가 폴리스 라인 너머에 축 늘어져 있는 악어들을 가리키자 그는 고개를 숙였다.

— 안준우, 「악어의 눈물」 중에서

"야, 퀴즈 하나 낼게. 잘 들어. 어느 소년이 아버지와 차를 타고 가다 사고를 당했어. 심하게 다친 소년은 수술실로 급히 옮겨졌는데, 뒤이어 수술실로 들어온 키가 큰 외과의가 이 소년을 보고 대뜸, '아니, 내 아들 상호 아냐?'라고 소리쳤어. 이 의사와 소년은 어떤 관계일까?"

동아리 티셔츠를 입은 학생이 입에서 햄버거 조각들을 튀겨가며 말했다. 나는 수화로 숫자 0과 1을 나타낼 수 있다. 0은 검지를 펴 동그란 원을 그리는 행위로, 1은 검지를 하나 편 것으로 나타낸다. 두 숫자에 대한 수화만 알면 이 세상에서 존재하는 모든 자연수를 수화로 나타낼 수 있다. 나는 언어란 것이 이러해야 한다고 생각한다. 간단한 기호로 우주 낱낱을 일컬을 수 있다는 것은 참으로 매력적인 일이 아닐 수 없다. 내 식으로 하자면, 2는 10으로, 3은 11로, 4는 100과 같이 이진법으로 계산을 하는 것이다. 동아리 티셔츠를 입은 학생은 두 번째로 말했고 숫자 2는 이진법으로 10, 즉 '검지와 동그라미'가 된다.

"부자지간. 엄마가 이혼 후 재혼했어. 그래서 아버지가 두 명인 경우."

UCLA라 적혀 있는 빨간 모자를 쓴 학생이 눈알을 두어 번 굴리다 이내 대답을 했다. 자기가 말한 대답이 정답이라고 확신하는 듯 〈검지와 동그라미〉의 얼굴을 빤히 쳐다보았다. 빨간 모자를 쓴 학생은 세 번째로 말했으니까 이진법으로 11, 즉 '검지와 검지'라 이름 붙였다.

나는, 무스를 발라 앞 머리카락을 치켜세운 〈검지〉의 헤어스타일이 철사를 재료로 한 공예물처럼 보인다고 생각하며 담뱃불을 붙였다. 담배연기가 눈을 찔렀다. 나는 인상을 찡그리며 눈언저리를 손으로 비볐다.

"틀렸어."

고개를 가로젓는 〈검지와 동그라미〉의 말에 〈검지〉가 한마디 했다.

"부자지간인데, 엄마가 바람을 피운 경우 아냐?"

"아냐."

퀴즈의 정답을 생각해 내느라 햄버거를 입에 문 채 가만히 있던 〈검지와 검지〉가 안 되겠다 싶었던지 짜증 섞인 목소리로 정답을 채근했다.

"야, 그럼 뭐야? 빨리 말해 봐."

"모자지간. 그 키가 큰 외과의는 소년의 어머니였어. 왜 우리는 의사에다 키가 크다고 하면 남자로만 생각하느냔 말이야. 그거 뿌리 깊은 남성 우월주의 아냐? 언어에 묻어 있는 지독한 편견."

"짜식, 여성학 좀 듣더니만 페미니스트가 다됐네."

— 강만진, 「앵무새의 죽음에 관하여」 중에서

그녀는 소설 속의 인물들이 흘린 눈물과 알 수 없이 아파 오는 마음에 관해 생각했다. 그리고 그것에 관해 마지막 문제를 내고 싶었지만 그 눈물의 의미를 정확히 표현하는 것에는 실패하고 말았다.

(문제) '눈물'의 의미와 위 글의 인물들에 대한 설명으로 옳은 것은?

① 그들의 청춘 전부가 바쳐진 다리를 자신의 창작물처럼 여기고 있다.

② 가장 본질적인 것까지 쥐어짜 노동했던 일에 관해 슬픔을 느끼고 있다.

③ 자신들의 청춘과 자신이 만든 다리를 동일시하는 우를 범하고 있다.

④ 박탈당한 청춘에 대한 애착이 말 못할 눈물을 흘리게 만들고 있다.

⑤ 드디어 노역에서 놓여났다는 기쁨보다 자신을 위해 쓰지 못한 청춘의 의미가 더 크기 때문에 눈물이 흐르고 있다 …….

선택지는 멈추지 않고 이어졌다. ⑥ 피 같고 살 같고 자식처럼 여겼던 대상이 고작 철교였다는 것을 깨달았으므로 그제야 흐르는 눈물이다. ⑦ 그들의 미래란 두고 온 날들보다 나을 것이 없으리라는 예감 때문에 흐르는 눈물이다. ⑧ 그들의 청춘이 누군가의 인생 속에서 부품이고 도구였다는 것에 대한 회한의 눈물이다. ⑨ 가장 중요한 것을 침해당했지만 그것이 무엇인지 기억할 수조차 없으므로 흐르는 눈물이다. ⑩ 정작 울어야 할 자들이 울지 않기 때문에, 대신하여 흘려주는 눈물이다 …….

그녀는 알 수 없이 굴러 떨어진 눈물을 닦았다. 그리고 마지막 문제를 버려둔 채 자리를 떠났다.

— 이은희, 「1교시 언어이해」 중에서

3 플롯의 패턴과 개연성

소설의 전개 패턴(plot, mythos)을 '미토스'라고 부른다. 미토스(Mythos)는 사회학 용어로 어떤 집단이나 문화에서 비롯된 특유한 신앙 양식, 가치관 등을 말한다. 신화(myth)의 어원인 그리스어의 뜻(말과 이야기)과 관련이 있는데 신화원형 비평가 노스롭 프라이(N. Frye)가 신화원형 즉 자연현상의 순환체계(인간의 생활 패턴)를 바탕으로 소설 구성 이론을 정립하였다.

소설은 대체로 주인공을 중심으로 욕망의 실현 및 사건의 해결 과정을 보여준다. 다음 네 가지 패턴은 주인공과 사건의 성취 여부를 중심으로 전개 과정을 설정하는 구성 방법이다.

① 봄의 미토스는, 겨울을 지나 봄에 소생하는 식물들처럼 사건이나 갈등이 향상에서 악화, 다시 향상의 곡선을 이루는 플롯 형태이다. 영화 〈블랙〉, 〈세얼간이〉, 〈아저씨〉 등이 이 구성을 따른다.

② 여름의 미토스는, 가장 푸르른 계절을 연상하며 만든 플롯으로 행복한 순간을 지속적으로 보여줄 때 쓰는 구성 방법이다. 알퐁스 도데 『별』이 그러한데 소설은 갈등을 다루는 장르여서 여름의 미토스를 활발하게 사용하지는 않는다. 대립과 고통이 없는 이야기는 흥미와 긴장감이 떨어지기 때문이다. 그러나 어린 아이를 대상으로 하는 그림 동화에서는 사물이나 상황을 쉽게 이해할 수 있

도록 알려주고, 감정이나 정서 같은 추상적인 것을 구체적으로 표현할 수 있도록 돕기 위해 봄의 미토스를 사용한다.

③ 가을의 미토스는, 여름을 지나 잎이 지는 가을처럼 사건이 향상에서 악화의 곡선을 이루는 패턴이다. 영화 〈클래식〉, 〈기생충〉, 〈버닝〉 등은 내·외적 갈등이 악화되어 비극적 정서가 극대화된다.

④ 겨울의 미토스는, 여름의 미토스와 반대로 줄곧 불행한 상태, 즉 악화의 상태를 그리는 패턴이다. 영화 〈올드보이〉, 〈밀양〉, 〈설국열차〉 등은 주인공이 문제 상황에서 벗어나고 싶지만 또 다른 미궁에 빠져 갈등 양상이 복잡해지다가 결국 고통에 머무는 상태로 마무리된다.

소설의 구조를 살피는 일은 소설 분석에서 매우 어려운 일이다. 소설의 요소들을 총체적으로 살펴야 하며, 플롯의 네 가지 패턴이 향상—악화—향상, 악화—향상—악화의 형태로 명확하게 나타나는 것도 아니기 때문이다.

현대소설은 주인공의 욕망과 사건의 해결 곡선을 열린 결말의 상태로 제시하는 경우가 많다. 악화에서 향상으로 진입하는 초입에서 결말을 맺거나, 향상에서 악화에 이르는 상태를 살짝 드러냄으로써 봄의 미토스인지, 가을의 미토스인지 의도적으로 애매하게 만든다. 그러나 소설 구성의 패턴을 파악하는 요소들은 단서로서 소설 곳곳에 배치되어 있다. 그 질서와 통일성을 파악하는 것이 분석이며, 이를 통해 작가의 의도와 방향을 제대로 이해할 수 있다.

작가는 봄/여름/가을/겨울의 미토스를 만들기 위한 개연성 및 필연성을 설정해야 한다.

앞에서 스토리를 시놉시스로 정리하고 상세한 플롯(세 번째 범위)을 만들 때 인과관계를 설정해 두어야 한다고 설명했다. 이야기가 설득력이 있는지 반드시 파악해야 하는데, 다음과 같은 항목으로 생각해 보면 편리하다.

플롯의 패턴을 이루는 개연성은 '주인공(사건)이 향상/악화되는 이유'에서 비롯된다.

① 이상적 사고의 유무(학습, 지혜 등)
② 인격의 문제(천성, 성품 등)
③ 운명(출생, 자연재해, 전염병, 전쟁 등)
④ 구원자와 방해자의 유무에 따라 주인공의 욕망이나 사건이 향상 또는 악화된다.

이는 인간의 삶과 동일하다. 행복한 사람과 불행한 사람 혹은 그러한 상황(사건)을 들여다보면 결과의 원인은 대체로 위의 항목들로 설명된다.

항목 중에 한두 가지만으로도 행/불행에 빠지게 되며 이를 극복할 수 있는지에 대한 여부도 위의 사항을 통해 귀결된다. 위의 네 가지 항목을 생각하면서 인물, 배경, 사건을 설정하면 인과관계에 따라 타당한 결말에 이를 수 있다. 인물이 욕망을 위해 움직이되, 그 동기나 행위의 결과에 초점을 두어 살피면 위의 네 가지 유형으로 구분된다.

4
플롯 작성의 노하우

소설은 인생을 모방한 것이며 소설 작법은 인간의 보편적 특성을 바탕으로 정리한 것이다. 실제로 인생은 방대하며 기대한 대로 이루어지지도 않는다. 그러나 독자는 기약할 수 없는 무질서한 삶을 보려하지 않는다. 질서와 논리가 있는 이야기를 통해 세상의 혼돈을 이해하고 성찰하기를 원한다. 결국 소설이나 영화 등 한 텍스트를 일관성, 통일성 있게 보여주어 작품의 목표가 무엇인지 공감할 수 있도록 만들어야 한다.

아리스토텔레스는 플롯의 의미를 강조하면서 효과적인 플롯 작성 방법을 알려주었다.

① 첫 장면에서 호기심을 유발하고,
② 반전과 발견으로 긴장을 유지하며,
③ 완벽한 결말을 만들어야 한다는 것이다.

반전은 주인공이 욕망을 성취하는 데 방해가 되는 문제(장애)를 말하며, 주인공의 행보를 뜻하지 않은 방향으로 바꾸어 놓기 때문에 긴장과 갈등이 증폭된다. 또한 반전 다음에 변화가 발생하는 발견을 제안하였다. 반전은 어떤 사건들이며, 발견은 이러한 계기를 통해서 주인공이 정서적으로 변화하는 것을 말한다. 발견을 유도해 내는 지점을 '전환점(plot point)'이라고 한다.

첫 장면에서의 호기심은 반전과 발견을 통해 결말에 이르게 되는데 두서없이 보였던 장면들이 비로소 누가, 어디서, 무엇을, 왜 했는지, 동기와 이유까지 설명되는 것이다. 아리스토텔레스가 말한 '완벽한 결말'이란 바로 '타당한 결말'을 의미한다.

한편 로널드 B. 토비아스(Ronald B. Tobias)는 『인간의 마음을 사로잡는 스무 가지 플롯』에서 좋은 플롯이 갖는 여덟 가지 원칙을 설명하였다.

① 긴장이 없으면 플롯이 없다.
② 대립하는 세력으로 긴장을 창조하라.
③ 대립하는 세력을 키워 긴장을 고조시켜라.
④ 등장인물의 성격은 변해야 한다.
⑤ 모든 사건은 중요한 사건이 되게 하라.
⑥ 결정적인 것은 사소하게 보이게 하라.
⑦ 복권에 당첨될 기회는 남겨두라.
⑧ 클라이맥스에서는 주인공이 중심적 역할을 하게 하라고 언급하였다.

플롯은 법칙이 아니므로 플롯 패턴과 노하우를 참고하여 작품의 특성에 맞게 독창적으로 설계하는 것이 좋다.

다시 말하자면, 플롯은 소설 전체의 변화 과정을 개연적 요소들로 결합하여 주인공이 필연적 단계를 거쳐 사건을 해결하도록 만드는 인위적인 구조 체계이다. 탁월한 플롯은 인물과 사건을 움직이게 하는 동력이며, 요소들의 설치와 통합을 독자가 예측, 종합, 발견하도록 이끄는 특수한 힘을 지닌다. 작가는 의도한 플롯에 따라 독자가 즐거움을 느끼도록 만들면서 동시에 독자의 감정을 강력하게 움켜쥐어 독자는 사건이 끝날 때까지 헤어나지 못하게 된다.

5
영화와 소설의 서사구조

영화 〈올드보이〉, 〈아가씨〉, 〈세 얼간이〉, 〈블랙〉, 〈기생충〉과 무라카미 하루키의 소설 『해변의 카프카』, 정미경 「밤이여 나뉘어라」는 플롯이 탁월한 작품들이다.

영화 〈블랙〉은 헬렌 켈러와 설리반이 연상되는 영화로, 개성이 강한 시각장애인 미셸과 괴팍한 성격의 사하이 선생의 이야기이다. 신체적 장애와 사회적 편견에 맞서 성장하는 감동적인 스토리이다.

짐승처럼 보였던 어린 미셸이 대학 졸업 후에 치매를 앓는 사하이 선생을 찾아가는 장면, 노인이 된 사하이가 어린 미셸이 그랬던 것처럼 무질서와 혼돈에 빠져 병원에 갇혀 지내는 장면 등 성장한 미셸과 퇴화한 사하이의 만남은 인생의 의미를 단적으로 보여준다. 또한 미셸이 빗물의 감촉을 통해 사하이에게 '물'이라는 단어를 가르쳐 주는 장면, 잠깐이지만 미셸을 알아보는 둘의 교감 장면 등은 앞으로 미셸이 사하이를 돕는 역할을 하게 될 것을 암시한다.

이 영화는 현재와 과거가 교차하는 복합구성의 이야기로 외적 갈등을 그린 분규발생과정형의 서사구조이다. 글을 배우고 사회생활을 하며 혼자 대학을 졸업하는 것이 목표인 미셸의 욕망은 주인공의 지속적인 행동으로 나타나며 이를 가로막는 신체적 결함과 편견, 선생에 대한 사랑과 좌절은 미셸의 욕망을 가로막는 사건들로 위기는 계속된다.

신체적 장애는 운명적으로 타고난 불행의 요소이나, 미셸의 유머와 고집, 표현의 욕구와 직선적인 성격, 의지와 열정이 강한 천성은 문제를 극복하는 데 긍정적 요인으로 작용한다. 또한 가족의 사랑과 지지, 고집 센 미셸을 다룰 수 있는 사하이의 신념과 의지는 미셸을 포기하지 않는 결과로 이어진다.

〈블랙〉은 미셸의 내레이션으로 진행되는 회고형 스토리라인이 표면적 구조를 이루며, 과거와 현재가 교차되면서 미셸의 성장과 사하이의 퇴화를 대비적으로 보여준다. 상반된 과정을 절묘하게 보여줌으로써 인간이 태어나 자란다는 것, 성장해서 다시 소멸하는 순리를 '물'의 흐름과 자연 소생의 봄의 미토스로 구성하였다.

또한 장님을 의미하는 '블랙'은 시각 장애를 상징적으로 보여주지만 보지 못하기 때문에 더욱 섬세하게 느낄 수 있는 오감을 잘 보여준다. 사하이의 사랑과 교육으로 진정 눈뜨게 된 미셸의 삶(화이트), 미셸의 가능성을 알아 본 사하이(화이트)가 늙어서 세상을 인식하지 못하게 되는 마지막 순간(블랙), 다시 두 사람이 재회하여 제자가 선생에게 '첫 단어'를 가르치는 경이로운 촉감의 순간(블랙이 화이트, 빛이 되는 순간)으로 연결되는 구성은 배경(시간성, 계절성)과 시각적 이미지를 이용하여 어둠과 밝음의 차이를 보여주는 동시에 어둠과 밝음이 맞닿아 있다는 순환의 진리를 일관된 장치와 아이러니를 통해 보여준다.

미셸과 사하이의 대립과 교감, 사랑과 우정, 슬픔으로 다양해지는 감정의 추이는 외적 목표보다 더 중요한 내면의 성장이다. 알츠하이머 증상이 심해져서 침대에 묶이게 된 사하이를 보고 미셸은 분노와 슬픔으로 무너지지만, 12년 만에 혼자 힘으로 대학을 졸업하게 된 미셸이기에 당당히 졸업식 연설을 마치고 사하이에게로 간다. 미셸이 졸업복을 보여주자 순간 눈빛으로 답하는 사하이의 기억은 두 사람의 의지로 이루어낸 기쁨의 절정이다. 첫 만남처럼 두 사람의 재회는 입장이 바뀌어 역설적 감정의 증폭이 예상되는데, 사하이의 병세 악화와 죽음으로 인해 더 큰 슬픔이 닥치고 좌절하면서 다시 성장하게 될 미셸의 인생 면모를 암시한다.

주요 상징물과 소도구로 '십자가'와 '물' 이미지가 나오는데 이는 부활과 재생을 상징한다. 미셸이 가지고 다니는 '흰색 지팡이'는 세상에 내던져진 어린양을 인도하는 지도적 의미가 담겨있으며 가시, 가시밭길, 가시면류관 등으로 반복되는 '가시'는 고난을 통한 성장과 '고난 없는 성장은 없다'는 통과의례를 의미한다.

특히 영화 제목 '블랙'은 어둠, 장님, 불행, 엄숙함, 공포, 죽음 등을 내포하는 상징성이 두드러진다. 모든 색채는 긍정과 부정의 의미를 함께 내포하는데 영화 〈블랙〉은 색채 이미지의 보편성(공감)과 차별성(특성)을 선별하여 대비적으로 잘 그려냈다.

졸업가운이 블랙인 이유는 성장과 지식을 의미하기 때문이다. 또한 미셸의 어둠(신체적 결함)을 상징하면서도 세상 모든 색의 합을 나타내며 빛은 어둠이 존재하기 때문에 아름답다는 자연의 이치를 보여준다.

흰 벽의 병실, 환자복, 마지막 결말에서 두 사람이 창문을 열자 쏟아지는 햇살의 눈부신 흰 빛 등은 순수, 깨끗함, 무지, 퇴행의 의미가 담겨있고, 즐겁고 활기찬 파티나 활동적인 장면에서 강조되는 노란 불빛 등은 밝음, 희망을 내포한다.

미셸이 공부하는 과정에서 보라색 이미지가 자주 드러나는데 미지, 비밀, 자립을 암시하며, 빨간색은 불안, 장애, 사랑을 보여준다. 세상에 호기심을 느끼는 미셸의 심리는 파란색 이미지로 그려져 이성, 불안, 우울, 시작과 성공의 의미를 나타낸다.

12년 동안 다니는 대학 캠퍼스는 초록색의 풀과 나무 등의 계절적 배경이 그려지며 희망, 미래, 전진을 상징한다. 사하이가 주로 입는 갈색 셔츠와 머플러 등은 애정, 관심, 지혜를 상징하는 스승의 의미이다.

이처럼 〈블랙〉은 시각 장애인 미셸을 통해 관객이 미처 보지 못하는 삶의 모양과 의미를 다채로운 색채와 사물, 상황으로 구체화한다. 사람은 저마다 결핍이 있으며, 장애는 판단의 근거가 되지 못한다는 것, 잠재된 가능성을 어떻게 끌어내어 빛을 향해 나아갈 것인지 생각하게 만드는 작품이다.

결론적으로 영화 〈블랙〉은 어둠(겨울)이 있어야만 새벽(봄)이 오며 '눈 뜨고(화이트) 눈 감는 것(블랙)'의 의미를 시력, 교육, 사랑, 성장, 퇴화, 소멸 등 두 사람의 관계(내레이션—시점, 배경, 구체적 사건, 에피소드, 다양한 상징물, 색

채 이미지 등)를 통해 표면적/심층적 구조로써 통일성 있게 보여주었다.

장편소설 『해변의 카프카』는 아버지의 학대와 저주에서 벗어나기 위해 가출한 열다섯 살 소년과 어린 시절 전쟁으로 기억을 잃은 노인의 이야기가 병립되어 기술되다가 합쳐져서 두 인물이 함께 세상의 악을 물리치는 이야기이다.

전쟁의 충격으로 정신적 성장이 멈춘 노인은 정상적으로 세상을 살아갈 수 없게 되지만 고양이와 대화를 나눌 수 있는 능력을 갖게 된다. 아이의 지능으로 사는 노인은 평범한 사람들이 보고 듣지 못하는 것들을 느끼게 되면서 악의 입구를 바윗돌로 막기 위해 직관적으로 행동하는데 이는 작가가 의도한 초현실적 세계를 보여주는 특별한 장치이다.

노인을 돕고 또 저지하는 현실적인 인물들은 모두 결핍과 상처로 가득하며 기이하게 변형된 내면세계를 보여준다. 모자라 보이는 이들이 오히려 세상의 문제를 바로잡는 중추적인 역할을 한다는 설정은 매우 흥미로우며, 현실과 초현실을 대비하면서 신비롭고 타당하게 그려진다.

이처럼 스토리를 흥미롭게 구성한 '플롯'을 쉽게 볼 수 있는 것이 바로 세부 목차이다. 장편소설의 차례를 살펴보면 소설의 구성과 이야기의 방향, 구체적 사건과 갈등이 체계적으로 만들어졌는지 대략 파악할 수 있다.

《상권》 해변의 카프카; 까마귀라고 불리는 소년	
장	제 목
1	15세 생일날의 가출
2	미 국방부의 극비 문서
3	여행길에서 만난 여자
4	전시라는 높고 깊은 산
5	인간적 매력이 가득한 도서관
6	고양이와 대화하는 지능 장애 노인

《하권》 해변의 카프카	
장	제 목
24	호시노가 나카타 노인에게 끌린 이유
25	엄마 같은 연인, 연인 같은 엄마
26	'입구의 돌'을 찾는 별난 안내자
27	15세 때 그녀와 50대 그녀 사이
28	철학과 여대생의 지적인 매춘
29	오이디푸스 콤플렉스의 환상과 현실

7	백 년 뒤에 남는 것
8	미궁에 빠진 집단 혼수 사건
9	한밤중 옷에 묻은 핏자국
10	빛이 없는 무명의 세계
11	누나일지 모를 그녀와의 짜릿한 밤
12	피 묻은 수건의 비밀
13	절대 고독의 세계
14	고양이 탐정과 고양이 킬러
15	상상력과 꿈에 대한 공포
16	기묘한 자발적 피살 사건
17	빛과 그늘 속 《해변의 카프카》
18	일소에 부친 살인범의 자수
19	속이 텅 빈 사람들의 자기 증명
20	사람과 사람 사이를 잇는 관계의 고리
21	저주받은 부자의 비극적 종말
22	'천사표' 같은 노인의 내력
23	부조리의 파도가 밀려오는 해변에서

30	실용주의적 존재의 의미
31	산다는 건 꿈을 꾸고 있는 것
32	사람은 누구나 속 빠진 빈껍데기
33	난 당신의 연인이며 당신의 아들입니다
34	나는 도대체 무엇이란 말인가?
35	'우연의 일치' 같은 두 용의자
36	천진스런 살인자
37	그림 속에 담긴 과거의 시간
38	나카타의 종착역 고무라 도서관
39	근친들을 향한 성적 망상의 밤
40	도서관 금지 구역에서 나눈 밀담
41	아버지의 저주는 끝나지 않는다
42	과거만 있는 사람과 현재만 있는 사람
43	'이 세계'와 '저 세계'의 경계선
44	기구한 생애의 막은 내리고
45	'저 세계'에서 15세 소녀로 재회한 사에키 상
46	'죽은 자와 산 자' 까마귀라고 불리는 소년
47	재생과 구원의 길
48	그 "입구의 돌을 닫아라"
49	눈을 뜨면 넌 새 세계의 일부가 되어 있다

소설의 구조는 소설의 뼈대가 되는 표면적 플롯과 그 의미가 내밀하게 구조를 이루는 심층적 플롯으로 구분한다. 심연구조는 표면적 구조의 기저로 인물을 중심으로 드러나는 도덕성의 체계이다.

인간성은 선과 악, 옳고 그름으로 쉽게 구분하거나 판단할 수 없다. 그러므로 작가가 전달하고 싶은 사상과 메시지는 인물과 사건을 통해 드러나며 시대와 공간에 어울리는 도덕 체계를 갖추어 독자가 공감할 수 있도록 해야 한다. 인물의 내면의식, 인간성, 철학 등에 대한 고민 없이 사건을 진전시킬 수 없으며 심층적 구조가 표면적 구조와 중첩되었을 때 작품의 주제의식이 견고해진다.

그렇다고 작가 의도를 직접적 또는 교시적으로 드러내면 작품의 미학성이 깨지고 작위적인 인상을 주게 되므로 작가는 객관적 보여주기를 통해 인물이 선택하고 행동하며 느끼도록 해야 한다. 분명한 답을 제시하지 않고, 사고의 역설적인 면을 제시하여야 독자 또한 쉽게 단정할 수 없는 인생의 면모를 의식적으로 살펴보게 된다.

또한 플롯은 테마나 성격으로 나누기도 한다. 추적, 모험, 탈출, 복수, 유혹, 변신, 사랑, 성숙의 플롯 등으로 명명하고 각각의 특성을 살펴서 플롯을 작성하는 방식이다.

동화 『오즈의 마법사』, 『어린 왕자』, 소설 『해리포터』는 '떠남—경험—돌아옴'의 패턴을 보이는 성장서사를 활용한 작품으로 이니시에이션(입사식 구성, 入社式)의 서사구조를 이룬다.

소설 「무진기행」, 「기차와 별」 또한 '떠남—경험—돌아옴'의 패턴인 여로형 구성 방식으로 전개된다. 주인공이 현실의 문제를 풀 수 있는 해답을 찾게 되는 여정, 발견의 과정에 중점을 둔 성숙의 플롯 형태이다.

플롯 분석 예시

작품의 서사구조를 살펴보기 위해서는 텍스트의 플롯을 장면별로 구분해 보고, 다시 시간 순서에 의한 전개로 작성해 보면 용이하다.

다음은 학생들이 단편소설 「1교시 언어영역」의 플롯을 분석한 예이다. 분석이 잘 되었는지 살펴보고 자신이 분석한 내용을 토대로 토론해 보자.

【「1교시 언어영역」의 플롯】

순서	텍스트 시간	순서	이야기 시간
1	첫 번째 문제 제기—상황에 대한 설명으로 옳은 것	4	그녀의 과거
2	하루에 세 문제를 만드는 그녀	7	교수님의 작품 문제—인간에 대한 신뢰와 애정이란 얼마나 허망하고도 희망적인 것인지에 대해 파악하도록 요구하는 문제를 출제했던 그녀
3	회사와 동료들에 대한 그녀의 생각	1	첫 번째 문제 제기—상황에 대한 설명으로 옳은 것
4	그녀의 과거	2	하루에 세 문제를 만드는 그녀
5	문제를 만드는 것에 대한 그녀의 생각	3	회사와 동료들에 대한 그녀의 생각
6	문제를 출제하면서 회전은하와 김연아의 연관성을 찾은 그녀. 그런 김연아를 존경하는 그녀	5	문제를 만드는 것에 대한 그녀의 생각
7	교수님의 작품 문제—인간에 대한 신뢰와 애정이란 얼마나 허망하고도 희망적인 것인지에 대해 파악하도록 요구하는 문제를 출제했던 그녀	6	문제를 출제하면서 회전은하와 김연아의 연관성을 찾은 그녀. 그런 김연아를 존경하는 그녀
8	그녀의 업무량과 동료들의 게으름, 우애경이라는 인물	8	그녀의 업무량과 동료들의 게으름, 우애경이라는 인물
9	그녀와 우애경의 갈등	9	그녀와 우애경의 갈등
10	우애경이 왜 화가 났는지 다섯 개의 선택지를 제시하여 추측하는 그녀	10	우애경이 왜 화가 났는지 다섯 개의 선택지를 제시하여 추측하는 그녀
11	동료들과 식사하면서 소외감을 느끼는 그녀	11	동료들과 식사하면서 소외감을 느끼는 그녀
12	소설 게흘레꾼에서 문제를 출제하며 테제와 안티테제에 머물러 자기 자신의 의미가 규정되지 않도록 하겠다며 마음먹는 그녀	12	소설 게흘레꾼에서 문제를 출제하며 테제와 안티테제에 머물러 자기 자신의 의미가 규정되지 않도록 하겠다며 마음먹는 그녀
13	— 독자에게 내는 문제 1	13	— 독자에게 내는 문제 1

14	두 번째 문제 제기—상황에 대한 추론으로 옳은 것
15	문제를 더 출제하기로 해 출제 기계로 불리게 된 그녀와 우애경의 사고
16	우애경 컴퓨터 화면에 뜬 포르노
17	우애경의 실수에 대한 그녀의 진지한 물음
18	오히려 동료들에게 무시당하는 그녀
19	질타를 받지 않고 도리어 동료들의 활력소가 된 우애경
20	성격이 변한 우애경. 인정받기 시작한 우애경. 그녀의 문제에 트집을 잡는 우애경
21	우애경과 유부장
22	회사에 있어 자기 존재에 대한 의문을 갖는 그녀
23	그녀가 생각하는 회사와 유부장이 말하는 회사
24	대표이사와 그녀
25	대표이사의 칭찬과 수상한 행동. 힘내기로 하는 그녀
26	— 독자에게 내는 문제
27	세 번째 문제 제기—다음 상황에 대하여 파악한 것으로 적절한 것
28	대표이사에게 위로를 받고 문제를 더 출제하기로 마음먹은 그녀
29	육체가 피폐해져도 문제만 내면서 자신이 우애경을 이겼다고 생각하게 되는 그녀
30	식사 중 유부장에게 조언하지만 듣지 않는 유부장

14	두 번째 문제 제기—상황에 대한 추론으로 옳은 것
15	문제를 더 출제하기로 해 출제 기계로 불리게 된 그녀와 우애경의 사고
16	우애경 컴퓨터 화면에 뜬 포르노
17	우애경의 실수에 대한 그녀의 진지한 물음
18	오히려 동료들에게 무시당하는 그녀
19	질타를 받지 않고 도리어 동료들의 활력소가 된 우애경
20	성격이 변한 우애경. 인정받기 시작한 우애경. 그녀의 문제에 트집을 잡는 우애경
21	우애경과 유부장
22	회사에 있어 자기 존재에 대한 의문을 갖는 그녀
23	그녀가 생각하는 회사와 유부장이 말하는 회사
24	대표이사와 그녀
25	대표이사의 칭찬과 수상한 행동. 힘내기로 하는 그녀
26	— 독자에게 내는 문제
27	세 번째 문제 제기—다음 상황에 대하여 파악한 것으로 적절한 것
28	대표이사에게 위로를 받고 문제를 더 출제하기로 마음먹은 그녀
29	육체가 피폐해져도 문제만 내면서 자신이 우애경을 이겼다고 생각하게 되는 그녀
30	식사 중 유부장에게 조언하지만 듣지 않는 유부장

31	어느 날 문제를 달라는 유부장에게 문제를 건네주었는데, 유부장에 의하여 자신의 문제가 다른 사람의 이름으로 책으로 묶여 팔린 것을 알아 챈 그녀
32	사과 받기를 원하지만 오히려 그녀를 무시하는 유부장
33	유부장이 자신의 사원복지비 까지 빼돌린 것을 알게 된 그녀
34	따지는 그녀를 무시하는 유부장
35	유부장이 바빠져 싸우지 못하는 그녀
36	끈질기게 사과를 받아내려는 그녀에게 오히려 뻔뻔하게 구는 유부장
37	대표이사에게 간 그녀
38	대표이사와의 대화
39	그녀를 달래는 척 하면서 성추행 하려는 대표이사
40	버틸 수 없게 됐다고 생각한 그녀
41	흐와스코의 소설 속 등장하는 철교 건설에 투입된 일꾼들의 이야기에 대하여 문제를 내보려는 그녀
42	문제를 내는데 실패한 그녀
43	문제ㅡ'눈물'의 의미와 위 글의 인물들에 대한 설명으로 옳은 것
44	멈추지 않고 이어지는 선택지
45	마지막 문제를 버려둔 채 자리를 떠난 그녀

31	어느 날 문제를 달라는 유부장에게 문제를 건네주었는데, 유부장에 의하여 자신의 문제가 다른 사람의 이름으로 책으로 묶여 팔린 것을 알아 챈 그녀
32	사과 받기를 원하지만 오히려 그녀를 무시하는 유부장
33	유부장이 자신의 사원복지비까지 빼돌린 것을 알게 된 그녀
34	따지는 그녀를 무시하는 유부장
35	유부장이 바빠져 싸우지 못하는 그녀
36	끈질기게 사과를 받아내려는 그녀에게 오히려 뻔뻔하게 구는 유부장
37	대표이사에게 간 그녀
38	대표이사와의 대화
39	그녀를 달래는 척 하면서 성추행 하려는 대표이사
40	버틸 수 없게 됐다고 생각한 그녀
41	흐와스코의 소설 속 등장하는 철교 건설에 투입된 일꾼들의 이야기에 대하여 문제를 내보려는 그녀
42	문제를 내는데 실패한 그녀
43	문제ㅡ'눈물'의 의미와 위 글의 인물들에 대한 설명으로 옳은 것
44	멈추지 않고 이어지는 선택지
45	마지막 문제를 버려둔 채 자리를 떠난 그녀

인물이나 배경, 사건이나 삽화 등 주요 항목을 색채로 표시하면 스토리 구성을 어떻게 텍스트 상의 플롯으로 배치하여 이야기 진행을 흥미롭게 했는지 한눈에 알 수 있다.

위 텍스트는 현재와 과거의 역순 배치는 별로 없지만, 주인공과 회사 직원과의 사고 차이가 교차되는데 '문제 출제'의 삽화를 통해 갈등의 증폭을 보여준다. 이상과 현실의 괴리는 문제 출제자와 수험생의 관계처럼 어려워 보인다.

이 소설은 내적 갈등을 주로 다룬 스토리라인형 소설로 연쇄고리식전개형 플롯이며, 삽화를 중심적으로 끼워 넣은 삽화식 구성이다. 사회 초년생이 입문한 사회의 부정적 면모에 대해 해답을 찾고자 몸부림치는 내면을 문제 출제와 출제자의 모순적 입장과 심리를 통해 신선하게 그린 작품이다.

또한 주인공의 욕망 성취 여부를 살펴보았을 때 개연성은 어떠한지, 원인과 행위의 결과가 타당한지도 살펴보아야 한다.

이 소설은 국어국문학을 전공하고 문제집 출판사에 근무하지만 소통이 되지 않는 현실과 인간 관계로 단절감과 소외감을 느끼다가 폭력적 상황에까지 내몰리는 주인공을 통해 사건 해결의 실마리를 보여주지는 않는다. 마지막 문제 출제는 실패로 끝났고, 감정적 선택지만 늘어놓다가 도망치듯 빠져나오는 마무리는 미숙한 주인공의 내적 갈등과 부조리한 사회의 폭력성을 강조하는 결말이다.

해답을 찾지 못한 채 자리를 떠난 그녀의 모습은 처음부터 우울한 상태에서 시작되는데, ① 이성적 사고는 있어서 잘못된 것을 알고는 있지만 ② 소극적이며 유약한 천성과 ③ 구원자 혹은 조력자가 존재하지 않아 사건을 해결하거나 능동적으로 대처하지 못해 갈등이 심화되는 가을의 미토스이다.

사람들은 공통의 언어를 배워 살아가지만 언어와 문학을 전공한 사람들이 모여 있는 회사에서조차 소통하지 못하는 문제, 성인이 되어서도 여전히 1교시에 언어영역(필수영역) 시험을 치러야 하는 문제, 현실은 배운 것이 적용되지 않는 다른 세계라는 문제 등 부정적 아이러니를 작가는 '1교시 언어영역'이라는 제목에서부터 역설적으로 보여주고 있다.

6

이준연 장편동화 『도깨비나라 로봇대통령』의 서사구조[36)]

6-1. 변형과 해체의 유기적 형태

6-1-1. 표면적 플롯 — 분규발생과정형의 복합구성

플롯(plot)은 작가의 의도가 긴밀하게 연결되어 있는 유기적 작업이다. “플롯은 구조로 작용하는 데 그치지 않고 이야기의 요소들을 섞어주는 힘”[37)]으로서 인물, 사건, 이미지 등 이야기의 모든 원자를 함께 엮는다.

장편동화『도깨비나라 로봇대통령』은 “자연이 만든 한국의 도깨비들과 과학문명이 만든 로봇들이 엮어가는”[38)]역동적 구조의 이야기이다. 작품의 서사적 현재는 ‘생각하는 로봇’들이 ‘인간의 속박’으로부터 벗어나기 위해 탈출을 시도하는 ‘미래’이며, ‘도깨비나라’와 ‘사람나라’를 중심으로 두 개의 서사가 병렬구조로 교차 전개된다. 수평으로 진행되는 두 개의 서사는 대분규(풍선을 타고 온 로봇들의 편지)로부터 발생된 작은 사건들이 연쇄적으로 전개되다가 도깨비 삼총사와 로봇 삼총사가 만나면서 본격적인 갈등 국면으로 접어든다.

좋은 플롯은 결핍과 원인 제거, 욕구와 충족 사이에 드러나는 긴장으로 구성된다. 결국 갈등에 의해 플롯이 추진되는데, 플롯의 패턴을 만들어 내면 등장인물의 행동 전체를 이끌어 갈 역동적인 힘을 가지게 된다.

갈등의 핵은 도깨비나라에서 벌어지는 ‘왕위 찬탈’과 사람나라에서 벌어지는

---

36. 이은하,「이준연 환상동화의 서사구조 연구」,『한국문예창작』, 2012.12. 211-231면의 일부를 재구성하여 수록함.
37. 로널드 B. 토비아스, 김석만 역,『인간의 마음을 사로잡는 스무 가지 플롯』, 풀빛, 2003, 25-28면 참조.
38. 이준연,『도깨비나라 로봇대통령』, 지경사, 1992. 머리말.

'로봇들의 탈주'이다. 세뿔 왕의 왕위를 노리는(욕구; 가능한 목적) 왕눈이 장군의 군사반란(목적의 현실화; 행위의 실현)과 감쪽같이 사라진 로봇들이 자유의 땅을 찾아(욕구; 가능한 목적) 로봇나라를 만들려는 것(목적의 비현실화; 행위가 실현되지 않음)이 바로 그것이다.

문제적 사건은 다른 공간에서 개별적으로 일어나지만 혼란과 무질서가 공통적으로 나타나며 두 세계를 연결하는 지점에 '인간'이 있다. 인간은 편리를 위해(욕구; 가능한 목적) 생각하는 로봇을 만들었으나(목적의 현실화; 행위의 실현) 로봇들의 탈주(욕구; 가능한 목적)로 인해 공포에 빠진다(목적의 비현실화; 행위가 실현되지 않음).

이처럼 사건 결합은 인물의 욕구와 행위 모티프(motif)가 성취 혹은 실패하는 결과로부터 연쇄 작용이 일어나 다음 사건을 가능하게 하면서 인과적 결합을 논리화한다.

형상적 구조에 따라 전개 패턴을 살펴보면[39] U자형 패턴, 즉 예상되는 악화에서 향상에 이르는 '봄의 미토스(mythos)'의 전형임을 알 수 있다.

① 예상되는 악화 : 고통에 처한 로봇 삼총사의 이탈, 도깨비나라에 대한 호기심과 편지를 통한 소통의 신호/신세계(편지)에 대한 설렘으로 죽당 대감을 찾아간 도깨비 삼총사, 왕눈이 장군의 음모를 엿 듣게 됨

② 악화의 과정 : 누명을 쓴 죽당 대감과 삼총사, 죽당 대감이 보물(방망이, 감투, 부채)에 관한 비밀을 말함, 왕눈이 장군의 군사반란, 보물 생산을 위한 재료를 구하기 위해 떠나는 삼총사/노예로 전락한 로봇 삼총사의 탈출, 로봇 삼총사의 순수함을 이용하는 해안경비대장 쪼카

---

39. 러시아 형식주의자들이 말한 슈제트(syuzhet)를 가지고 파블라(fabula)를 재구성하는 방법으로 복잡하게 뒤섞여 전개된 사건들을 연대기적으로 단순화하여 스토리의 윤곽이 드러나게 한다. 구성 방향에 따라 기본 뼈대는 동일한데 세부 묘사나 서술을 달리하여 이야기가 낯설게 보이는 것이다. 구조주의자들이 텍스트를 살필 때 변하지 않는 '관계' 속에서 변하는 '요소'를 살피려 한 방법론은 설득력을 갖는다. 소설 유형학은 이와 같은 방법으로 독자에게 한 작품의 전체적 구조를 교시해주고 소설 안에 서술되어진 양상을 직시하도록 해준다. (프란츠 스탄젤, 안삼환 역, 『소설형식의 기본 유형』, 탐구당, 1982, 18-22면 참조.)

③ 발생된 악화 : 로봇 삼총사의 난파와 도깨비 삼총사의 구조, 도깨비 삼총사의 감금과 극적 탈출, 왕좌가 바뀐 도깨비나라의 위기, 로봇들의 침입과 도깨비나라의 폐망

④ 예상되는 향상 : 죽당 대감이 도깨비나라의 삼대 보물을 복원·생산, 죽당 대감과 도깨비 삼총사를 따르는 도깨비들

⑤ 향상의 과정 : 백일기도, 죽당 대감과 도깨비 삼총사의 고군분투, 로봇들(그를 따르는 탐욕스런 도깨비들)과 대결

⑥ 이루어진 향상 : 보물을 이용하여 승리한 도깨비 삼총사, 보물을 만들고 죽은 죽당 대감, 폐허가 된 도깨비나라에 울리는 종소리

이처럼『도깨비나라 로봇대통령』은 주인공 도깨비 삼총사를 비롯하여 인물들의 행동이 원인과 결과의 사슬로 연결된다. 주인공은 많은 분규(紛糾)를 겪으면서 문제에 봉착하게 되는데 이러한 반전은 주인공의 선택을 바꾸어 놓기 때문에 긴장과 갈등이 발생되며 목표달성의 여부를 결말에서 알 수 있게 된다.

주요 모티프에서 알 수 있듯이, 주인공이 ① 도깨비나라를 떠나 ② 로봇(사람나라)들과 많은 일을 겪고 ③ 귀환하는 과정은 아동문학의 전통적 패턴인 성장플롯(入社式, initiation)이다. 그러나 이 작품은 귀환 뒤에 펼쳐지는 갈등의 최고조, 즉 왕눈이 왕(국내)과 로봇(국외)의 압박(추적)에 이중으로 맞서야 하는 대결구도에 주요인물을 몰아넣음으로써 병렬구조의 서사(sub plot)를 심화·확장된 서사(main plot)로 통합한다는 점이 특기할 만하다.

집 → 떠남 → 귀가, 갈등 → 절정 → 해결의 기본 플롯을 다발적으로 진행시키면서 회상에 의한 과거(보물, 인간과의 공생과 분리/로봇의 진화)와 전설(용마산/천마산/황룡굴/도깨비 전설) 등을 삽입하여 구조의 복잡성을 띠게 된다. 이처럼 핵사건과 주변사건을 뒤섞고 각 사건의 연대기적 순서를 재배열하는 복합구성은 갈등의 증폭을 조절함으로써 극적 긴장감을 고조시키며 미적 효과를 극대화시킨다. 이때 중요한 것은 사건의 연쇄 과정이 생성하는 의미화이다.

세속화된 문화 속에서 타자성에 대한 욕망은 천국이나 지옥과 같은 대안적 공간으로 대체되지 않고, 오히려 '다른 것'으로 변형시키면서 현실 세계에 부재하는 영역을 지향한다.[40)]

『도깨비나라 로봇대통령』의 도깨비, 인간, 로봇의 세계는 현실을 변형하고 재편성한 탈위치화된 세계로 자유, 문명, 권력, 탐욕 등 인물들의 욕망에 의해 필요/악으로 맞물려 있다.

도깨비와 인간(과거의), 세뿔 왕과 왕눈이 장군, 인간과 로봇, 도깨비 삼총사와 로봇의 갈등구도는 자연과 과학, 인간과 문명, 정신과 물질, 감성과 이성, 어린이와 어른 등 '욕망'을 접점으로 대결하는 인간의 내면적 투쟁이라는 의미가 내포되어 있으며, 인간의 탐욕과 우매함으로 인해 과거, 현재, 미래가 친화—분열—쇠퇴—소생으로 순환되고 있음을 암시한다.

시간의 연속성(혹은 유한성)을 인물(도깨비—인간—로봇)과 배경으로 공간화·전경화하면서 새로운 시작을 암시하는 결말에 이르는 것도 주목할 만하다. 도깨비 삼총사의 승리로 로봇과의 외적 갈등은 해결되지만 그동안 은폐·제거하려 했던 보물의 출현은 또다시 반복될 수 있는 혼돈에 대한 불확정성을 암시한다. 작가는 조화롭고 행복한 결말대신 독자로 하여금 더 깊이 생각할 수 있도록 상상력을 자극하고 있다.

6-1-2. 심층적 플롯 — 추구, 모험, 대결의 성장플롯

『도깨비나라 로봇대통령』은 도깨비 삼총사를 중심으로 추구, 모험, 대결의 플롯으로 진행되다가 반전의 사건들을 통하여 발견을 제시한다. 발견은 등장인물이 겪게 되는 정서적 변화로 인물의 가능성을 내포하는 중요한 전환점이다. 추구와 모험의 플롯은 주인공이 의미 있는 그 무엇을 찾으려는 이야기 형태로 대상보다 탐색 자체를 중요시한다.

도깨비들에게 '인간'과 '보물'은 역사 속에 묻힌 금기이다. 그러나 일탈과 자유를 갈망하는 어린 도깨비들의 호기심과 필연적 계기(왕위 찬탈 음모와 누명, 보물 생산을 위해 재료를 구해야 하는 임무)는 죽당 대감으로 하여금 금기를 깨뜨리도록 종용한다. 즉 죽당 대감이 추구하는 보물의 복원과 어린 도깨비들의 용

---

40. 로지 잭슨, 앞의 책, 31면.

기는 평화를 회복할 수 있는 가능성의 시발점이자 통로이다.

욕망과 필요에 의해서 미지의 세계로 떠난 주인공들은 첫 번째 중요한 사건을 겪으면서 변화의 단계를 밟게 되고 독자는 주인공이 추구하는 본질과 가치에 대해 공감하게 된다. 도깨비 삼총사가 난파된 로봇 삼총사를 구출하고 극적인 상봉을 하나 체포·감금되었다가 탈출하는 사건이 바로 그것이다. 흥미진진한 탈출 과정은 박진감 넘치는 표면적 플롯에 의해 진행되며 걱정, 고통, 환상, 발견의 요소가 내재되어 있다. 심층적 플롯, 즉 의미화 과정에서 주목할 점은 이야기의 모티프가 우정, 유혹, 배신, 대립, 정체성(자아, 민족) 등으로 쟁점화 된다는 사실이다. 순진무구한 주인공들이 도깨비나라에서 사람나라, 다시 도깨비나라로 이행할 때마다 중대한 경험을 하게 되고 힘겨운 통과제의를 겪으면서 도덕적 · 심리적 성장을 해나가는 것이다. 이는 외부 세계에 대한 무지로부터 중대한 인식으로의 통과 과정을 설정하여 주변 세계나 자신에 대한 인식 또는 성격의 변화를 유도하는 입사식(入社式, initiation) 구성이다.[41)]

『도깨비나라 로봇대통령』은 도깨비 삼총사를 걷잡을 수 없는 고통 속에 빠뜨려 놓는 충격적인 체험(악(惡)의 발견)을 통해 성장기 어린이가 세상과 대면하는 어려움과 충동을 보여준다. 그러나 주인공은 갖은 고초와 시행착오를 통해 위기를 극복하는 지혜를 배우게 되고 신기한 보물을 이용하여 성숙과 각성의 문턱을 넘어선다.

또한 환상동화에서 모험은 현실에서처럼 타인들과의 관계 속에서 진행되며, 복잡한 심리적 발달 과정을 체험하게 함으로써 건강한 자아를 완성하게 하는 개별화 과정[42)]이다. 그러므로 인물의 심리적 발달 과정을 살펴보면 개별화 과정을 통한 자기 실현을 보다 명확하게 볼 수 있다.

첫 번째로 도깨비 삼총사가 로봇 삼총사를 만나 기쁨과 환희를 느끼는 무의식의 단계로 외부 세계의 문제와 위험을 인식하지 못하는, 아동기의 본성이 드러나는 순수의 상태이다. 두 번째는 인물이 자신의 결점과 자신을 둘러싼 세상의

---

41. 게오르그 루카치 외, 김병욱 역, 『현대소설의 이론』, 예림기획, 1997, 623면.

42. 융은 개별화 과정을 독특한 개인, 하나의 동일체적 존재가 되어가는 것으로 규정하고 건강한 사람

문제를 깨닫게 되는 의식의 단계로서 불안, 고뇌, 성격분열이 있는 시기이다. 초기의 조화가 깨지는 단계로 쪼카 대장의 계략과 로봇 삼총사의 배신, 체포와 감금, 보물을 빼앗기 위한 유혹과 회유, 대립의 상황에서 주인공들은 불완전함을 의식하게 된다. 주인공들은 보물을 내주고 편안하게 살 것인가, 로봇과 대적하여 보물을 지킬 것인가의 선택을 두고 망설이는데, 전자는 이전 단계로 돌아가려는 심리로 진정한 완성을 추구하는 인물에게는 만족스러울 수 없다. 의식의 단계에 도달한 후 무의식의 단계로 돌아가는 것은 부조화와 억압을 의미하기 때문이다.

융에 따르면 문제를 처리하는 대신 도망치게 되면 개별화의 목적인 자기 실현을 이룰 수 없다. 따라서 주인공은 첫 번째 단계로 퇴행하는 대신 의식과 무의식이 통합되어 행복한 일치, 균형, 조화를 얻게 되는 세 번째 단계로 나아가게 된다.[43] 문학이 이 단계까지 나아가지 못하면 독자는 좌절감을 느끼는데, 이 작품에서 주인공의 개별화 과정은 추구, 모험, 추적, 대결의 플롯에 따라 전락, 고난, 상승, 부활의 형태로 나타난다.

융은 문학의 내러티브에서 영웅이 만나는 악마를 주인공 정신의 한 부분이며, 욕망은 주인공과 외부 세계와의 모험적인 상호 교섭으로 나타난다고 했다.[44]

은 개별화 과정에 성공한 사람이라고 했다. 개별화는 자기답게 되는 것, 자기 인식으로 해석할 수 있으며 세 가지가 요구된다. 첫째, 보류나 억제 없이 대담하게 마음의 문을 열고 무의식과 대면해야 한다. 꿈과 환상은 무의식이 자신을 드러내는 통로와 같으며 촉각을 세워 귀를 기울여야 한다. 둘째, 성인 초기의 물질적 목표와 그 목표를 달성 가능하게 했던 성격적 특성을 포기해야 한다. 개인은 한 가지 태도와 기능에 지배를 받기 때문에 많은 사람들과 접촉함으로써 우리가 쓰고 있는 가면의 실체를 보고, 페르소나 하부까지 도달하여 그것이 덮고 있는 순수한 자신을 파악해야 한다. 셋째, 원형 본질의 변화, 심리적 양성화가 필요하다. 남자는 아니마(여성적) 기질을, 여자는 아니무스(남성적) 기질을 자유롭게 표현할 수 있을 때 남성은 어머니로부터, 여성은 아버지로부터 자유로워진다. 개별화를 이룬 사람은 탐구시기에 드러나는 자신의 본성(장점, 약점, 성스러움, 악마적인 면)을 받아들이면서 자기 인식과 수용이 가능해지고 인간 본성을 관대하게 수용하게 된다. (칼 구스타프 융 외, 설영환 역, 『융 심리학 해설』, 선영사, 1992, 82-109면 참조.)

43. 융, 위의 책, 128-130면 참조.

44. 융, 위의 책, 181-182면 참조.

도깨비 삼총사의 분열된 자아는 그들의 페르조나(persona)인 로봇 삼총사를 통해 드러나고 물질적 목표를 향해 끈질기게 달려드는 쪼카 대장과의 투쟁을 통해 완전에 이르는 고통을 실감나게 보여준다. 중요한 것은 그토록 빼앗아야 하고 또 지켜야 하는 것이 바로 '보물'이라는 점이다.

도깨비나라의 삼대 보물인 도깨비 방망이, 감투, 부채는 그 기능으로 보아 생산력, 자본/명예, 은폐, 감시/체벌, 권력을 상징한다. 이는 누가, 어떻게 사용하느냐에 따라 선(善)과 악(惡)이 되는 양가적 매개물로써 인간 본성을 집약적으로 보여주며 유토피아가 곧 악의 세계가 되는 극적 아이러니의 효과를 발휘한다.

다시 말해 초자연적인 스토리와 요소들로 구성된 환상문학에서 금지된 세계와 도구, 이를 추구하는 인물에 대한 탐색은 인간 욕망에 대한 탐색이며 도덕적·정신적 성장을 이끄는 자아탐색의 과정이다. 이처럼 개별화 과정은 고통스럽지만(부정적) 숨겨진 또 다른 자아를 만나 이를 인정하고, 조화롭게 통합하여 균형을 만들어내는 자기 성취(긍정적)로 이끈다.

또한 작가는 대비자(對比者)인 로봇 삼총사를 통해 개별화를 이루지 못한 과정을 의미심장하게 보여준다. 인간의 속박과 굴레로부터 벗어나기 위해 '자유의 땅'을 추구하는 로봇들의 동기(의도) 역시 분명하다. 로봇 삼총사에게도 추구와 모험의 플롯이 동일하게 진행되나 추구의 대상과 방법의 차이, 발견의 유무로 성장(도깨비)과 소멸(로봇)의 대비적 결과에 이른다. 어린이에 해당하는 도깨비와 로봇 삼총사의 행동 양식은 죽당 대감과 쪼카 대장과의 영향 관계, 자연(조화)과 물질(종속)을 향한 인간의 정신적 근원을 비교하면서 탐색하게 하는 것이다. 결국 여러 인물과 사건이 연합되는 계기가 심층적 의미와 더해져서 서사의 가능성이 개연성, 필연성으로 발전하게 된다.

6-2. 충돌, 변화, 융합의 연쇄체

6-2-1. 도깨비를 통한 미학적 변주

문학 작품에서 인물은 플롯을 수행하는 동시에 사건과 인물 관계에서 부각되는 인간 본성, 심리적 특성을 바탕으로 인간의 삶을 재연한다. 따라서 개인 또는 사회집단을 대표하는 인물은 심리적 존재인 인격체이다.

작가는『도깨비나라 로봇대통령』의 주요인물인 도깨비를 로봇, 인간의 특성과 비교하면서 그 복합성과 역동성을 배경, 상징적 도구 등과 긴밀하게 연관맺음으로써 통일성 있는 연쇄체로 조합하여 외재적·내재적인 인물로 완성하는 전략을 사용한다.

이준연 환상동화에 자주 등장하는 '도깨비'는 작가의 사상과 감정을 보유한 인물로서 인간(특히 어린이)의 사회화 과정을 통시적(총체적)으로 고찰할 수 있도록 하는 데 중추적 역할을 한다.

죽당 대감을 통해 드러나는 과거, 즉 친근한 이웃이었으나 전쟁과 자연파괴, 도시화로 인해 내쫓긴 도깨비들의 삶은 도깨비의 본질을 구체화하면서 앞으로 일어날 사건과 결말, 주제를 암시한다. 또한 "폭탄이 터질 때 귀머거리가 되고 혼이 빠져서 미치광이가 되었다"는 말은 도깨비들한테 인간(사람나라)이 금기가 된 이유를 설명해 주는 개연적 장치이다.

실제로 도깨비는 한국인이 빚어낸 상상의 인물로 우리 민족의 원형, 한국인의 집합적인 표상이다.[45] 민간 전승되어 온 초자연적 도깨비는 순진무구하고 익살스러우며 변화무쌍한 신통력을 지녔기에 인간 가까이 머물며 유익하게 이용되었다. 사람들은 도깨비를 통해 현실과 환상을 넘나들면서 현실에서 이룰 수 없

---

45. 융에 의하면 원형은 살아 움직이는 에너지, 의식의 켜를 뚫고 용솟음치는 '동태(動態)의 형'으로, 의식의 바닥에서 활동하는 '심적인 리비도'이다. 민속학에서 도깨비는 한국인의 의식 속에 살아 있는 물질적 욕구충족의 영상으로 나타난다. 다른 민족이 제각기 설정하고 있는 초자연적 존재와 유사하면서도 독특한 성격, 즉 익살스럽고 친근하며 신출귀몰한 재주를 지닌 도깨비는 한국인 사유의 특징을 잘 드러낸다. 부정적 상(像)의 도깨비 또한 귀신처럼 악독하게 사람을 해치지 않으며

는 욕망을 충족해 온 것이다.

죽당 대감이 숨겨둔 보물을 꺼내는 행동과 그 보물을 쟁취하기 위해 몸부림치는 로봇들의 행동은 위기와 패닉에 빠진 인간이 신통력을 발휘하여 이를 극복하고자 하는 열망을 담고 있다. 또한 만사형통의 보물을 가지고 신통력을 발휘하는 도깨비 삼총사와 쪼카 대장을 통해 정신의 양면성[46]을 보여준다. 작가는 세뿔 왕, 왕눈이 장군, 쪼카 대장의 권력 교체의 결정적 도구가 된 보물(신통력)을 통하여 악의 정신을 표출하는데 로봇을 만든 인간에게서 그 근원을 찾고 있다.

> "로봇들이 없어지는 것은 공해도 이유가 될지 모르지만 다른 특별한 이유가 있을 거요. 사람들의 노예가 된 로봇들이 자유를 찾아서 어디론가 달아날 수도 있고, 우리들이 만든 로봇보다 더 우수한 로봇들이 나타나서 납치해 가거나 유괴해 갈 수도 있겠지요. (중략) 로봇들이 없어지면 자꾸자꾸 만들면 되지요. 그만큼 많이 팔릴 게 아니오. 우리들한테는 돈벌이를 할 좋은 기회가 온 거죠. 로봇들이 자유를 달라고 데모를 하지는 않을까 그게 걱정이오. 공장을 파괴하고 사람들에게 폭력을 휘두를지도 모르니까요. 사람보다 몇 곱절 로봇들이 많은 요즈음 로봇 공포증에 걸려서 잠을 설칠 때가 많아요."
>
> "듣고 보니 그럴지도 모르겠소. 이제부터 바보 로봇을 만들어요. 사람들이 핵폭탄을 만들어 놓고 핵의 공포에 편할 날이 없듯이 우리들이 생각하는 로봇을 만들어 놓고 무서워서 떨게 되다니……. 로봇들이 사라지는 것을 보면 불길한 예감이 들어요."[47]

---

45. 원만한 해결과 권선징악이 보장된 바탕 아래 밉지 않은 심술을 부릴 뿐이다. (김열규, 『도깨비 날다』, 춘추사, 1991, 27-33면 참조.)
46. 전통적 형이상학은 정신과 물질(혹은 육체)의 이원론을 전제한다. 악의 기원이 대체로 물질(혹은 육체)로부터 설명되나 시인은 정신과 물질의 이원론을 넘어서 정신을 사유한다. 여기에서 정신은 육체에 대립하는 정신이 아니라, 육체에 생명을 불어 넣는 모든 것들을 가능하게 하는 '스스로 불타오르는'불꽃이다. 오히려 악의 본질적 장소는 근원적 의미에서의 정신 즉 불꽃으로서의 정신이다. 그것도 불꽃이 갖는 양면성 중 파괴적 가능성에서 비롯된다. 불꽃은 만물을 비추어 그 모든 것을 집약적으로 빛나게 하는 반면, 이러한 집약성을 파괴한다. 바로 불꽃으로서의 정신이 초래하는 파괴와 갈등과 분열 속에 악이 존재한다. 즉 악은 항상 정신의 악인 것이다. (마르틴 하이데거, 신상희 역, 『언어로의 도상에서』, 나남, 2012, 63-68면 참조.)

"병정로봇을 만들어 전쟁을 일으켜 놓고 텔레비전 앞에서 구경을 하는" 인간의 잔혹성, 로봇 개발자들의 대화를 통해 드러나는 자본주의의 모순적 구조는 작가의 문제의식과 상통한다. 인간과 공존했던 도깨비들은 과학문명화라는 미명 하에 내 쫓긴 인간 속죄의 인형[48]이 된 것이다. 사람과 닮았으나 외뿔, 외다리, 외눈이라는 치명적 결점을 감추지 못하는 도깨비는 소외와 결함을 상징한다. 이는 불완전한 인간을 의미하며 인간의 악과 부정, 허물을 뒤집어쓰고 내쫓긴 무고한 희생자의 삶을 보여준다.

생각하는 로봇들 또한 도깨비들과 같은 처지이지만 악의 정신이 대물림되어 도깨비들을 억압하고 도깨비나라를 착취하는 또 다른 인간 유형이다. 사람나라—도깨비나라—도깨비나라 민주공화국은 도깨비—인간/인간—로봇/로봇—도깨비의 아이러니한 관계를 연쇄적·대칭적으로 구조화한다.

억압하는 강도만큼 폭발력을 지니는 욕망의 특성은 악의 축으로 봤을 때 사람나라의 '인간', 도깨비나라의 '로봇 대통령', 로봇한테 패배한 '왕눈이 왕', 왕위를 빼앗긴 '세뿔 왕'의 순서로 계열화할 수 있다. 결국 도깨비, 인간, 로봇이 꿈꾸었던 유토피아는 실현되지 않고 종속적 지배구조, 인간성 상실, 물질만능주의 등 자본주의 폐해가 속출하는 거짓 유토피아만 반복될 뿐이다. 이에 맞서는 죽당 대감과 도깨비 삼총사는 외롭고 힘든 싸움을 하는 영웅의 원형이다. 역사 반추와 비판적 성찰, 보물 복원의 대안을 모색하는 주인공의 행동은 허물을 씌워 쫓아버린 불완전한 자아를 살려내는 일과 다름없다. 자기 분신의 고의적 유기 행위 혹은 자기 도피로부터 정신의 선(善)을 복원하여 문제를 타개함으로써 조화로운 공존의 가능성을 제시하는 인물인 것이다.

환상은 "지배적인 문화축의 양쪽에 사실적인 것과 나란히, 말없이 존재하는

---

47. 이준연, 앞의 책, 45–46면.

48. 사람들은 자신의 속성과 공동체가 불만스러울 때 회피하거나 시치미를 뗀다. 원시적 본능, 야성적 욕구, 탈규범적인 것, 공동의 준칙에 어긋나는 것 등까지도 억압하려고 든다. 도깨비는 한국인의 크고 작은 허물, 짙고 옅은 그림자를 뒤집어쓰고 있는 한국인의 가면(페르조나)으로 '제웅'과 유사하다. 제웅은 죄와 부정을 씌워서 내다 버리는 짚으로 만든 인형인데, 도깨비는 한국인의 결함을 뒤집어쓰고 외딴 곳, 인간적인 것과 동떨어져 살아왔다. (김열규, 앞의 책, 262–265면 참조.)

것"으로 "억압적이고 불충분한 질서를 파괴하는 것을 목표"로 한다.[49)]

『도깨비나라 로봇대통령』에서 도깨비는 억압적인 질서를 파괴할 수 있는 잠재력을 지닌 인물로서 일탈과 자유, 충족과 쾌락의 대상이자 결함, 장애이다.[50)]

다시 말해 도깨비(보물)는 장애(세뿔 왕, 왕눈이 장군/로봇)와 의지(죽당/도깨비 삼총사)가 하나라는 것을 일깨워 주는 복합적 존재이며 점점 밀려나는 과거와 전통, 파괴되기 쉬운 자연과 감성 등 인간이 지닌 자연스러움과 조화를 상징한다. 작가는 인간의 다원성을 도깨비와 로봇이라는 인물군을 만들어 충돌과 해체, 변화와 융합의 연쇄체들을 이용하여 현실을 전복시키고 비판적 현실의 극복 가능성을 제시하고 있다.

6-2-2. 도구적 경이와 카니발적 전복

『도깨비나라 로봇대통령』은 자아의 한계를 초월하려는 인간의 욕구가 도깨비와 로봇으로 변신·변모하여 실현된다. 시공간을 자유롭게 넘나드는 도깨비의 변용과 변질은 창조신화적인 카오스의 재현이기도 하다.

또한 작가는 무질서한 세계를 질서화하기 위해 도깨비 방망이, 감투, 부채라는 객관적 상관물[51)]을 이용하여 도깨비의 본질과 감정(개성), 자연친화 사상과 전통문화 계승의 의미를 객관화(보편화)한다.

바흐친이 "의미를 가진 요소들은 단일한 의식으로 집약되고 통일된 어조에 종

---

49. 로지 잭슨, 앞의 책, 26-27면 참조.

50. 도깨비는 문화범주화를 거부하는 현상이고 환상이다. 신성과 세속과 자연 중 어느 하나에 귀속되기보다는 이들 모두의 특성을 함유한 복합자다. 도깨비는 한국적 문화 범주에서 벗어난, 한국인의 갖가지 준척(準尺)에서 벗어난 이단자, 소외자들의 집단 표상이다. 도깨비들이 가지고 다니는 신기한 도구들은 복합체인 도깨비의 본질과 특성을 상징적으로 보여준다. (김종대, 『한국의 도깨비 연구』, 국학자료원, 1994, 37-39면 참조)

51. 객관적 상관물은 문학 작품에서 특별한 정서를 나타낼 공식이 되는 일련의 사물, 정황, 사건들을 통해 예술적 객관화를 강조하는 기법이다. (T.S 엘리엇, 이상섭 역, 『세계현대시선』, 삼성출판사, 1982, 79면 참조.)

속된다."[52]고 했듯이 삼대 보물은 작가의 의식을 집약시켜 인물로 하여금 세계를 넘나들게 하는 강력한 힘의 상징이다. 보물은 '잘 자란 박달나무, 삼베, 대나무'에 '기도, 정성, 선한 마음'이 더해져야 하며 '조상님들이 대대로 물려주신 특수한 기술'로써 완성된다. '재료'는 '사람나라'에 있고 '보물을 만들 수 있는 자'는 '도깨비'이며 '조상들한테 물려받은 기술'이 필요하다. 결국 시공간을 뛰어넘을 수밖에 없는 행위의 동기가 보물에 담겨 있으며 도깨비, 로봇, 인간을 연결하는 매개체이다. 이러한 만사형통의 도구는 환상동화의 특성인 '경이로움'[53]을 보여주는 '카니발적 장치'[54]이다.

> "옛날 우리 조상님들은 방망이와 감투와 부채를 슬기롭게 쓰면서 살았단다. 나쁜 짓 하는 데 쓰지 않고 좋은 데만 골라서 썼지. 그런데 역대 왕들은 백성들을 믿지 못하고 삼대 보물을 모두 빼앗아 간 게야! 삼대 보물의 신통력을 이용해서 왕위를 빼앗을까 두려웠던 게지. 방망이와 감투와 부채가 없는 도깨비들은 허수아비 도깨비지 진짜 도깨비가 아니란다."[55]

---

52. 미하일 바흐친, 이득재 역, 『문예학의 형식적 방법』, 문예출판사, 1992, 79쪽.
53. 정신분석학적 관점으로 인간의 정신을 세 가지 양식(모방, 환상, 경이)으로 구분한다. 모방적인 것은 '일상적인 상태', 환상적인 것은 '섬뜩한 상태', 경이로운 것은 '몽환적인 상태'이다. 일상적인 마음의 상태에서 인간은 '실재적인 세계', 섬뜩한 상태에서는 '과도기적인 세계', 몽환적인 상태에서는 '상상의 세계'를 본다. 이는 모방적인 문학, 환상적인 문학, 경이로운 문학 형식에 대응되며, 초현실적인 것은 경이로운 것에 가깝고 현실 너머의 세계를 제시한다. (로지 잭슨, 앞의 책 52–53면 참조.)
54. 바흐친은 환상문학을 권위자에 대한 의문을 위장한 것, 사회적 해방 과정, 전복 활동에 대한 상징적 재현으로 보고 분석을 위한 도구로 카니발 이론을 고안했다. 그가 지적한 중세 카니발(사순절 직전의 그로테스크적인 축제기간)의 본질은 모든 사회적 권력구조들의 지위가 바뀔 때 일어나는 질서의 일시적 전복이었다. 바보가 왕위에 오르고 왕과 주교들은 지위를 박탈당하고 모욕당한다. 카니발은 전복을 통제할 수 있었던 권력자들에게 재가 받은 것이며 카니발의 일시적인 성질은 본래적 질서로의 회복을 전제한다. 바흐친은 카니발의 전복적 효과를 문학에 적용하여 사회적 속박에서 벗어난 자유와 일탈의 현실 묘사에 사용될 내러티브 장치로 보았다. (미하엘 바흐친 외, 조희숙 역, 『아동문학의 미학적 접근』, 교문사, 2009, 120–123면 참조.)
55. 이준연, 앞의 책, 125면.

예문에서 알 수 있듯이 전설의 보물은 실존하며 “백성들이 인간 세상으로 나가는 것”, “나쁜 짓을 저지르는 것”에 대한 두려움 때문에 종탑 속에 은폐시켰다. “종탑을 허물기 전에는 한 개도 꺼낼 수 없는” 보물 이야기는 도깨비가 지녀야 할 것(정신, 개성, 전통, 자연)을 지니지 못한 채 “진짜 도깨비가 아닌” 모습으로 살아가는 현실을 비판적으로 드러내면서 “진짜 도깨비”로 거듭나야 하는 필연성을 역설한다.

한국인에게 있어서 도깨비 방망이, 감투, 부채는 주술적 보물이다. 방망이는 재물과 남성성, 감투는 은현기몰(隱現起沒), 부채는 놀이(쾌락)를 상징하는데 특히 감투가 문제 해결의 중추적 역할을 한다. 홀연 나타났다 사라지는 것이야말로 인간이 육신을 극복하는 궁극이며 육신의 제약에서 벗어나는 신령의 속성을 내포한다. 새 날개가 장식된 조익관(鳥翼冠)의 이미지가 투사되었다고도 볼 수 있다.

이처럼 초현실적인 힘을 갖고 있는 보물은 도깨비나라를 수호하기도 하고 폐망하게도 한다. 보물을 놓고 수호와 강탈을 반복하는 도깨비와 로봇은 그 욕망의 대상(보물—도깨비—도깨비나라)이 동일하나 목적과 사용 방법에 따라 결과가 달라지는 양면성을 도깨비(선)와 로봇(악)의 대비로 보여준다. 결국 경이로운 도구에 가치와 탐욕이 함께 내재되어 있음을 구체적으로 형상화하고 있다.

결론적으로 말하자면, 도깨비와 로봇 삼총사는 사회적 약자에 속하는 어린이를 상징한다. 보호라는 미명 아래 어린이는 어른들로부터 복종을 강요당하며 제도와 규율에 종속되어 간다. 그러나 자연을 닮은 어린이는 물질과 권력으로부터 자유롭고 용감하다. 작가는 호기심 많고 순수한 어린이의 특성을 도깨비 삼총사로 대리하여 독립의 경계를 시험하게 한다. 또 어린이 도깨비들이 경이적 도구를 수호함으로써 기존 질서 체계에서는 불가능한 영웅적 소양이나 마력을 획득하게 만든다. 쇠락해가는 도깨비의 고통이 전복되는 것은 도깨비가 전도된 과거의 것이 아니라 전복된 현재로서의 미래라는 주제의식을 드러낸다.

그리고 이 작품은 사회적 모순과 인간의 세속적인 욕망을 환상으로 은폐함으로써 현실 세계의 상처를 감춘다. 왕위 찬탈, 탈주, 침입 등은 유토피아를 향한 타자의 심문과 전복, 주체의 해방과 건설이라는 이데올로기적 방식을 보여주는

데 세뿔 왕, 왕눈이 왕, 로봇들은 도깨비나라를 지키면서 주체를 확립해가는 주인공들과 대비되어 욕망의 실체와 상처가 자연스럽게 부각된다. 착취와 종속적 관계를 강요하는 인물들로 인해 강자와 약자로 구분되는 계급, 국가, 문화 간의 충돌이 야기되며 순수, 자연, 개성, 정신 등을 억압한다. 과학문명, 서구화, 문화의 다양성을 수용해야하는 현실에서 볼 때 작가는 고유문화를 부정하는 현실을 전복시켜 문화적 코드의 접점을 찾고 각각의 자주성을 회복해야 하는 필요성을 말하고 있다.

『도깨비나라 로봇대통령』은 과학문명 즉 서구적 문화가 한국 문화를 잠식하는 현실의 문제를 도깨비에 잠재된 한국적인 정서, 자연친화 사상을 통해 극복하려는 것이며, 그것이 바로 주체적인 창조적 삶의 형식으로 생성되어야 한다는 것을 보여준다.

플롯의 유형과 패턴을 요약하면 다음과 같다.

외적/내적 갈등에 따라 : 분규발생과정형/연쇄고리식전개형 플롯
→ 두 가지 플롯 모두 네 가지 방식으로 세부적 플롯을 구성할 수 있다.

① 연쇄고리식 구성 (사슬, 목걸이 유형)
② 교차전개식 구성 (A—B—A'—B'—A"—B", 드라마 유형)
③ 삽입식 구성 (삽화, 에피소드 등을 끼워 넣는 유형)
④ 혼합형 구성 (위의 1~3을 혼합한 유형)

인물(사건)의 욕망 성취를 중심으로 구분하는 플롯의 네 가지 패턴
→ 봄/여름/가을/겨울의 미토스

인물(사건)이 향상/악화되는 이유(개연성 설정)
① 이성적 사고의 유무(학습, 지혜 등)
② 인격의 문제(천성, 성품 등)
③ 운명(출생, 자연재해, 전쟁 등)
④ 구원자와 방해자의 유무

학생 실습 예시

다음은 기사(사진)를 바탕으로 플롯을 작성한 예이다. 장·단점 및 보완점에 대해 이야기해 보자.

기사 내용

방울뱀으로부터 세 살 아기를 지킨 반려견이 방울뱀한테 물려 얼굴이 퉁퉁 부었다. 아기 엄마는 얼굴을 크게 다친 반려견을 보고 울음을 터뜨렸다.

플롯 작성

① 미국 네바다주 오위히 카운티에 살고 있는 로드니는 세 살배기 딸 하퍼와 반려견 트랙을 키우고 있음
② 로드니는 자신의 차에 중요한 우편물을 두고 옴
③ 우편물이 차에 있다는 것을 알아챈 로드니는 집에서 나와 차로 향함
④ 딸이 어려 혼자 있지 못할 것 같아 로드니는 딸 하퍼와 반려견 트랙을 데리고 나옴
⑤ 로드니가 우편물을 꺼내기 위해 차량으로 다가감
⑥ 그 순간 트랙이 머리를 이용해 하퍼를 차에서 멀리 밀어냄
⑦ 그 이유를 모르고 로드니가 차 손잡이를 잡아당김
⑧ 트랙은 그런 로드니를 보고 격렬하게 짖어댐
⑨ 트랙의 갑작스런 행동이 이해가 안 갔지만 로드니는 신경 쓰지 않음
⑩ 알고 보니 차량 근처에 거대한 방울뱀이 도사리고 있었음
⑪ 방울뱀이 하퍼 쪽으로 다가옴
⑫ 트랙은 뱀을 보고 짖으며 하퍼를 지키기 위해 온몸으로 맞서 싸우기 시작함
⑬ 위험을 감지한 로드니는 하퍼를 급히 집안으로 데려다 놓음

⑭ 걱정되는 마음에 밖으로 나온 로드니는 방울뱀과 싸우다 물려 얼굴이 팅팅 부은 트랙을 발견함

⑮ 다리에 물린 큰 상처와 팅팅 부은 얼굴을 한 채 트랙은 꼬리를 열심히 흔들고 있음

⑯ 그런 트랙을 본 로드니는 안타깝고 놀란 마음에 눈물을 펑펑 흘림

⑰ 로드니는 급히 트랙을 데리고 동물병원으로 향함

⑱ 검진 결과 트랙은 생명에 치명적인 지장은 없는 것으로 확인

⑳ 로드니의 정성스러운 보살핌에 금세 건강 회복

창작 실습

1 흥미로운 기사(사진)를 찾아 스토리를 정리해 보자.

2 만화, 동화, 영화, 광고, 음악, 게임 등 장르를 선택하고, 구성 방법(플롯)을 정리해 보자.

9장

내면심리가 궁금해

: 의식의 흐름 기법

1. 생활 속의 심리학

2. 인성의 조직과 3가지 불안

3. 인물 탐색과 방어기제

4. 내적 갈등의 소설과 의식의 흐름 기법

5. 권지예의 「뱀장어스튜」에 나타난 불안 의식

6. 이준연 동화에 나타난 환상, 억압된 심리적 실체의 복원

9장 내면심리가 궁금해 : 의식의 흐름 기법

1 생활 속의 심리학

인간의 마음은 복잡하며 감정 또한 다양하다. 결핍, 욕구, 욕망은 목표와 꿈을 이루는 원동력이 되기도 하지만 욕구불만, 열등감, 신경쇠약이 심해지면 정신질환이 되기도 한다.

기사에 나오는 잔혹한 범죄자가 평소에는 모범적인 사람이었거나 사회 지도층일 경우에 사람들은 충격을 받는다. 그러나 프로파일러들은 범인들의 무의식적 언행을 추적하여 평범함 뒤에 가려진 본질적 성격과 욕망, 범행의 동기와 방법 등을 파악해 낸다.

범죄수사, 미스터리 심리소설 등은 인물의 심리와 내면세계를 면밀하게 다루는 것이 특징이다. 인물의 행위와 사건은 원인과 동기가 있으며 주인공의 심리를 치밀하게 추적해야만 사건의 실마리가 풀리기 때문이다. 행위의 동기는 과거, 특히 유년시절의 결핍에서 비롯되는 경우가 많아서 사건의 열쇠를 과거의 장면에서 유추한다. 인물의 내면세계를 드러냄으로써 사건의 개연성을 설정하는 것이다.

일상에서도 인간은 누구나 본능적 심리가 드러난다. 표정과 태도만으로도 심리와 기분, 성격과 성향을 어느 정도 파악할 수 있다. 신분이나 호감의 정도에 따라 앉는 자리와 방식, 거리가 다르듯이 사람들은 바디랭귀지(body language)가 표출하는 신호를 이해하면서 인간 관계와 사회생활을 유지해 나간다.

반면 불안과 긴장을 유발하거나 의도적으로 위협하고자 할 때는 바디존(body zone, 사람마다 일정한 자기 보존의 간격을 유지하려는 거리)을 무시하거나 침범하여 갈등과 위험을 조장한다. 환심을 사거나 유혹, 교태를 부리려는 사람도 바디존을 넘어 의도적인 접근을 꾀한다는 것을 알 수 있다.

일반적으로 능동적인 사람은 대화뿐만 아니라 시선을 주도하며, 관심에 따라 시선이 달라진다. '눈은 마음의 창', '눈은 입만큼 말을 한다'는 표현과 같이 사람의 감정은 시선과 눈빛을 통해 정확히 전달된다. 관심의 대상에게 시선이 가는 것은 물론이며 의지와 열정이 가득한 사람은 눈빛이 반짝인다. 내성적인 사람은 상대를 계속 주시하지 못하고 시선을 자주 돌린다. 약점이 노출된 사람은 눈동자를 빠르게 움직이고, 표정을 감추고 싶거나 말로써 표현하기 어려울 때 손발을 많이 움직인다.

인물의 형상화 방법에서 설명했듯이 버릇은 욕구불만이나 억압된 심리가 반영된 것이며 대체로 억압된 감정이 부자연스러운 표출로 나타나는 것이다. 손톱을 물어뜯거나 다리를 떨며 입술을 무는 행위 등은 긴장과 불안감을 드러내며, 상대의 이야기를 들을 때 귓불을 만지거나 머리카락을 만지는 행위는 더 이상 듣고 싶지 않다는 거부 의사가 표출되는 것이다.

아이가 거짓말을 들켰을 때 손으로 입을 가리는 행동, 치부가 드러난 성인이 얼굴을 감싸거나 만지는 행동, 탁자에서 앉아 턱을 괴고 얼굴 한쪽을 가리는 행동은 허약함이나 진실을 가리고 싶은 무의식적 심리가 담겨 있다.

옷차림 같은 외양은 성격이나 취향, 기분을 쉽게 드러내는 기호이다.

화려한 옷차림을 좋아하는 사람은 자기 표현의 욕구가 강하고, 수수한 옷차림을 선호하는 사람은 체제순응형으로 볼 수 있다. 보통 자신감이 부족하거나 상황이 난처할 때 무채색의 옷차림과 모자 등을 쓰는데 범죄자나 떳떳치 못한 사람이 검은 점퍼나 우비, 모자와 마스크로 신체를 가림으로써 식별을 어렵게 하려는 심리를 보면 알 수 있다.

전문가들은 생활 속 심리학으로 타인과 나를 이해하는 데 활용하라고 조언한다.

자기 신상에 관한 이야기를 화제로 삼는 사람은 나르시시즘의 일종으로 자기중심적 성격의 소유자이다. 타인의 일을 화제로 삼고 연예인이나 유명인들의 루머 등 약점에 대한 이야기가 대화의 반 이상을 차지하면 그러한 약점에 정통함으로써 상대를 지배하고 싶다는 지배욕이 있으나 이를 실현하지 못하는 사람일 경우가 많다.

사람들에 대한 가십거리로 대화를 이어가는 사람들은 실제로 진정한 친구가 없어 고독한 심리를 드러낸다. 불평과 불만이 많은 사람은 자신의 실패와 열등감을 정당화하기 위한 자기 합리화에서 비롯되는 경우가 많으며, 과거의 영웅담과 자기 자랑을 반복하는 사람은 현실 부적응의 상황을 역설적으로 보여준다. 대화에서 화제를 빼앗기지 않으려는 사람은 자기 과시욕과 지배욕이 강하며, 맥락 없이 화제가 바뀌는 사람은 사고와 논리가 정리되지 않은 사람인 경우가 많다.

독재형 리더는 1인칭 주어인 '나'를 주로 쓰고, 수평적 의식을 지닌 민주형 리더는 '우리'라는 인칭을 많이 쓴다. '나'를 주로 쓰는 사람은 독립성과 주체성이 강한 반면 복수형을 주로 쓰는 사람은 소신 없이 남들을 따르는 성격의 소유자이기도 하다. 유명인의 말과 책의 구절을 자주 차용하거나 난해한 말, 전문 용어, 외국어 등을 일상어처럼 쓰는 사람은 지적 욕구에 대한 열등감이 숨어 있으며 훌륭한 사람처럼 보이고 싶은 욕구와 권위주의적 성격이 내재되어 있다.[56]

소설을 잘 쓰려면 인간에 대한 이해와 탐색이 선행되어야 하며 인생의 단면을 포착하여 의미를 담아낼 수 있어야 한다. 또한 심리학이나 정신분석학 등의 공부를 병행하면 좋다.

정신과 의사이며 과학자인 프로이트(Freud)는 평생 동안 인성이론을 연구하였다. 자신의 꿈과 사념을 분석함으로써 내면세계에서 작용하는 정신적 장치가 어떻게 만들어져서 어떤 상호 작용을 하는지, 갈등을 일으키는 힘은 어떤 것인지 역학적 관계를 추론해냈다.

프로이트는 인간의 마음에 작용하는 역학과 심리를 분석한 『꿈의 해석』과 『일상생활의 정신병리학』에서 실언, 실수, 사고, 농담, 기억들은 모두 무의식적인 동기에서 기인하는 산물이라고 논증하였다. 이드, 자아, 초자아를 기반으로 하

---

56. 다코 아키라 저, 장하영 역, 『심리학 콘서트』, 스타북스, 2012.

는 인성 모델을 제시하면서 잠재의식, 억압된 충동, 금지, 열등감, 고착 등에 대해 설명함으로써 정신분석학이 생활의 전 분야에 영향을 미친다는 것을 밝혔다. 융, 라깡, 아들러 등 많은 심리학자들이 프로이트의 이론을 더욱 발전시켰는데 특히 문학, 예술, 종교, 교육, 사회과학 등에서도 정신분석학 이론과 사례가 활용되고 있다.

2
인성의 조직과 3가지 불안

프로이드 정신분석학을 살펴보면, 인성은 이드(Id, 원초아), 에고(Ego, 자아), 슈퍼에고(Superego, 초자아)로 구성되며, 본능적인 충동을 나타내는 이드와 이를 규제하는 이성적 자아인 에고는 사회적 도덕적 자아인 슈퍼에고로 발전, 변모하도록 유동적으로 충돌하면서 조절된다.

부연하자면, 인간의 쾌락적 본능을 충동적인 '이드'라고 하며 현실적 불안을 나타낸다. '에고'의 특성은 이성과 본능 조절, 자기 정체성을 드러내어 현명한 '자아'로 불리는데 신경성 불안이 나타나는 경향이 있다. '슈퍼에고'는 도덕적 양심, 형이상학적 이상을 상징하며 도덕적 '초자아'로 불리며 도덕적 불안을 야기한다. 이 세 가지 인성 조직은 부추기는 '집중'과 저지하는 '반집중'의 역학 관계가 나타나며 인간의 의식(의식, 전의식, 무의식)을 지배하면서 내/외적 갈등을 만들고 또 해결해 나간다.[57)]

인성이 발달한다는 것은 이드, 에고, 슈퍼에고의 우열을 말하는 것이 아니라 상호 역학적 관계를 이해하고 상황에 맞추어 유동적으로 조절해 가는 자기 조절 능력을 통해 조화롭게 형성되며 자유자재로 균형을 맞춰가면서 문제를 극복해 가는 것을 말한다.

즉, 개개인이 자신의 고유성을 지켜나가면서 개인적, 사회적 삶을 행복하게

---

57. 캘빈 S홀 저, 유상우 역, 『프로이트 심리학 입문』, 홍신문화사, 2010, 74-75면 참조.

영위할 수 있도록 돕는 것이 인성 발달, 인성 교육이다. 반대로 인성 조직이 균형을 이루지 못해 발생되는 문제들, 성격적 결함이나 불균형, 통제 불능의 인물들은 갈등을 통해 인간의 욕망과 문제적 상황을 드러내는 데 용이하여 문학 작품에서 많이 다루어진다.

【인성의 조직(유동적, 상호작용)과 3가지 불안】

– 프로이드 정신분석학

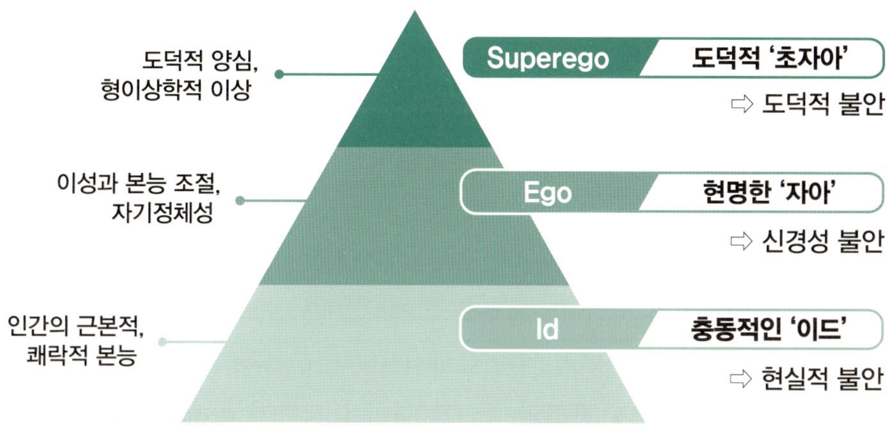

3
인물 탐색과 방어기제

인성은 유아기, 소년기, 청소년기에 뚜렷하게 나타나며 끊임없이 변화하고 발달한다. 학습을 통해 욕구불만과 불안을 처리하는 방법을 터득하게 되며 성숙의 과정을 통해 인성 발달이 이루어진다.

프로이트(Freud)에 따르면, 인간은 욕구불만, 갈등, 불안을 통제할 수 없을 때 심리적 상처를 막기 위해 무의식적으로 자신을 속이고 회피하는 사고 및 행위를 하며, 이를 방어기제라고 한다.

방어기제는 원초적 자아가 위협받은 상황에서 감정적 상처를 덜 받기 위한 심리의식과 행위이다. 이드의 충동적 힘과 이에 대립하려는 초자아의 힘 사이에서 자아를 지키기 위한 전략인 셈인데, 갈등 조절이 실패할 경우 불안이 커지게 되므로 이를 방어하기 위해 자아는 원초아의 충동을 억압하여 불안을 해결하려 한다. 이러한 자아의 방어수단이 방어기제이며 투사, 합리화, 부정, 억압, 주지화, 승화, 반동형성, 환치, 동일시 등이 있다.

투사는 스트레스의 원인과 문제가 자신에게 있음에도 불구하고 주체를 변경시켜 객관적 불안으로 변형시키는 것이다. '내가 이렇게 힘든 건, 다 네 탓이야', '상대가 나를 미워하기 때문에 벌어진 일이야', '너를 위해서 거짓말을 할 수밖에 없었어'와 같은 식으로 문제의 원인을 외부 대상으로 전가하는 행위이다.

합리화는 투사와 유사한 방법으로 자신의 불합리한 생각과 행동을 합리적인 것처럼 정당화하여 옳다고 생각하고 만족하면서 불안을 해결하는 방법이다. 포도를 먹고 싶지만 먹을 수 없는 처지의 여우가 '신포도는 먹을 필요 없어'로 생각해 버리거나 명품 백을 갖고 싶지만 '된장녀로 보일 거야, 없는 게 나아' 등의 생각으로 돈이 없는 처지를 인식하기보다 원하는 것을 갖지 못하는 결과가 정당한 결심에서 비롯된 결과인 것처럼 합리화하여 욕구불만을 해결하려는 것이다.

동일시는 투사와 반대로 자신의 불안과 불만을 피하기 위해 욕망 성취를 이룬 대상을 끌어들이는 방법이다. 성공한 자식을 보면서 성취감을 느끼는 부모의 심리와 드라마 속 배우나 유명인에게 자신을 투영하면서 만족하는 심리가 그러하다.

부정은 불안과 고통을 인정하지 않는 방법으로 '내 자식은 절대 그럴 리 없어', '내가 존경하는 정치인은 틀리지 않아'라고 부정함으로써 불안으로부터 도피하려는 것이다.

억압은 고통스런 상황이나 기억을 의식적으로 몰아내고 이와 관련된 모든 지각이 행동으로 나타나지 않도록 차단하고 은폐하는 방법이다. 싫은 사람과의 약속을 까맣게 잊거나 충격적인 상황을 직면했으나 기억하지 못하는 것, 기억상실증에 걸리는 것 등이 그러하다.

억압의 목적은 자아의 안전을 위협하는 내·외적 존재를 거부하고 날조함으로써 객관적, 신경성, 도덕적 불안을 제거하는 강력한 방법이다. 억압은 결국 왜곡된 형태로 나타나며 꿈이나 말실수를 통해 드러난다.

주지화는 불안한 문제에 감정적으로 대응하기보다 이성적, 합리적으로 분석함으로써 불안과 위협으로부터 자신을 통제하려는 방법이다. 주로 지적인 사람들이 쓰는 방법으로 정보 탐색과 분석력이 뛰어나 긍정적으로 비춰지는 경우가 많기 때문에 문제의 본질을 찾는 데 어려움이 따른다.

승화는 예술이나 봉사 등 자신과 타인에게 긍정적 영향을 줄 수 있는 행위로 충동을 변화시키는 방법이다. 욕망의 대상과 목표를 사회적 가치가 있는 것으로 전환하여 억압의 필요성을 제거하는 것으로 창조적인 예술 활동, 학문과 일, 유머 등이 좋은 예이다.

반동형성은 불안을 피하고 싶은 나머지 불안을 일으키는 욕망과 반대되는 행동을 하는 것이다. 원초아가 충동하는 것과 반대로 생각하고 행동하는 것으로 '미운 놈 떡 하나 더 준다', 사랑하는 사람에게 열정을 쏟았다가 상처 입을까봐 다른 사람을 두루 만나거나 먼저 이별하는 행동 등이 그러하다.

환치는 불안을 경감시키고 갈등을 풀기 위해 대상을 바꾸어 해결하는 경우인데, 가족 또는 자식이 없는 사람들이 애완동물에 집착하는 모습이 그러하다.

고착은 인간의 심리적 발단 단계(유아기, 소년기, 청소년기, 성년기) 중 발달이 중단되어 다음 단계로 가지 못하고 머물러 버린 상태를 말한다. 부모의 과잉보호나 반대가 심한 경험을 한 아이는 고착되기 쉬우며 다음 단계로 나아갈 때 공포와 두려움을 느껴 심리적 잠재력을 발휘하지 못한다. 피터팬 증후군 또는 콤플렉스처럼 성인이 되었으나 어른 되기를 거부하고 소년 소녀로 머물기를 바라는 심리가 그러하다. 고착은 미발달 현상으로 현실에 적응하면 해소된다.

퇴행은 고착에서 그 이전 단계로 후퇴하려는 심리적 방어기제이다. 동생한테 부모의 사랑을 빼앗길까봐 불안한 아이가 갓난아이처럼 울고 보챈다거나, 머리가 복잡하고 힘들 때 회사 대신 만화방에 가서 온 종일 만화를 본다거나, 일부러 과음한 뒤 울분을 터뜨린다거나, 평소 유치하다고 생각했던 행동을 따라한다거나, 담배꽁초를 아무 데나 버리는 등 규율을 어기거나 이탈적인 행동을 하는 것은 퇴행을 통한 방어기제이다.

방어기제는 불안을 완화시키려는 무의식적 반응으로 긍정적 기능이 있으나 방어기제에 의지하는 자아는 허약한 채로 남아 더 큰 불안과 갈등의 악순환에 빠지게 된다. 그러므로 불안을 야기하는 근본적인 문제를 인식하고 보다 현실적이며 효율적인 방법으로 불안을 극복하고 자아를 보호하는 대체 방법을 찾아나가야 한다.

4
내적 갈등의 소설과 의식의 흐름 기법

지금까지 인간의 심리, 인성, 방어기제 등에 대해 살펴보았는데 이는 소설에서 인물과 행위, 사건을 만드는 기본 지식이다. 소설은 인간의 갈등을 중점적으로 다루는 이야기이며 노스롭 프라이가 말한 것처럼 '모든 문학의 기본 틀은 자기 정체성의 상실과 회복의 이야기'이기 때문이다.

소설에서 인물은 문제적 성향을 지닌 캐릭터로 갈등을 통해 내밀한 삶의 문제와 심리가 드러난다. 작가는 프로파일러가 되어 인물을 탐색하고 문제적 행위와 동기, 원인까지 치밀하게 계산한 뒤에 소설 구성에 적합하게 요소들을 선택, 배열해야 한다. 허구적 인물이지만 실제 인물처럼 사실적이어야 흥미롭고 설득력 있는 인물의 내면세계를 구현할 수 있다.

소설은 외적 갈등과 내적 갈등의 소설로 구분할 수 있다고 설명하였다.

외적 갈등은 분규가 인물의 외부에서 나타나며 주동자와 적대자가 분명하다. 또한 갈등의 이유와 행동의 원인 또한 명확하게 드러난다.

내적 갈등의 소설은 인물의 내면세계를 다룬 이야기로 뚜렷한 사건보다 인상, 회상, 일상의 소소한 체험들을 통해 주인공의 복잡한 심리와 미묘한 갈등을 드러낸다. 인물의 심리적 문제도 애매하게 나타나며 행동의 동기 파악이 어려워서 독자는 소설을 난해하고 지루하게 느끼는 경우가 많다. 그러나 인물이 지닌 내면적 문제는 외부세계에 민감하게 반응하여 나타나거나 어떤 상황에 대해 남다른 인식을 함으로써 평범한 인물과 구분되어 인물에 흥미를 갖게 된다. 결국 작가는 남다른 인물의 문제적 심리와 상황을 포착하여 낯선 방식으로 재구성함으로써 문제의식을 구체적으로 표현한다.

내적 갈등을 겪는 인물의 내면세계를 흥미롭고 인상적으로 기술하여 형이상학적인 정신, 심리, 정서를 구체화하기 위해서는 인물의 의식을 면밀히 살펴야 한다. 이처럼 의식의 변화 과정을 다룬 소설을 '의식의 흐름 소설'이라 하고, 인물의 일상체험과 자유로운 연상, 삽화 등을 통해 인물의 정신과 정서를 묘사하는 기법을 '의식의 흐름 기법'이라고 한다.

'의식의 흐름'이라는 용어는 생각과 의식의 연속이라는 뜻으로 미국의 심리학자 윌리엄 제임스(William James)의 견해에서 비롯되었다. 문학비평용어 사전을 보면, 의식의 흐름을 개발한 심리주의 소설은 인간을 '심리적 존재'로 파악한다. 심리주의 소설에서 인간의 행동은 그의 심리적 동기를 설명하는 증거로 활용되며, 꿈, 환상, 인상, 회상, 기억, 반성, 사색과 같은 심적 경험이 소설의 주된 내용을 이루게 된다.[58)]

또 장 리카루드(Jean Ricardou)가 "소설은 어떤 모험의 기술(記述)이 아니라 기술의 모험이 되었다"고 말했듯이 인생의 희노애락, 진리, 테마는 유사하기에 이를 낯설고 새로운 방식으로 전달하는 것이 중요하며 의식의 흐름을 다룬 구성의 미학이 강조된다.

요약하자면, 의식의 흐름 기법은 내적 갈등을 다룬 심리소설에서 많이 사용하는 방법으로 감정, 기억, 생각, 예측할 수 없는 자유연상, 비논리적인 환상의 장면들이 뒤섞여 나타난다. 이는 인물의 정신적 과정, 무의식의 세계를 사실적으로 구체화하는 방법이며 독자를 인물의 의식 속으로 들어가게 해주는 기능을 한다. 의식의 흐름 기법은 소설뿐만 아니라 영화, 광고, 미술, 음악, 공연 등에 자주 활용되어 외양과 실제의 차이를 보여주거나 몽환적 분위기와 신비감을 연출하기도 한다.

---

58. 이상섭, 『문학비평용어사전』, 민음사, 2009, 290면 참조.

5

권지예의 「뱀장어 스튜」에 나타난 불안 의식[59)]

「뱀장어 스튜」 주인공 '그녀'는 미로와 같은 불안정한 삶으로부터 탈출과 귀환을 반복하는 고독한 유랑자이다. 이 소설은 "놓쳐버린 구슬 때문에 완전한 목걸이를 꿸 수 없는" 비극적 삶에 대한 단상들을 에피소드, 자유연상, 삽화, 일화, 내적 독백 등을 통해 불안의 실체를 점진적으로 구체화한다.

(1) 그런데 씽크대 옆에 놓아둔 집을 들여다보는 그녀의 눈빛이 그만 꼿꼿해진다. 가운데 먹이 근처에 거의 다다른 암컷의 꽁무니에서 표면에 윤기가 잘잘 흐르는 길쭉한 유백색 주머니가 비어져 나오고 있는 중이다. 죽어 가는 상황에서도, 끈끈이 위에다 알을 낳을 수밖에 없는 암컷은 연신 더듬이와 꽁무니를 흔들어대고 있다. 꽁무니에서 쑥 빠져 나온 알주머니는 따끈따끈할 것만 같다. 그녀의 손이 다가간다. 엄지 손톱을 밑으로 바퀴벌레집 한 채의 지붕을 아래로 꾹 누른다. 미세하게 톡, 알집 터지는 소리가 나고 잠깐 천장이 바닥에 들러붙었다가 떨어진다. 알은 흔적이 없이 사라지고, 알이 있던 자리는 노란 액체가 번져 있다.[60)]

(2) 남편이 끓는 냄비 안에다가 사타구니에 인삼 끼운 닭을 안쳤다. 조리대 한 면에 놓아둔 덫 근처에 윤기 나는 통통한 바퀴벌레 한 마리가 얼씬대고 있다. 집 나온 여자가 서성대며 망설이듯 통로 주위만 머뭇거리고 있을 뿐이다. 그녀는 그놈이 들어가는 걸 보고 싶어 안달이 나는 마음을 애써 누른다. 들어가라…….

놈을 유인할 수도 없기에 막연히 놈의 행로를 그녀는 눈으로 좇고만 있다. 그녀의 염력이 그만 그놈의 안테나에 포착되었나 보다. 벌레는 통로 앞에서 발을 돌린다.[61)]

---

59. 이은하, 「권지예의 '뱀장어스튜' 서사구조 연구」, 『한국문예창작』, 한국문예창작학회, 2015, 71–88면의 일부를 재구성하여 수록함.

60 권지예, 『꽃게무덤』, 문학동네, 2005. 42–43면.

(1), (2)는 석 달 만에 돌아온 그녀가 바퀴벌레를 주시하는 장면으로 "죽음이 다가 오는 줄 모르는", "윤기 나는 바퀴벌레"를 보면서 안달이 나 "죽는 날까지 남아 있는 생에 치를 떨다 죽어 버려라"는 독설을 하면서 벌레를 죽이는 장면이다. 그러다 그녀는 "죽은 어미 바퀴벌레의 꽁무니에서" 알이 부화되는 새끼들의 "소름끼치게 질긴" 생명력을 보고 놀라는데 "넙적한 손바닥으로 바퀴벌레집을 잽싸게 짓눌러" 버리는 남편한테 "막연하지만 전부터 어딘지 익숙한" 살의를 느낀다. 살기 위해 발버둥치는 바퀴벌레의 처절한 몸짓(서성거림)에서 그녀 자신을 보게 되고 증오와 연민이 산발적으로 나타난다. 그녀가 눈을 떼지 못하는 바퀴벌레는 그녀가 투영된 상관물이며 바퀴벌레집은 죽음이 임박한 갇힌 세계, 불안정한 현실을 상징적으로 제시하고 있다.

불안의 문제는 다양하고 중요한 물음들이 만나는 일종의 접합점으로 사랑의 상실(대상 상실, 거세 불안)에서 기인하는데[62] 그녀의 수수께끼 같은 불안 의식은 남편이 "닭 꽁무니에 인삼뿌리를 쑤셔 넣으면서" 꺼내는 '닭 모가지' 일화를 통해 강렬한 죽음 이미지로 확대된다.

"……처음 내가 닭을 잡는데 말야. 차마 목을 못 비틀겠더라. 식칼을 들고 벌벌 떨다 눈 질끈 감고 목을 쳤는데 닭이 푸득거리는 통에 기겁을 하고 놀랐지. 그런데 목이 덜렁거리는 닭이 질질 피를 흘리며 도망가다가 빨래 간짓대를 쓰러뜨려 버렸어. 흰 이불 홑청이 땅바닥에 널브러지고 닭은 그 위로 피를 쏟으며 달려가고. 털을 뽑기 위해 물을 끓이던 엄마는 저놈의 닭! 고함을 치고……그러다 닭이 어딘가로 도망을 가 버렸어. 아무리 찾아도 없는 거야. 그런데 새벽에 나쁜 꿈을 꾸고 설핏 깼는데 무슨 신음 같은 게 들려왔어……. (중략) 내가 차마 죽이지 못했던 닭이 말야, 바로 내 머리맡에 앉아 있는 거 있지. 다 죽어 가면서 반쯤 내리 감은 눈으로 나를 보고 있는 거야. 그러더니 서서히 막이 내리듯 아주 천천히 눈꺼풀이 닫히면서 닭이 죽는 거야. 생각해 봐. 서서히 눈꺼풀이 내려오고 있는 닭의 작은 눈을……."[63]

---

61. 위의 책, 45면.
62. S. 프로이트, 임홍빈 역, 『정신분석강의』, 열린책들, 1997, 556면.

남편은 "무언가를 죽여 보지 못한 사람은 무언가를 사랑할 수도 없고", "죽어 있는 닭들에 익숙해진 사람들은 닭을 다시 키운다고 해도 애정 따윈 생겨나지 않는다"고 마무리한다. 이와 같은 남편의 회상과 잔상은 그녀의 가출이 죽음과 죄의식에 관련 있으며, 그런 그녀에게 살의와 연민을 느끼는 남편의 복잡한 심정을 은유적으로 보여준다.

이처럼 불안은 자아가 보내는 위험 신호[64]이며 동일화(바퀴벌레), 살의(자살), 가출(도피) 등의 적응기제를 통해 위험으로부터 자신을 방어한다. 그녀의 불안 의식[65]은 남편과의 에피소드(삼계탕, 섹스)를 통해서 디테일하게 나타나는데 남편이 손질하는 닭을 "외설스런 포즈"로 보고 "인삼뿌리를 쑤셔 넣는" 남편을 폭력적으로 느낀다. "두 팔을 올려 만세를 부르듯" 리드하는 남편과 수동적인 그녀를 "목이 잘린 벌거벗은 닭", "항복 신호"로 묘사하는 부분은 정서적 경험에서 나타나는 두려움을 표현하는 것이다.

> 지금 그녀의 남편은 그녀의 아랫배에 나 있는 한 가닥 가시 돋친 철삿줄 같은 그녀의 상흔에 입술을 대고 있으며 그녀는 곧 그가 그녀의 몸속으로 들어올 것을 잘 알고 있다. 그녀는 눈을 감아 버린다. 그녀의 몸은 이제 남자의 페니스로 핀업 된 한 마리 곤충인지도 모른다. 또는 끈끈이에 붙어서 더듬이와 사지를 버둥거리는 바퀴벌레인지도 모른다. 그런 몸과는 달리 감각은 전류처럼 저희들끼리 스파크를 일으킬 것이고, 그녀의 영혼은 잠시 어딘가를 떠 돌지 모르겠다. 시간과 공간이 진공처럼 정지한 곳. 눈을 감으면 그곳에 갇혀 있는 한 여자를 알아볼 수 있다.[66]

63. 권지예, 앞의 책, 44면.
64. 김명훈 외, 『심리학개론』, 박영사, 1985, 262면.
65. 프로이트는 인간이 내적인 위험도 두려워한다는 것을 알아냈는데 원인에 따라 현실적, 신경성, 도덕적 불안으로 구별했다. 현실적 불안은 위험이 외부세계(객관적)에 있는 것, 신경성 불안은 이드의 본능적 대상 선택에서 위협을 느끼는 것(통제를 벗어나 충동에 휩싸임), 도덕적 불안은 초자아를 구성하는 양심의 위협이 불안의 근원이 된다. (S. 프로이트, 임홍빈 역, 앞의 책, 627–628면 참조.)
66. 권지예, 앞의 책, 53면.

예문에서 보듯이 평범해 보이는 그녀의 일상은 예상, 연상, 동일화의 순서로 나열되는 의식의 흐름을 통해 긴장감과 좌절감이 감도는 문제 상황으로 묘사된다. 그럼에도 불구하고 "포로처럼 늘 얌전한" 그녀의 수동적 태도는 과거의 상처("아랫배의 철사줄")와 자살 기도("오른손목의 자벌레")를 통해 짐작할 수 있는데, 저항하지 못하고 내적으로만 몸부림치는 그녀의 실체가 '핀업 된 곤충'의 상징적 이미지로 극대화되어 사랑의 욕망을 강렬하게 보여준다.

그녀의 욕구 불만[67]은 외면적인 문제와 내면적인 문제가 복합되어 있다. "자신의 상처를 묻지 않고 이해해 주는 남자"와 결혼했지만 "가장의 전의를 상실한 것처럼"보이는 남편과의 타국 생활, 해고당한 그녀의 경제적 불안 등은 사랑과 안식을 방해하는 장애물(결핍, 박탈)이다. 이는 남편과의 "균열의 순간들" 즉, 미묘한 감정으로 집중되는데 노르방디 해안에서 그녀의 자살에 대해 묻는 남편의 의문을 통해 선명하게 드러난다.

> "글세, 음…… 그러고 보니까 마지막 순간에까지 망설였던 건 칼을 어느 손에 쥐느냐의 문제였어. 우습지? 죽는 순간에까지 생을 가지고 장난을 친 거지. 결국 왼손에 칼을 쥐었지. 나는 지독한 오른손잡이라 오른손의 힘은 센데 왼손은 전혀 그렇지가 않아. 이렇게 흉터가 지저분한 거 봐. 오른손이었다면 단 한 번만으로도 끝났을 텐데…… 그럼 깨끗했을 거야."[68]

그녀는 "머뭇머뭇, 그러나 금세 자신을 조롱하듯" 말한 뒤 "찬란한 햇빛 아래 처참한 기분"이 든다. 삶에 대한 간절한 욕망을 들켜버린 그녀는 해안 절벽에서 위태로운 부부 관계를 실감하는데 "뒤에서 남편이 밀면 곧장 바다로 떨어질 것

---

67. 정신분석은 정신생활을 추진하는 힘(집중)과 저지하는 힘(반집중)의 상호 역작용으로 단순화시켜 생각하는 개념이다. 외부의 장애물에 가로막히면 외면적 욕구 불만, 자아나 초자아가 방해하면 내면적 욕구 불만인데 외면적 욕구 불만이 내면적 욕구 불만의 근거를 마련해 줄 때까지는 내면적 욕구 불만이 발생하지 않는다. (캘빈, S 홀, 유상우 역, 『프로이트의 심리학 입문』, 홍신문화사, 2010, 68면 참조.)
68. 권지예, 앞의 책, 48면.

같고", 그가 앞서자 "이번엔 그녀가 그를 떠다 밀고 싶은 이상한 충동"에 두려워진다. 해안절벽의 경고문이 상징하듯 그곳은 아름다움과 위험이 도사리고 있는 결정적 장소로서 위기의 고조를 예고한다.

한편 그녀가 "망자들의 영혼을 모시는" 교회에서 한국인 소녀(입양아)를 보고 쫓기듯 도망치는데 이는 긴장, 경계, 엄격의 인상을 보이는 즉자적 반응으로 내면적 위험으로부터 자아를 방어하기 위해 억압하는 사람들의 특징이다.[69] 정체성 혼란을 겪는 소녀는 "동양 여자를 생애 처음 보면서 후드득 눈물을 흘리며" 그녀를 응시하지만 "아이답지 않게 너무도 복잡하고 무거운 눈맞춤을 견디지 못한" 그녀는 도망치고 만다. 소녀는 그녀가 스무 살 때, 기를 수도 없는 아이를 낳아 외국으로 버렸던 충격적 경험을 되살리게 한 결정적 금기이기 때문이다. 내빼듯 도망쳐도 "달처럼 따라붙는" 소녀의 "노란 얼굴"이 그녀를 놓아주지 않는 고통의 실체라는 것, 그녀의 반복적 가출, 사랑하는 남자와 안착하지 못하는 근원이 아이를 버린 죄의식에서 비롯된다는 것을 무의식적 반응을 통해 극적으로 제시되고 있다.

> … 암컷이 없어진 날의 TV 뉴스를 기억합니다. 늙수그레한 사육사는 말했습니다.
> "날이 어두웠고, 원숭이들은 숙소로 돌아가 먹이를 먹으면 곧 잠을 자는 습관이 있어요. 자물쇠만 잊고 안 채웠다 뿐이지 문은 얌전히 닫혀 있었어요. 우리 안에서는 문이 열려 있다고는 생각도 못했을 텐데……. 일부러 잠자리에서 빠져나와 문을 열어보지 않는다면 겉보기엔 다를 바가 없었거든요. 암놈이 꼭 도망칠 기회를 엿보고 있었던 것처럼 말입니다. 암놈이 없어지고 나서도 문은 그전과 전혀 달라지지 않았어요. 짐승들은 일단 빠져나가면 그 흔적이 남거든요. 문이 휑뎅그레 열려 있다든가……. 그런데 문은 아귀가 잘 맞도록 닫혀 있었고……. 감면 같았어요. 우리를 빠져나가며 암놈이 원래대로 닫고 나간 모양이에요. 그래서 진작 몰랐던 겁니다."[70]

---

69. 캘빈, S 홀, 앞의 책, 115면.
억압은 고통스러운 경험의 결과로 기억이 의식화되어 불안을 야기하지 않도록 가로막는 방어기제이며 강력한 금기는 금지 대상에 대한 욕망이 그만큼 강하다는 것을 말한다. 억압의 목적은 자아

서사는 점점 빠르게 진행되다가 불쑥 끼어 든 원숭이 삽화로 두 번째 액자 이야기가 마무리 되는 부분이다. 다소 작위적인 인상을 주는 위의 삽화는 그녀의 탈주를 은유적으로 비유하는 꼴라주 기법으로 앞뒤 설명을 생략하면서 독자에게 충격을 주는 기능을 한다.[71] "갇혀 있는 곤충", "어딘가를 떠 돌지 모르는 영혼"으로 이미지화된 그녀의 현실적, 신경성, 도덕적 불안 의식이 원숭이 삽화를 통해 탈주 행위로 발현된 것이다. 그리고 원숭이 삽화는 그녀의 가출과 귀환을 암시하는데 "완강한 자물쇠로 잠긴" 문을 열지 못하고 "우리 밖에서 서성이는 암컷의 환영"(길을 찾지 못한 바퀴벌레의 서성거림과 동일함)은 남편과 남자 사이를 부유하는 그녀의 환영임을 알 수 있다.

지금까지 살펴본 바와 같이 주인공의 일상 뒤에 가려진 내적 자아의 심리와 감정 변화는 불안 의식으로 귀결된다. 또한 여자는 사랑에 집착하는 예민한 성격으로 문제를 해결할 수 있는 의지와 대처 능력이 미약한 인물임을 알 수 있다. 결국 불운한 운명, 사고(思考)의 결여, 조력자의 부재로 주인공의 욕망은 좌절되고 독자는 상실감과 연민을 느끼게 된다. 암담한 현실로부터 벗어날 수 없는 감정적·환멸적(비극적) 플롯은 서사의 개연성을 획득하면서 독자로 하여금 인물의 의식에 동화되어 슬픔, 희망, 좌절, 포기 등 다양한 정서적 반응을 일으키게 한다.

의 안전을 위협하는 내외적 존재를 거부, 날조함으로써 객관적, 신경성, 도덕적 불안을 제거한다. 억압에 의존하는 사람들은 광범위한 억압을 지켜나가는 데 너무 많은 에너지를 쓰기 때문에 환경이나 타인과의 관계를 즐겁고 생산적인 것으로 만드는 데 쓸 수 있는 에너지가 적다. (캘빈 S, 앞의 책, 117면 참조)

70. 권지예, 앞의 책, 54-55면.

71. 꼴라주 기법은 몽타주 기법(각각의 장면을 이어 붙여서 전체를 완성)과 유사한 기법으로 기사, 포스터, 광고, 편지 등 삽화를 끼워 넣는 것을 말한다. 작가는 피카소 그림, 뱀장어 스튜 요리법, 원숭이 기사, 남편의 편지 등을 다양하게 쓰고 있다. (한용환, 『소설학사전』, 문예출판사, 1999, 117면 참조)

6

이준연 동화에 나타난 환상, 억압된 심리적 실체의 복원[72)]

6-1. 꿈과 일기를 통한 억압과 은폐의 욕망

문학과 꿈은 환상이 만들어낸 결정체이며, 작품은 작가나 독자가 욕망을 충족하는 대리물로서 무의식이 표출되는 공간이다.[73)] 이 공간은 욕구 에너지의 갈등이나 타협의 결과로서 압축, 치환, 왜곡, 상징화 등의 변형된 형태로 제시된다. 그러나 문학은 독자를 대상으로 하며 장르적 특성(형식미)이 있기에 의도된 환상이라는 점이 꿈과 다르다.[74)]

동화 「지워지지 않는 일기」[75)]는 밀린 일기를 써야 하는 문제를 놓고 고민하는 인호의 이야기로 인물의 무의식적 원망과 욕구, 갈등과 불안이 환상을 통해 나타난다.

서두에서 마을 사람들이 주인공을 명명(命名)하는 부분은 문제적 인물의 성격을 흥미롭게 제시한다. "밖으로 싸돌아다녀서" 붙여진 '돌쇠'는 행동지향적인 외향적 성격을 나타내며, "과자나 과일 등 마구 훔쳐 먹는", '도둑괭이'는 나쁜 습관을, "마을 어른들 말을 안 듣는", '빼돌이'는 예의 없고 성실하지 못한 태도를 상징적으로 보여준다. 특히 "돌 던지기를 썩 잘해서" 친구들이 붙여준 '돌멩이'는 주인공의 특기로서 이로 인해 발생되는 분규(紛糾)와 내적 갈등을 암시한다.

못된 장난과 거짓말을 일삼는 인물의 성격, 진실성을 요구하는 일기 숙제와 발표, 이를 이행하지 않을 경우에 감당해야 하는 체벌은 인물을 갈등하게 만드는 문제 상황이다. 주인공이 밀린 일기를 쓰는 어려움보다 더 큰 고민에 빠진

---

72. 이은하, 「환상, 억압된 심리적 실체의 복원」, 『한국문예비평학회』, 2013, 473-491면의 일부를 재구성하여 수록함.

73. 지그문트 프로이트, 정장진 역, 『창조적인 작가와 몽상』, 열린책들, 1996, 258면.

74. 지그문트 프로이트, 설영환 역, 『프로이트의 심리학 해설』, 선영사, 1996, 313면.

75. 이준연, 『인형이 가져 온 편지』, 한국프뢰벨주식회사, 1998.

이유는 자신이 해왔던 나쁜 행동을 사실대로 쓸 수 없기 때문이다.

레빈(K. Lewin)이 제시한 갈등 발생 요인으로 볼 때 인호가 겪는 내적 갈등의 상황은 회피(The avoidance)—회피(The avoidance) 갈등에 속한다. 이 유형은 회피하고 싶은 위협적인 두 가지 가능성에 직면할 때 생기는 갈등으로 진퇴양난(進退兩難)을 의미한다.[76)]

장기간 화장실 청소를 해야 하는 체벌을 감당할 수 없다고 판단한 주인공은 일기를 쓰는 것을 선택하되, "모두 반대로 쓰자. 그러면 나쁜 것이 좋은 것으로 바뀌진다."고 혼잣말을 하면서 "생각이 떠오르는 대로 아무렇게나" 쓰기 시작한다. 이처럼 인물이 선택한 그릇된 방법은 갈등을 심화시키고, 그로 인한 불안심리와 죄의식이 '일기(문학)'와 '꿈'이라는 환상을 통해 역동적 힘을 발휘한다.

이 작품의 플롯(plot)은 인물이 직면한 상황과 성격의 불일치로 사건이 얽혀 갈등이 증폭되는 유형인데, 시간(현재—과거—현재)과 사건(일기를 반대로 쓴 일, 사실대로 쓰인 일기장이 교실로 날아가는 환상 등)을 교차 전개하는 구성과 에피소드(옥희 인형을 빼앗아 물에 던진 일, 살구 서리, 물동이 깬 일, 둥글 양반을 놀린 일 등)와 삽화(일기)를 엮어서 주인공의 내면세계를 보여주는 삽입식 구성을 함께 이용한다.

---

76. 심리학자 레빈은 좋은 것에 접근하고 나쁜 것에 회피하려는 인간의 욕망 배열을 통하여 갈등유형을 구분했다.
    1) 접근(The approach)—접근(The approach)은 바람직한 두 개의 목표에 접근하고자 하는 동기간의 갈등으로 하나를 버려야 하는 상황에서 겪는 심리 상태이다.
    2) 회피(The avoidance)—회피(The avoidance)은 개인에게 바람직하지 않거나 위협적인 두 가지 가능성에 직면하여 어느 한 가지를 선택해야만 하는 사면초가(四面楚歌)의 경우로, 갈등은 해결되더라도 정서적 고통이 따른다.
    3) 접근(The approach)—회피(The avoidance)는 동일한 대상이나 상황에 매력을 느끼는 동시에 그것을 싫어할 때 일어나는 갈등이다. 공격—불안, 성—불안 갈등처럼 접근하고 싶지만 동시에 불안을 느끼는 갈등이다. (최승희 · 김수욱, 『심리학개론』, 한영사, 1997, 300–323면 참조.)

(1) ×월 ×일, 월요일. 맑음.

나는 학교에서 돌아오는 길에 옥희를 만났다. 옥희는 제 오빠가 서울에서 사다 준 인형을 물에 빠뜨리고 울고 있어서 내가 건져 주었다.

좋은 일을 했다고 생각하니 기분이 좋다.[77]

(2) ×월 ×일, 월요일. 맑음.

나는 옥희가 가지고 있는 인형이 가지고 싶었다. 어떻게 하면 그것을 빼앗아 달아날까 생각하다가 옥희를 슬슬 꾀어 인형을 빼앗았다. 옥희는 내가 준 구멍 뚫린 공을 길가에 던지면서 자꾸 울었다.

"난 몰라, 내 인형 내놔, 공 안 가져. 힝."

나는 화가 나서 옥희 인형을 시냇물 속으로 내던졌다. 인형이 찌그러졌다. 옥희가 엉엉 울면서 따라왔다. 나는 달아나 버렸다.[78]

(1)은 실제 있었던 (2)의 일을 반대로 쓴 일기이다. 주인공이 실제로 쓴 것은 현실이지만 일기는 허구, 가상의 공간이 된다. 또 (2)에서 인호가 "옥희의 인형을 빼앗아 시냇물 속으로 던져버린" 뒤에 "달아나 버린" 행동과 (1)에서 "물에 빠뜨린 인형을 건져 준" 뒤에 "좋은 일을 했다고 생각하니 기분이 좋다"고 기술한 부분은 옳고 그른 일에 대한 분별, 기분 좋은 일과 도망치고 싶은 감정에 대한 인식을 보여준다. 인호는 거짓 일기를 쓰지만 옥희를 도와 준 허구적 인물에 유입되어 기분 좋은 감정을 느끼며 안도하는데 이는 글쓰기(창작과정)에서 얻는 쾌락적 기능이다.

허구적 일기는 숙제에 대한 압박감과 그릇된 행동에 대한 불편한 심리로부터 벗어날 수 있는 도피처이자 자유의 공간으로써 자신이 처한 상황을 변화시키고 리얼리티를 바꾸려는 욕구에서 기인한다.

---

77. 이준연, 앞의 책, 12면.
78. 이준연, 앞의 책, 16면.

특기할 점은, 1) '허구적 일기'를 통해 욕구 불만을 완화한 주인공이 2) '기억'[79]을 통해 은폐·억압해 온 사건이 드러나고 3) '꿈'이라는 환상을 통해 심리적 실체가 형상화된다는 것이다.

인간(특히 아동)이 욕구 불만이나 좌절을 경험할 때 본능적 자아인 이드(id)의 발달을 자극한다.[80] 충동적으로 행동하는 인물은 이드의 지배를 받는데 기억을 떠올리는 과정은 지각의 동일성[81]을 수립함으로써 긴장을 해소하려는 것이다.

인호의 기억(돌 던지기로 살구 서리를 하다 벌어진 사건)은 사실을 은폐(허구적 일기)하기 위한 과정인데(이드가 부추기는 집중) 이를 고백해야 한다는 현실적·도덕적 자아의 반집중[82]이 빚어낸 악몽(억압과 저항의 역학 관계)으로 자연스럽게 이어진다.

"내가 쓰지도 않은 글씨(빨간 잉크)"의 일기장이 회오리바람을 타고 날아 온 것은 거짓 일기라는 환상을 통해 불만을 해소했으나 무의식의 발현인 꿈에 의

---

79. 지각이 어떤 대상에 대한 심적 재현이라면, 기억은 지각에 대한 심적 재현이다. 어떤 것을 볼 때 지각이 이루어지며 보았던 것(체험)을 다시 생각할 때 기억이 이루어진다. (캘빈 S. 유상우 역, 『프로이트의 심리학 입문』, 2010, 흥신문화사, 36면 참조)

80. 이드(id)는 심리적 에너지의 일차원적 원천이며 본능이 자리한 곳이다. 이드는 내 · 외적 자극이 유기체 안에 발생시키는 흥분 에너지와 긴장을 곧바로 외부로 방출하는 기능을 하며 인간의 원시적·초보적인 생활원리(쾌락원리)를 만족시킨다. (위의 책, 34면 참조)

81. 지각의 동일성은 심리적 발달의 제1차 과정으로 이드가 지각과 기억 속의 심상을 동일한 것으로 간주하는 것이다. (예: 배고픈 상황에서 음식을 '먹는 일'과 '기억하는 일'을 동일하게 여기며 허기를 달램) '꿈'은 제1차 과정이 만들어낸 또 다른 예로서 가시적(可視的)인 성질을 지닌 상상이 연속적으로 나타난다. 그것은 과거에 있었던 사건이나 대상을 기억 속에 되살림으로써 긴장을 감소시키는 기능을 한다. 긴장을 감소시키는 대상에 대해 어떤 상상을 형성하는 것을 소망실현(wish–fulfillment)이라 하는데 꿈이 소망실현의 욕구를 반영한다. 주인공이 꾼 악몽은 죄의식으로부터 비롯된 도덕적 자아의 심리적 체벌, 자아와 초자아의 교섭으로 이드에게 요구하는 소망실현의 세계이다. (위의 책, 35–37면 참조)

82. 외면적 욕구불만은 목표 대상을 지배할 수 없을 때 일어나는 결핍·박탈의 상태이고 내면적 욕구불만은 내면적 금지의 상태이다. 인물이 외부 장애물에 가로막히면 외면적 욕구불만(외적 갈등)이고 자아나 초자아가 방해한다면 내면적 욕구불만(내적 갈등, 정신 내부의 갈등)이다. (캘빈 S, 앞의 책, 67–69면 참조)

해 전복된 것이다. 또한 인호가 "틀림없는 내 일기장, 틀림없는 내 글씨"를 확인하면서 "놀라움과 무서움에 기가 질려 벌벌 떠는" 모습은 둥글 양반네 사건(살구서리, 돌 던지기로 항아리를 깬 일, 도주, 어른을 놀리며 험한 말을 하는 행동 등)이 인호에게 불안을 야기한 중대 사건임을 폭로한다. 인호의 충동적 행동이 외부세계로부터 처벌을 불러일으켜 오히려 긴장과 고통을 가중시킨 것이다.

다시 말해 기억과 꿈은 나쁜 행위를 유도하는 본능적 자아(이드)와 이를 저지하는 현실적 자아, 도덕적 자아(초자아)의 충돌과 교섭(심리적 발달 과정), 그로인한 복합적인 자아의 존재론적 사유를 갖게 하는 중요한 부분으로 작용한다.[83)]

주인공의 감정 추이를 살펴보면 점차 고조되는 불안 심리를 알 수 있는데 1) 밀린 일기를 써야 하는 순간 "자꾸만 가슴이 두근거렸고" 2) 자신이 창조한 허구적 세계(일기)에서 도피·놀이·안정감을 느꼈으며 3) 사실로 뒤바뀐 일기장을 확인하면서 "놀라움과 무서움에 기가 질려 벌벌 떠는" 공포에 휩싸인다. 5) 자신이 찢어버린 일기장이 흩어져 학교로 날아가자 비명을 지르며 깨어난다.

> 아! 정말 이게 어찌된 일입니까? 내가 쓴 일기는 내가 쓴 것과 반대로 씌어져 있었습니다. 그러니까 일기는 내가 한 그대로 씌어 있는 것입니다. 살구를 딴 이야기, 할아버지를 골리던 일, 물동이를 깬 일, 내가 미처 생각해 내지 못한 것까지 모조리 쓰

---

83. 이드는 이성이나 논리의 지배를 받지 않고 가치나 윤리, 도덕성을 지니지 않는다. 오직 쾌락원칙에 따라 본능적 욕구를 만족시키려는 일념으로 움직이며 '행동' 또는 '소망실현'을 통해 욕구가 방출되거나 이성을 상징하는 현실적 자아에 복종(타협)한다. 이드는 자아에 의해 지배되고 규제될 수 있는데, 자아의 영향에 복종하는 경우에는 에너지가 방출되지 않고 '묶여' 있게 된다. 프로이트는 이드야말로 인성이 형성되는 토대이며 끊임없이 만족을 요구한다고 했다. 충동적이고 비합리적이며 반사회적이기 때문에 이성에 있어서 '버릇없는 개구쟁이'이며 '전지전능하다'고 설명했다. 이드는 상상, 환상, 공상, 꿈에 의해 소망을 실현하는 마력을 지니고 있기 때문이며 자신 외부의 것에는 무관심하다. 주관적 실제의 세계에서 쾌락을 추구하면서 고통을 피하는 것만이 유일한 기능이다. (위의 책, 39-40면 참조)

여 있었습니다. 내가 한 그대로 말입니다.

나는 화가 머리끝까지 치솟아 일기책을 찢어버렸습니다.

'휭— 휭—' 회오리바람은 또 불어 왔습니다.

나는 입을 딱 벌리고 하늘만 쳐다보았습니다.

내가 찢어 버린 종이들이 하얀 비둘기처럼 회오리바람을 따라 훨훨 우리 학교 쪽으로 날아갔습니다.

"앗! 저것들이?"

하얀 비둘기가 된 종잇조각들은 학교 운동장을 빙빙 맴돌다가 우리 교실 유리창 안으로 날아 들어갔습니다.

'앗! 저걸 어떻게 하면 좋아, 아!'[84)]

극도의 긴장으로 치닫는 불안정한 심리(환상)는 버릇없고 못된 개구쟁이의 태연한 행동(현실)과 극명한 대비를 보이면서 심리적 실체를 구체화한다. 거짓 일기와 꿈은 사건의 진위뿐만 아니라 인물의 미묘한 내면세계를 가시화하여 현실적 모방(mimesis) 이면에 감춰진(배제된) 세계를 구축하는 수단으로써 은폐·억압했던 진실이 강력한 힘을 발휘하여 부활하게 되는 것이다.

작가는 '일기'와 '기억'과 '꿈'이라는 환상(타인과 공유할 수 없는 제한된 영역)을 미학적으로 구현하여 인물의 불안정한 심리 상태를 생생하게 표현할 뿐만 아니라 현실로부터 도피·소외·배제되어 가는 문제를 드러내고 있다. 결국 일기와 꿈을 통해 이중 전복되는 과정은 점점 소외되어 가는 인호가 고립된 심리 상태에서 벗어나 현실과 소통하면서 문제적 현실을 바꾸어 나가는 인물로 발전할 수 있는 가능성을 제시한다.

다음은 악몽 뒤에 펼쳐진 또 다른 국면으로 아버지의 호명(呼名)을 통해 문제해결의 가능성과 주제의식을 극대화한다.

---

84. 이준연, 앞의 책, 17-18면.

"인호야! 어서 빨리 나오지 못해!"

'아, 아버지의 목소리!'

나는 벌떡 일어났습니다.

내가 이 세상에서 가장 무서워하는 아버지는 나를, 학교에서 선생님이 부르는, 출석부에 적힌 내 이름대로 불렀습니다.

나는 끌려가듯 고개를 푹 숙이고, 옥희 엄마와 살구나무집 할아버지가 서 있는 쪽으로 터벅터벅 걸어 나갔습니다.

"우리 돌쇠란 놈이 오늘은 단단히 혼이 나는구나."

언제 와 계셨는지 내 곁에 우리 할아버지가 서 계셨습니다.

"네가 못된 장난을 한만큼 날마다 착한 일을 하나씩 하나씩 해라. 그러면 네 이름은 하나 둘 없어지고, 옛날에 가졌던 네 이름 '인호' 하나만 남게 될 거다."

누구인지 내 등 뒤에서 이런 말을 했습니다. 나는 땅만 내려다보다가 발끝으로 땅바닥에 '이인호'라고 내 이름을 써 놓았습니다.

"인호야!"

내가 써 놓은 글씨를 물끄러미 들여다보면서, 오랫동안 불러 보지 못했던 내 이름을 가만히 불러 보았습니다.

"인호야!"[85)]

꿈은 허무하게 사라지는 것이 아니라 불안의 정체이자 예정된 사태에 대한 복선이기도 하다. 일시적 쾌락을 주었던 꿈으로부터 다시 공포를 느껴 도망치듯 일상으로 귀환한 주인공에게는 두 세계가 연속되는 하나의 세계로서 영향을 미친다.

작가는 꿈(내면)과 현실(외부)이라는 두 개의 시공간을 치밀한 인과성으로 자연스럽게 연결하여 하나의 서사구조(전체)로 통합한 것인데, 꿈은 내밀한 심리적 세계로 현실과 연결(소통)하여 독자와 그 체험을 공유할 수 있게 하려는 장치이다.

꿈은 무의식적 정신의 자발적 산물로서 꾸미지 않은 자연스런 진리를 보여주

---

85. 이준연, 앞의 책, 19면.

므로 이를 고찰하는 동안에 주체에 대한 기본적 본성을 고찰할 수 있다.[86)]

"가장 무서워하는 아버지"가 인호에게 "출석부에 적힌 이름대로" 부르면서 "옛날에 가졌던 이름(부모가 지어준, 동종주술적 의미)" 하나만 남도록 제안하는 행동은 심리적 체벌 형태[87)]로 인호 스스로 도덕적 규율을 요구(충동 제지)하는 것이다.

또한 주인공에게 아버지는 초자아(도덕적 자아)의 대리자(代理者)로서 현실적 자아(인호)가 본능적 자아(돌쇠, 도둑괭이, 빵돌이, 돌멩이)의 충동을 조절하여 조화와 개성의 독립체로 자라기를 욕망한다.

"오랫동안 듣지 못했던" 이름을 아버지로부터 들은 주인공이 "발끝으로 땅바닥에" 이름을 쓰는 것은 현실적 자아를 불러내는 행위이다. "글씨를 물끄러미 들여다보면서, 오랫동안 불러 보지 못했던" 이름을 "가만히 불러 보는" 것은 충동(욕구불만)을 통제할 수 있는(객관적 현실과의 교섭) 열린 결말을 암시하며 안정된 인성(personality)[88)]으로서 사회화[89)]의 가능성을 보여준다.

---

86. C.G. 융, 설영환 역, 『융 심리학이 이해』, 선영사, 1992. 180–181면.
꿈의 대부분은 걱정거리, 원망과 관련 있으며, 현실과 동떨어진 기이한 형태의 무서운 꿈을 꾸는 경우는 무의식에 혼란 또는 파탄이 있을 때이다. 현실적 자아가 이드를 잘 다루지 못할 경우에 나타나며, 꿈의 상징적 내용은 갈등 해결의 실마리를 보여준다. (위의 책, 182면 참조)

87. 부모가 아이의 초자아 형성을 조종하는 수단인 보상과 처벌에는 육체적 · 심리적인 것이 있다. 육체적 보상은 아이가 바라는 대상을 주는 것이고, 육체적 처벌은 신체적 고통을 주는 것이다. 칭찬(사랑)은 심리적 보상이고, 사랑을 버리는 것은 심리적 처벌(꾸짖음, 비난)인데 보상과 처벌은 내적 갈등을 증감시킨다. 초자아도 부모처럼 자아에게 보상과 처벌을 통해 규율을 강조하며, 자아는 인간의 행동을 지배하기 때문에 도덕적, 부도덕적 행동에 따라 문제의 책임을 진다. (캘빈 S, 앞의 책, 46–48면 참조)

88. 인성의 변화는 20세까지 일어나며 욕구불만 조절과 무능 극복의 방법을 배운다. 또한 습관, 기술, 지식을 습득하고 고통을 경험하면서 불안을 방어하게 된다. 목표 대상을 갖고 만족을 얻으며 손실 · 박탈 · 결핍을 보상하면서 갈등을 해결한다. 이 시기가 끝날 무렵 인성은 불변성 또는 평형을 유지한다. (캘빈 S, 위의 책, 174면 참조)

89. 라깡은 인간이 태어나 사회생활을 하는 과정을 상상계, 상징계, 실제계로 설명했다. 상상계는 아이가 거울에 비친 자신을 보고 즐거워하는 모습에서 유래했으며 자아가 형성되지 않은 시기이다. 자신과 타인의 이미지가 다름을 깨닫는 시기로 분열된 자아 때문에 혼란을 겪는다. 상징계는 언어와 문화로 이루어진 보편적 질서의 세계이며 자아가 형성되기 시작하나 상징계로의 진입은 희생

6-2. 환유적 대체물로 형상화한 정체성 회복

동화 「지워지지 않는 일기」가 한 인물의 현실을 중심으로 꿈과 일기를 통해 욕망을 표출했다면, 「인형이 가져 온 편지」는 무생물의 환상세계를 중심으로 여러 인물의 내면을 구체화·복합화한다. 현실과 환상의 세계가 공존하며 다양한 인물이 복잡하게 얽혀 하나의 스토리를 완성하는데 환상을 통해 주제의식을 전달하는 과정이 보다 심층적이다.

「인형이 가져 온 편지」는 쓰레기통에 버려진 '절름발이 공주 인형'과 수신되지 못한 '분홍 편지'가 만나 우여곡절 끝에 옥희와 소영(염원, 도달), 영길(방해자, 소영이네 반 아이들) 삼남매를 만나는 이야기이다.

플롯을 살펴보면, 현재(현실 속 환상적 인물의 만남) → 과거 1(소영과 선영의 시골 이야기, 편지가 소영한테 전달되지 못한 사연) → 현재(편지 삽화) → 과거 2(영길이 옥희의 인형을 망가뜨린 후 버림) → 현재(아기별의 지혜와 바람의 도움) → 편지(소영)와 인형(옥희)의 도착(욕망 충족, 안정) 형태로 사건이 얽혀 갈등이 증폭되는 분규(紛糾)발생과정형의 복합구성이다. 1) 페르시아 공주 인형이 버려졌다가 귀환하고, 2) 병든 선영이 보낸 편지가 소영에게 안착되는 과정은 시간(과거/현재/낮/밤), 인물(편지/인형/소영/옥희), 현실(현실적 공간과 사람들)과 환상(의인화된 무생물의 세계)의 교차, 편지와 에피소드를 다채롭게 엮어서 통일성을 만들어 낸다.

다음은 사실적인 배경묘사와 무생물의 생명성이 대비되어 그 이질성이 독특하게 살아나는 예문이다. 특히 "눈가루가 날릴 때마다 숨이 콱콱 막히는", "절름발이 인형"과 "몸이 날아갈까 봐 사과 껍질들 밑에"서 견디고 있는 "축축하게 젖어버린 편지"의 인물 설정은 인형과 편지로서의 가치를 상실한 절망적 상황으로 환상(아름다움)의 통념을 깨트리면서 긴장감을 자아낸다.

을 필요로 한다. 오이디푸스 콤플렉스를 겪으면서 어머니라는 욕망을 아버지의 법으로 전치하게 되는데 아버지라는 외부 금기를 받아들임으로써 사회(실재계 진입)를 경험하게 된다. (자끄 라깡, 권택영 역, 『욕망이론』, 문예출판사, 1994, 15-18쪽 참조)

'윙— 윙—' 하고 바람이 불 때마다 하얀 눈가루가 뽀얗게 날렸습니다. 그럴 때마다 쓰레기통에 버려진 종잇조각들은 파드득 떨면서 뿔뿔이 흩어졌습니다.

절름발이 공주 인형은 웅크리고 앉아 벌벌 떨었습니다.

'뚜우' 하고 어디선가 경적이 울렸습니다.

그칠 줄 모르는 찬바람은 사정없이 불어 와 쓰레기들을 마구 흩어 놓았습니다. 공주 인형도 몇 차례나 떼굴떼굴 곤두박질쳤는지 모릅니다.

눈가루가 '쏴악' 하고 날릴 때마다 숨이 콱콱 막혔습니다. 공주인형은 두 손으로 입을 막고 눈을 꾹 감고 앉아 있었습니다.

"아이 추워, 힝힝."

"누가 저렇게 울까?"

공주 인형은 귀를 쫑그리고 앉아서 다 죽어 가는 울음소리를 듣고 있었습니다.[90)]

작품은 현실세계를 축으로 진행되지만 무생물이 주인공으로 등장한다. 쓰레기로 전락한 절름발이 인형은 추위에 "벌벌 떨고", "두 손으로 입을 막고 눈을 꾹 감고" 있는 불우한 생명체로 "다 죽어 가는 울음소리"에 귀를 기울인다. "쓰레기통으로 쫓겨난" 인형이 "집을 찾지 못한" 버려진 편지를 만나 "글씨가 지워지지 않도록" 눈을 피해 서로 끌어안는 장면은 위기에 처한 인물들의 무기력한 상황, 위기 극복을 향한 의지를 상징적으로 보여준다.

아동의 물활론적(物活論的) 사고는 무생물을 의인화하는 데 유리하다. 작품에서 인형과 편지는 하나의 독립체로서 환상과 희망, 절망과 고통의 감정을 투사하는 대상이며 극복하고자 하는 아동의 보편적 면모를 대리한다. 또한 암담한 현실에서 서로에게 연민을 느끼며 의지하는 모습은 처연하게 아름다운 슬픔의 정서를 자아낸다. 중요한 것은 무생물을 중심으로 펼쳐지는 환상의 세계가 바로 살아있는 인물의 내면을 대변한다는 점이다.

---

90. 앞의 책, 48면

… 아버지가 전근 가시게 되어 서울로 떠나야 한다고, 울면서 찾아왔던 그 날 너와 나는 꼭 껴안고 밤까지 울었지? 그 때엔 하얀 아카시아 꽃잎이 향기를 풍기며 우리들의 머리 위로 한 잎 한 잎 내렸지. 하늘가에 아롱진 분홍빛 노을이 흰 아카시아 꽃을 곱게 물들여 놓았지! 그런데 지금은 꽃도 잎도 없는 앙상한 가지들이 찬바람에 부들부들 떨고 있어. 다시 아카시아 꽃이 필 때 중학교 교복을 입고, 배지를 달고 온다고 그랬지? 하지만 그 때까지 난 못 기다릴 것만 같애. 난 겨울도 채 못 가서 죽고 말 것만 같애. 소영아! 한번만 꼭 와 줘, 응? 그럼 기다릴 테야.…[91]

편지는 발신자와 수신자의 내적 갈등과 욕망 충족에 대한 간절함이 담겨있는 매개체로서, 선영(병마, 죽음에 대한 고통과 두려움) → 편지(그리움, 기억과 문학적 환상으로 소망 표출) → 소영(기다림, 절망 극복 의지)으로 연결된다. 또한 선영이가 편지를 쓰는 행위는 「지워지지 않는 일기」에서 인호가 자신을 압박하는 문제로부터 벗어나기 위해 타협적으로 거짓 일기를 쓰는 것과 유사하다. 친구 소영과 행복했던 과거의 기억은 병마에 지친 육체적·정신적 고통을 덜어주며 외로움과 그리움을 표출하면서 긍정적 미래(답장, 만남)로 만족을 지연(고통 완화)시킬 수 있는 것이다.

한편 인형은 옥희가 아버지한테 받은 생일 선물로 "유치원에 갈 때도 집에서 놀 때도" 함께 하는 분신 같은 존재이나 영길에 의해 다리가 부러져서 버려진다. 졸지에 절름발이가 되어 쫓겨난 인형은 "페르시아 공주"처럼 행복했던 옥희가 매우 불안정한 상태(절름발이)가 되었다는 것을 보여준다.

다른 문제에 처한 두 인물(인형, 편지)이 소영, 영길, 옥희와 연관이 있다는 점, 삼남매의 내·외적 갈등(원인, 대상)이 다르나 소영의 편지를 빼돌린 아이들과 인형을 버린 영길이까지 똑같이 불안감에 사로잡혀 있다는 공통점은 매우 흥미롭다.

가족한테 사랑받지 못한다고 생각하는 영길의 삐뚤어진 심사는 "옥희만 예뻐

---

91. 앞의 책, 52–54면.

하는 아빠! 옥희 편만 드는 깍쟁이 누나! 욕심쟁이 옥희"라고 말하는 장면과 옥희 인형(옥희 때문에 자신이 사랑받지 못한다고 탓하는 투사)을 버리는 행동에서 잘 나타난다. 모범생 소영이를 질투한 반 아이들이 소영의 편지를 몰래 보고 버리는 행동 또한 남을 괴롭히는 못된 장난을 통해서 욕구 불만을 해소하는 충동적 행동이다. 이렇게 여러 인물이 각기 다른 사건과 역할(다양성)로 연결되어 있으면서도 공통된 면모(인형, 편지/옥희, 소영, 선영/영길, 반 아이들/아기별, 바람)를 보이면서 통일성(주제)을 이루어 나간다.

환상적인 인물 중에서 아기별과 바람은 인형, 편지와 대비되는데 역할과 기능이 상이하다. 인형과 편지(무생물 인물)가 소영, 선영, 옥희(영길)의 심리에 의해 탄생되어 인간의 복잡한 심리를 대변하는 평범한 인물(주요인물)이라면, 아기별과 바람은 초자연적 힘을 지닌 인물로서(마법적 환상) 어려운 문제를 신비스럽게 해결하는 조력자이다. 이는 인간이 갈망하는 불가능한 힘, 초능력의 상징으로 현실의 문제를 초극하려는 강한 의지가 치환된 것으로 삶을 영위할 수 있도록 이끄는 힘의 원천이다.

조력자의 도움으로 인형과 편지가 목적지에 도달하는 장면은 무생물과 관련된 인물들과의 만남, 즉 환상적 인물을 통해 형상화한 심리적 실체가 그 주체에 안착(인형—옥희/편지—소영, 선영)하는 대단원을 향해 간다. 인형과 편지 등 환상적 인물은 현실의 환유적 대체물로서 자기 인식의 한 표현인 분신 모티프로[92] 이해될 수 있다.

결정적으로, 영길이가 집 앞에 있는 인형과 편지를 가로채어 땅 속에 묻으려는 행동은 극의 절정으로 위기감을 조성하지만 실패한다. 이러한 결말은 여러 인물과 사건, 공간 등을 하나로 통합하는 장면이다.

---

92. 분신이란 자아에서 분리된 또 다른 자아로 두 개의 상반된 인물로 나누어진 것을 말한다. 독일어로는 '이중으로 돌아다니는 사람(Doppelgänger)'이라는 뜻이다. 분신 모티프는 개인성을 자각하는 문제, 거부되거나 억압된 자아의 단면이 투영되어 나타나며 자아의 영속성을 확보하려는 욕망에서 비롯된다. (S. 프로이트, 정장진 역, 『예술 · 문학 · 정신분석』, 정장진 역, 열린책들, 2003. 310-312면 참조.)

분신(인형, 편지)을 회복한 소영과 옥희(욕망 충족, 감동)를 대문 밖에서 우두커니(망연히) 바라보는 영길의 모습은 충동을 조절하지 못한 본능적 자아의 패배의식[93]을 미학적으로 그려내면서 독자로 하여금 카타르시스를 느끼게 한다. 또한 위험(금지)이 사라졌다는 것을 알게 되면서 금지(영길, 반 아이들)는 약화·소멸되어 안정된 국면에 이른다. 이와 같은 마지막 장면은 충동적 행동에 대한 양심적(초자아) 체벌이며, 대문 밖에서 자아의 승리(대문 안)를 지켜보는 것은 최소한의 고통과 불안을 견디는 데 도움을 주는 타협, 즉 추진력(집중)과 저지력(반집중)이 교섭하는 심리 상태이다.

서사구조의 측면으로 보아도 인형과 편지의 안착 과정은 회상(구체적 일들)에 대한 사유를 유도하면서 현실과 환상이 맞물려 진행되는데, 이는 총체적 인물의 내면성을 분리하여 탐색하는 자기 인식의 여정이다. 작품에 등장하는 인물들을 통해 유년기(사춘기)의 미숙한 인물이 정신적·육체적 고통을 체험하면서 안정된 인성을 갖게 되는 성숙 의례의 과정을 유기적·통합적으로 보여주고 있는 것이다.

결국 경험(특히 심리적 에너지의 역학 관계)에서 얻게 된 학습과 성숙을 통해 합리적으로 삶을 영위할 수 있는 조절과 균형, 안정된 인성으로 거듭나는 긍정적 주제의식을 제시하고 있다.

---

93. 도깨비, 외계인, 유령 등 인간의 지배력을 넘어선 존재들은 종종 공포와 배제의 대상으로 인식되며 거부, 배제, 두려움, 전율의 대상이라는 '타자의 주체'를 구성한다. 위 작품에서는 편지와 인형은 자신들의 의지와 초현실적 인물의 도움이 더해져서 귀환하게 된다. '타자'는 인간의 경계를 넘어선 '나'의 영역 바깥에 위치하는 존재로 조명되지만 결과적으로 '나'와 '타자'가 분리될 수 없음을 확인하거나 '나'를 조명하는 대상적 거울로 기능함으로써 '나'의 영역으로 귀환한다. 이러한 영길은 귀환을 거부할 수 없다는 것을 절망스럽게 확인하는 데서 참혹함(공포)을 체험하는데, 이는 '타자'의 주체가 산출하는 정서적 범주이기도 하다. (최기숙, 『환상』, 연세대학교 출판부, 2003. 92면 참조.)

인간의 의식과 의식의 흐름 기법을 요약하면 다음과 같다.

【인간의 의식과 의식의 흐름 기법】

방어기제

불안과 위협으로부터 자아를 보호하려는 방어수단
– 투사, 합리화, 부정, 억압, 주지화, 승화, 반동형성, 환치, 동일시 등

의식의 흐름 기법

인물의 내면세계와 심리를 일상체험과 자유로운 연상, 삽화 등을 통해 인물의 정신과 정서를 묘사하는 기법

창작 실습

1

의식의 흐름 기법이 활용된 문화콘텐츠(광고, 뮤비, 그림, 사진 등)를 찾아서 분석해 보자.

2

내적 갈등의 소설을 쓴다고 가정하고, 한 인물의 의식의 흐름을 기술해 보자.

10장

넌 또 다른 나

: 객관적 상관물 기법

1. 상징적 대리물

2. 객관적 상관물(客觀的 相關物) 기법

10장 넌 또 다른 나 : 객관적 상관물 기법

1 상징적 대리물

사람들은 저마다 좋아하는 대상이 있고 어떤 물건, 동·식물, 장소, 날씨, 상황 등을 남다르게 인식한다. 특정한 분위기나 상황에 처하면 역시 관련 있는 사람이나 사건 등이 떠오른다. 이처럼 우리 주변에는 나와 타인, 혹은 어떤 시절을 상징적으로 보여주는 것들이 있다.

TV 동물농장에 〈20년 동안 갇혀 산 악어〉라는 제목의 이야기가 방송되었다. 어릴 때부터 서커스단에서 활동한 남자가 공연을 할 때 만난 새끼 악어를 데려다 키우게 된 사연이다. 남자는 새끼 악어와 정이 들었고 서커스를 그만둔 뒤에도 악어를 가족처럼 아끼면서 함께 살고 있다.

식당을 운영하는 남자는 악어가 사나운 본성을 드러내자 사람들에게 위협이 될까봐 커다란 수족관에 악어를 넣어 키웠다. 몸집이 커진 악어가 좁은 수족관에서 사는 모습은 보는 것만으로도 갑갑하고 숨이 막혔다. 남자는 악어를 버리거나 팔 수 없고, 동물원에 맡길 수도 없어서 줄곧 집에서 키워왔지만 사랑한다는 이유로 악어에게 고통을 주는 것만 같아 괴로워하다가 전문가의 도움을 요청한 내용이었다.

악어의 생활을 살펴 본 전문가들은 악어의 고통과 스트레스가 극에 달했으며 하루빨리 악어를 그에 맞는 환경으로 보내줘야 한다고 조언했다. 남자는 서커스단에서의 기억을 떠올리며 악어가 동물원에서 사육되는 것만은 견딜 수 없다고 했다. 결국 남자는 악어를 바다에 방생하여 자유롭게 멀리 떠나보내는 길을 선택했으며 영원한 이별 앞에서 뜨거운 눈물을 흘렸다.

사연과 인터뷰를 통해 악어에 대한 남자의 사랑이 감동적으로 전해졌다. 함께 유년 시절을 보낸 악어는 남자의 분신이자 친구이며 우여곡절을 견디며 살아온 그의 인생을 상징적으로 보여주는 중요한 존재였다.

한편 뉴스로 화제가 된 〈집에서 악어를 키우는 20대 남자〉의 이야기도 있다.

인터넷 매매로 외국에서 악어를 구입한 십대의 남학생은 건물 지하 목욕탕에서 몰래 악어를 키워왔다. 앞의 사연과 달리 이 학생은 악어에게 무자비한 폭력과 학대를 일삼았는데 악어를 밧줄로 묶어 고통을 가하고, 악어가 쥐와 강아지 등을 물어뜯는 영상을 제작해 인터넷에 올렸다. 온라인에서 주목을 받게 된 남학생은 댓글 시비로 인해 폭행 사건을 일으켰는데, 집안에서 대형 악어를 키우며 학대한 사실까지 드러나 사회적 충격을 주었다.

두 이야기에 등장하는 '악어'는 크게 다를 것 없는 야생 동물이지만 악어를 키우는 두 사람의 다른 성향과 심리를 집약적으로 보여준다. 악어와의 관계 및 행위를 통해 인물의 문제적 현실과 대응, 갈등과 파생될 문제들, 해결의 실마리와 미래적 방향까지 짐작할 수 있다.

음식점에서 신발만 훔치는 도둑, 여자 속옷만 훔치는 도둑, 빨간 치마를 입은 여자만 살해한 연쇄살인범에 대한 기사도 종종 볼 수 있다. 이처럼 한 사물에 관심과 집착이 두드러지거나, 어떤 인물과 연관되어 자주 등장하는 사물, 상황, 분위기가 있다면 그 인물의 내면세계를 파악할 수 있는 단서가 된다.

2
객관적 상관물(客觀的 相關物) 기법

소설에서 특별한 정서를 나타낼 공식이 되는 한 떼의 사물, 상황, 일련의 사건으로서, 그 정서를 바로 환기시키도록 제시된 외부적 사실들을 '객관적 상관물'이라고 한다. 그리고 이 같은 자연이나 사물을 끌어들여 그것이 드러내는 독특한 이미지, 상징, 사건을 통하여 인물의 심리, 사건, 작품의 주제를 객관화하는 방법을 '객관적 상관물 기법'이라고 한다.

"훌륭한 작품은 사물의 묘사를 통하여, 즉 객관적 상관물을 이용하여 주인공의 감정(개성)을 객관화(보편화)한다."는 T.S.엘리엇(T.S.Eliot)의 말처럼, 숙련된 작가는 객관적 상관물을 적절하게 사용한다.

그렇다고 사물을 주요하게 사용한 것만으로는 객관적 상관물이 될 수 없다. 소재, 소도구, 상징물로서의 역할을 넘어 인물의 입체적 성격과 결핍, 내밀한 욕망이 어떤 현상과 심리로 표출되는지 객관적 상관물의 사실적 특성과 기능을 통해 심리의 추이를 보편타당하게 형상화했을 때 객관적 상관물 기법을 효과적으로 사용했다고 평가한다.

소설 「무진기행」의 안개, 「당신의 바다」의 꼼장어, 「그녀의 세 번째 남자」의 흰 개, 「아내의 상자」의 닭장과 상자, 「꽃게무덤」의 꽃게, 「입체적 불일치」의 금고와 큐브, 「신다」의 돼지, 「악어의 눈물을 위하여」의 벌새, 「젤리피쉬」의 인형, 「집시, 달을 굽다」의 개 등은 객관적 상관물을 통해 추상적인 인물의 내면세계를 구체적으로 그려낸 작품들이다.

두 마리의 수컷과 하얀 개는 아무데서나 홀레 붙었다. 그녀가 본 것만도 서너 번이나 되었다. 처음 그 장면을 보았을 때 그녀는 하얀 개에게 무척 실망을 했다. 거만함이 사라지고 한낱 암컷으로서의 정체를 드러내고 있는 그 동물의 곁을 그녀는 차갑게 스쳐 지나가려 하였다.

그러나 그녀는 하얀 개의 눈가가 젖어 있는 것을 보았다. 수컷과 엉덩이를 이어붙이고 일직선으로 서 있는 하얀 개는 몹시 고통스러워하고 있었다. 어떤 종류의 쾌감에서 오는 적극적인 고통이 아니었다. 하얀 개는 견디고 있을 뿐이었다. 수컷이 하얀 개의 꽁무니에서 뻘겋고 길쭉한 것을 빼낸 뒤 하얀 개는 몇 걸음 절룩거리다가 기운없이 바닥에 엎드렸다. 수컷이 와서 핥으려고 하자 하얀 개는 머리를 비스듬히 바닥에 붙인 채로 낮게 크르르, 하면서 수컷에 대한 증오를 표시했다.

수컷과 하얀 개는 법당 앞에서 엉덩이를 붙이고 있다가 미타심 보살에게 여지없이 작대기를 얻어맞기도 했다. 저것들이 하필 법당 앞에서! 하면서 미타심 보살은 발을 동동 굴렀다. 주지스님의 출타가 잦았으므로 영추사에서는 비구니 절처럼 절지키는 개가 필요했다. 그런데도 미타심 보살은 개들을 아랫동네로 보내 버려야겠다고 입버

릇처럼 말했다. 미타심 보살은 하얀 개를 특히 싫어했다. 꼭 여우 같이 생겨갖고 수컷들 홀리는 것 좀 봐요. 저게 산에서 내려온 산 개예요. 주인이 팔았는데 개장수한테서 도망쳐 산으로 갔대요. 그 다음부터는 저렇게 사람을 안 따라요. 먹을 게 없어서 그랬는지 작년 겨울에 산에서 내려왔는데 내려오자마자 암내를 풍기더니 수놈들 정신을 쏙 빼갔어. 새끼 한 배만 낳으면 쫓아버려야지. 저것들이 절에서 안 다니는 데 없이 엉켜갖고 뒹굴고 다니면 좋을 게 뭐 있겠어요.

미타심 보살이 그런 말을 하고 밥상머리를 떠나면 남자는 비식 웃으면서 혼잣말을 하곤 했다. 참 내, 귀양살이 같은 산꼭대기에서 개들이라도 할 짓 다 해야지. 누가 말려. 그러고는 그녀를 흘끗 쳐다보는 것이었다.

수컷들은 하얀 개를 건드리지 않으면 좀이 쑤시는 모양이었다. 하얀 개가 앞서 걸어가면 어느새 달려가 엉덩이를 핥았고 하얀 개가 싫다고 으르릉, 하면서 이를 드러내면 어느 틈에 등 위에 올라타서 목을 깨물었다. 그러면 하얀 개는 입을 벌리고 고기를 낚아채듯이 턱을 이리저리 움직이며 몇 번인가 수컷을 향해 위협을 했지만 두 마리의 수컷은 아랑곳없이 양쪽에서 하얀 개를 공격해 들어가 마침내 세 마리가 엉키면서 서로 몸을 부비게 되곤 했다.

— 은희경, 「그녀의 세 번째 남자」 중에서

가슴이 답답해진 은호는 자리에서 벌떡 일어나 밖으로 나왔다. 그리고 무서운 기세로 집으로 달려갔다. 뒤란으로 가보니 밀폐통이 그대로 있었다. 그녀는 통을 주워 들고 곧장 방으로 향했다. 개가 상황을 살피려고 고개를 들었을 때는 이미 늦었다. 그녀는 맨손으로 개를 낚아챘다. 맹수는 그녀의 손과 팔뚝을 닥치는 대로 물어뜯었다. 그러나 결국 통 속에 갇혔다. 은호는 통을 냉동실 안에 처넣으며 소리쳤다.

"둘 중 하나는 이곳을 떠나는 거야!"

개는 이전과 다르게 사력을 다해 몸부림쳤다. 놈이 괴력을 발휘하니 냉장고가 흔들렸다. 은호는 앙상한 두 손으로 냉장고를 꽉 붙들었다. 창백한 손등 위로 신선한 피가 흘렀다. 십 분쯤 지나자 냉장고는 간헐적인 발작마저 뚝 그쳤다.

사방이 고요했다.

선배가 야근을 마치고 귀가하기까지 최소한 네 시간이 남았다. 혈관 속의 피가 얼고도 남을 시간이다. 은호는 라디오를 크게 켜놓고 대청소를 시작했다. 종말을 준비하는 결벽증 환자처럼 장장 네 시간 동안 집안의 바닥과 벽면과 천장까지 수세미로 박박 닦았다. 그렇게 긴 청소를 다 마친 후에야 냉장고 앞에 다시 섰다. 이제 놈의 시체를 잘 녹여서 침대 위에 놔두면 된다. 오늘부로 이 개는 자다가 심장마비로 죽은 거다. 냉동실 문에 손을 갖다 대는 순간 많은 사람들이 그녀의 뇌리를 스쳤다. 젊은 아버지와 주름진 엄마……백발의 약사……그리고 구두쇠 외삼촌과 수전노 외숙모, 둔하고 순진한 선배, 음흉한 선배 애인, 사이코 배 작가, 천치 같은 경원, 재수 없는 경원의 엄마, 마트의 변태 그리고……한 마리의 괴물……이윽고 냉동실 문을 연 순간, 은호의 입에서 침이 주룩 흘렀다.

— 설은영, 「집시, 달을 굽다」 중에서

아버지가 그런 아들의 손에 쥐어주는 것은 큐브였다. 목적지에 도착하면 아버지는 내게서 큐브를 빼앗아 사정없이 비틀었다. 이것을 다 맞추기 전에 돌아오마. 아버지는 그렇게 단언하고서 차 밖으로 나갔다. 3×3 큐브는 어린 아들의 지루함을 달래기 위해 아버지가 마련한 시간을 버티는 기계였다. 처음엔 정말 그것을 다 맞추기도 전에 아버지가 돌아왔다. 얼마나 집중했던지 아버지가 돌아온 것도 잊을 정도였다. 그것을 풀어봤자 칭찬이나 선물 하나 없이 돌아오는 건 오직 아버지뿐이었지만, 나는 정말 열심히 큐브를 맞췄다. 아버지는 집에 도착하는 대로 내게서 다시 큐브를 빼앗아갔다. 내가 하루 종일 가지고 놀면 금세 큐브에 대한 흥미를 잃을까봐 걱정한 모양이었다.

시간이 지나면서 내가 큐브를 푸는 시간은 점점 줄어들었다. 그리고 얼마 뒤에 큐브는 내게 너무나 쉬운 물건이 되어버렸다. 내가 여섯 면을 맞추는 원리를 완전히 터득해버린 까닭이었다. 그때부터는 큐브를 다 맞춰도 아버지가 돌아오지 않는 것이 일상이 되었다. 나는 아버지에게 시간을 더 주기로 했다. 거의 다 맞춘 큐브를 두세 번씩 다시 돌려놓고서 아버지가 오기 직전까지 완성을 미룬 것이다. 어떻게 보면 그때 나는 실망하지 않기 위해 기를 쓰고 있었는지도 모른다.

— 사익찬, 「입체적 불일치」 중에서

귀래심부적을 받은 후 14일이 지나도 그는 전화 한 통 하지 않았다. 하루에도 몇 번씩 붉은 비단에 금장으로 수를 놓은 부적 주머니를 꺼내 보았다. 부적을 건네주던 처녀보살은 많이 수척해 보였고, 그만큼 그녀의 기가 부적에 녹아들었을 것이다. 초조하다. 그의 부재에 초조하고, 부적에 대한 내 믿음도 초조하다. 내일까지 연구 중간 결과를 보고해야 하지만 일이 손에 잡히지 않았다. 이미 정리된 자료를 양식에 맞게 기입만 하면 되는 간단한 일이지만, 내 시선은 자주 내일이 표시된 달력의 붉은 원에 머물렀다. 연구 중간발표일 마감일이자 부적의 힘으로 그가 돌아와야 할 마지막 시한일. 우스운 일이다. 과학을 하는 내가 미신에 기대어 이렇게 초조한 꼴이란. 이성을 차리고 다시 벌새의 연구 파일을 열었다. 연구의 중요한 결과는 모두 정리해 놓았다. 벌새는 최대 시속 80㎞의 속도로 낙하하며 초당 자기 몸 크기의 383배의 거리를 이동했다. 이 정도의 중력 가속도면 현존하는 최고 성능의 전투기가 낼 수 있는 중력가속도 G force에 맞먹는 속도이고, 웬만한 조종사는 의식을 잃어버리는 수준이다. 그러나 의식을 잃어버려 비상하지 못하고 추락해버리는 벌새는 없었다. 무모한 비행이지만, 반드시 날아올라야 하는 이유가 있기 때문일까? 나는 아직 한 번도 '반드시'라는 절대명제를 가져보진 못했다.

— 안준우, 「악어의 눈물을 위하여」 중에서

작가는 인물의 정신과 내면을 리얼하게 제시하기 위해 객관적 상관물을 설정한다. 객관적 상관물은 인물과 다름없는 또 하나의 대상으로서 의미와 암시가 상당하다.

따라서 작가가 인물을 낯설고 흥미롭게 제시하면서 독자가 동화될 수 있도록 하려면 인물 탐색 못지않게 사물(상황)에 대한 지각력, 탐구력, 관찰력, 사고력을 발휘해야 한다.

충분히 탐구하지 않고 쓴 소재는 인물과의 연관성이 떨어져 부자연스럽다. 보편적 성격만 강조한 상관물은 식상하며 너무 낯선 상관물은 공감하기 어렵다. 그러므로 인물의 내면을 가시화할 수 있는 보편성과 특수성을 생각하면서 객관적 상관물을 선택하고, 중심적 상관물과 부수적 상관물을 설정하여 유사성과 차이성을 대비하면서 심층적 의미를 구현해야 한다. 평소 직·간접 체험을 활발하게 하면서 흥미로운 사물과 사건 등을 찾아 메모하고 표면과 내면의 상충에 대해 생각하는 사고력을 키우면 좋다.

소설, 영화, 동화의 제목과 포스터에서 짐작하듯이 객관적 상관물이 무엇이며, 인물과 사건에서 어떤 의미로 제시될지 추측할 수 있다.

작가는 객관적 상관물을 통해 작품의 내용과 분위기 등을 예측하도록 암시하고 의외의 반격(반전)을 설정하여 인물과 객관적 상관물의 연관성을 강렬하게 표출하여 주제의식을 드러낸다.

객관적 상관물 기법을 요약하면 다음과 같다.

객관적 상관물(客觀的 相關物) 기법

: 자연이나 사물을 끌어들여 그것이 드러내는 독특한 이미지, 상징, 사건을 통하여 인물의 심리, 사건, 주제를 객관화하는 방법

"훌륭한 작품은 객관적 상관물을 이용하여 주인공의 감정(개성)을 객관화(보편화)한다." — T.S 엘리어트

창작 실습

1

소설, 영화, 만화 등에서 객관적 상관물을 활용한 작품을 찾아보고, 주인공과의 연관성 및 상징적 의미를 설명해 보자.

2

구상한 인물을 8가지로 형상화하고, 객관적 상관물을 선택하여 인물의 특성을 한 장면으로 기술해 보자.

11장

흉내 내기, 따라 하기

: 동종주술 기법

1. 동종주술(同種呪術)의 원리와 기법

2. 민속과 관련된 동종주술적 행위

3. 현대소설에 나타난 동종주술 기법

11장 흉내 내기, 따라 하기 : 동종주술 기법

1 동종주술(同種呪術)의 원리와 기법

종교와 신앙이란 신이나 초자연적인 절대자 또는 힘에 대한 믿음으로 고뇌를 해결하고 삶의 궁극적인 의미를 추구하는 문화 체계이다. 애니미즘, 토테미즘, 물신 숭배의 초기적 신앙 형태를 비롯하여 샤머니즘이나 다신교, 불교, 기독교, 이슬람교 등의 종교에 이르기까지 비제도적인 것과 제도적인 것이 있다.

소설이나 영화에 자주 등장하는 연금술사, 마법사, 제사장, 퇴마사, 무속인 등은 주술적 힘을 다루는 사람들로서 두려움의 실체를 드러내는 매개자의 역할을 하면서 흥미와 긴장을 높인다. 개인적 삶을 주의 깊게 살펴보아도 주술적 행위가 자연스럽게 나타나는 것을 알 수 있다.

주술이란 초자연적 수단을 사용하여 초자연적 힘을 얻어 원하는 결과를 얻으려는 행위이다. '유사(類似)는 유사를 낳는다', '결과는 그것의 원인을 닮는다'는 개념에서 시작된 주술(呪術)적 행위를 소설에 사용하는 기법을 '동종주술(同種呪術) 기법'이라고 한다. 그 원리와 생활 속 사례는 이색적인 것부터 친숙한 것들까지 매우 다양하다.

가요 〈아브라카다브라〉는 자신이 사랑하는 남자가 다른 여자를 사랑하는 것을 알고 주술을 거는 이야기이다. 실제로 '아브라카다브라(Abracadabra)'는 아프리카 원시 부족에서 쓰였던 말로 마술사와 마법사들이 사용하는 주문이다. 한국어의 '수리수리마수리'와 같은 말로 신기한 일들이 일어나기를 바라는 마음이 담겨있다.

다큐멘터리 〈아마존의 눈물〉은 현존하는 원시 부족들의 삶의 양태를 보여준다.

돌고래를 숭배하는 부족은 턱에 나무 장식을 하여 돌고래 부리와 유사하게 꾸민다. 지혜와 따뜻함을 상징하는 돌고래와 어울려 사는 이 부족은 어진 심성을 추구하는 문화가 특징이다. 산간 지역에서 수렵생활을 하는 부족은 나뭇가지와 잎으로 재규어의 형상처럼 얼굴을 꾸민다. 이 부족에게 공격적인 재규어는 두려움의 존재인 동시에 이상적인 동물인 것이다.

박근혜 전 대통령의 탄핵을 외칠 때 시민들은 광장에 모여 갖가지 퍼포먼스를 선보였다. 죄수복을 입고 창살에 갇혀 있는 모습과 장례 행렬을 연출하여 죽어버린 정치 현실을 탄식했다.

또한 일본의 교과서 왜곡 문제, 불합리한 무역협상, 북한의 정권 문제에 대해서 국민들은 일장기와 김정은 3대 세습 사진을 놓고 불태웠다. 경운기에 소와 쌀을 싣고 와서 무역협상의 문제를 되돌려야 한다고 요구했다.

이처럼 개인적, 사회적, 문화적 문제는 동종주술을 통해 염원이 드러나며 원하는 바를 쉽게 이룰 수 없을 때 주술 행위는 더욱 강력한 형태로 나타난다.

종교와 종교 의식은 말할 것도 없다. 영화 〈검은 사제들〉, 〈페티쉬〉, 드라마 〈구해줘〉 등을 보면 성경이나 고서에서 진행한 의식들을 재연하면서 주인공의 내면에 침투한 악령을 쫓기 위해 사투를 벌인다.

동종주술(同種呪術)은 모방주술(模倣, imitation)과 같은 의미로, 유사법칙에 의해 주술사가 어떤 행위(모양)를 모방함으로써 원하는 결과를 가져 올 수 있다고 믿는 주술적 행동이다.

장희빈이 민비상에 화살을 쏘는 행위, 원주민의 제의의식, 보름달(만월)의 모양을 만들면서 노는 강강수월래, 마한(馬韓) 사람들이 씨를 뿌린 뒤 춤추는 행위(식물이 자라는 모습, 풍년을 비는 의식), 결혼식에서 결혼반지(원)를 끼워주는 의식, 수험생에게 엿, 휴지, 포크 등을 선물하는 것 모두 동종주술적 행위이다.

인물의 명명(命名) 또한 동종주술적 심리가 담겨 있다. 르네 웰렉(Rene Wellek)은 '각각의 명명은 일종의 생생화, 정령화, 개별화'라고 강조했다. 이름을 짓는 행위에는 대상의 의미와 염원이 담겨 있기 때문이다.

닮고 싶은 사람의 행위를 모방하는 모습 또한 흔히 볼 수 있다. 연예인이나 셀럽을 광고 모델로 발탁하는 것은 유사법칙을 이용한 마케팅 전략이다. 유행을 쫓는 사람들은 이상적인 사람처럼 치장하고 동일한 물건을 구매함으로써 흡족함을 느끼기 때문이다. 모델링하고 싶은 사람을 탐색하고 멘토로 삼아 노력의 과정을 배우는 것 역시 동종주술적 기법을 활용한 학습 방법이다.

동종주술과 유사한 성격으로 접촉법칙(Law of Contact)과 감염법칙(Law of ontagion)이 있으며, 이 두 가지를 합쳐서 감염주술(接觸 + 感染 = 感染呪術)이라고 한다.

'서로 접촉한 것은 실제로 그 접촉이 떨어진 후에도 여전히 서로 작용한다'는 의미인데 어떤 사람(물체)에게 접촉하면 그와 같은 결과를 가져다준다고 믿는 것이다. 불상의 손발을 문지르면서 소원을 비는 행위, 불안한 순간에 십자가나 염주를 만지는 행위, 소중한 물건이나 동식물을 등을 만지는 행위가 그러하다.

이처럼 주술은 지도(指導)를 담아낸 자연법칙의 체계로써 어떤 목적이나 방향으로 이끄는 힘이 내재되어 있기에 인간과 분리될 수 없다.

2
민속과 관련된 동종주술적 행위

이번에는 민속과 관련된 동종주술적 행위를 살펴보자.

달맞이는 대보름날 저녁에 달이 동쪽에서 솟아오르는 것을 보려고 횃불을 들고 뒷동산에 올라가는 민속놀이이다. 달이 떠오르면 횃불을 땅에 꽂고 합장하면서 농부는 풍년을, 도령은 장원 급제를, 미혼 남녀는 결혼을 빌었다.

대보름 전날 팥죽을 쑤어 먹는 것은 팥(악귀를 쫓는 곡식)을 숟가락으로 떠서 끼얹고 제사를 지냄으로써 가정과 마을의 안녕을 기원하는 행위이다. 쥐불놀이는 14일과 대보름날 밤에 논둑 밭둑에 불을 놓아 태우는 것으로 잡귀를 쫓는 동시에 잡초를 태움으로써 해충의 알을 죽이고 거름을 만드는 농촌의 문화 행사였다. 입춘날(양력 2월 5일)에는 입춘대길(立春大吉)이라는 글을 써서 대문에 붙이고 일 년이 길하기를 축원하였다. 이런 민속 문화는 현재에도 지역 축제와 문화 행사로 이어지고 있다.

3
현대소설에 나타난 동종주술 기법

현대소설에는 민속과 관련된 동종주술뿐만 아니라 유사법칙과 접촉법칙 등을 이용한 새로운 주술 행위가 담겨있다.

이청준 「잔인한 도시」에서 수감을 마친 주인공이 새를 방생(放生)하는 행위는 감옥에서 벗어나 자유로운 삶을 시작하겠다는 열망을 보여준다.

김정현 『아버지』에서 주인공은 가족한테 인정받지 못하는 무능력한 가장이다. 딸의 대학 입시 정원인 35라는 숫자에 의미를 부여하여 남자는 지하철역을 빠져나올 때마다 기이한 경합을 벌이듯 전력 질주한다. 35번째 이내로 출구를 빠져나가면 딸이 합격할 수 있다고 믿는 개인적 주술 행위인 것이다. 딸의 합격을 바라는 아버지의 간절함과 불안함이 웃지 못할 상황으로 드러나 더욱 인상적이다.

박정란 「틈새」에서는 스토커에게 감시당하는 여주인공이 비둘기를 잔인하게 죽임으로써 정체불명의 침입자를 차단하려는 의지를 강렬하게 표출한다.

김동리 「바위」에서 여인은 복바위에 올라 돌을 갈다가 바위에 돌이 붙으면 소원이 이루어진다는 전설에 따라 돌을 간다. 부질없는 행위는 아들을 기다리는 그리움과 사무치는 고통을 묘사한 것이다. 이처럼 동종주술 기법은 인물의 욕망과 절망을 동시에 보여주는 장치이다.

「그런데 노인장이 어째서 그분의 새를 대신 삽니까?」

「그야 그 치가 누구보다 몹시 날개를 사고 싶어 했으니까. 가막소에 있는 위인들은 누구나 그렇게 한 번씩 날개를 사고 싶어 한다오. 그러면서 그 날개를 사게 될 날만을 기다리면서 하루하루를 살아가고 있는 꼴들이지요. 그 중에도 그 송면장이란 영감태긴 유난히 더 그걸 기다렸어요. 하지만 처지가 어디 그렇게 됩니까. 그래 내가 영감태기 대신 새를 한 마리 사주는 거라오.」

「안에선 아직들 새 이야기를 하십니까?」

「하다마다요. 우린 대개 날개를 한 번씩 사본 경험들이 있는 위인들이니까. 누구나 새 이야길 하면서 새를 사게 될 날들을 기다리고 있지요. 안에선 바로 새를 산다고 하지 않고 언제부터선가 그저 날개를 산다고들 하지만 말이오……」

「새를 사고 싶은 사람은 그토록 많은데, 그렇담 교도솔 나오는 사람들은 어째서 전혀 볼 수가 없지요? 왜 그분들은 노인장처럼 이렇게 교도솔 나오지 못하고 있지요?」

젊은이는 문득 앞뒤가 안 맞는 소리를 사내에게 묻고 있었다. 수감자들이 감옥을 나오지 못하는 것이 마치 그 수감자들의 책임이라도 되는 것처럼.

— 이청준, 「잔인한 도시」 중에서

살에 꽂는 첫 땀. 나는 이 순간을 가장 사랑 한다. 숨을 죽이고 살갗에 첫 땀을 뜨면 순간적으로 그 틈에 피가 맺힌다. 우리는 그것을 첫이슬이라고 부른다. 첫이슬이 맺힘과 동시에 명주실이 품고 있던 잉크가 바늘을 따라 내려 온다. 붉은색 잉크는 바늘 끝에 이르러 살갗에 난 작은 틈 속으로 빠르게 스며 든다. 마치 머릿속에서 맴돌던 말들이 입 밖으로 시원하게 나와 주는 듯한 기분. 바늘땀을 뜰 때에 나는 더 이상 말더듬이가 아니다.

거즈로 피를 찍어내고 잉크의 농도를 확인 한다. 일단 첫 땀이 성공적으로 떠지는 것을 확인하면 그때부터 내 손은 빨라지기 시작 한다. 속도를 잃지 않는 것. 그것이 고른 색을 내는 데 가장 중요한 기술이다. 명주실에 묻은 잉크 양을 조절하며 거미에게 살을 심어 준다. 거미는 어느새 붉은 맨살을 드러내고 있다. 이제 살을 뼈로 감쌀 차례이다. 거미는 인간과 달리 뼈가 밖으로 나와 있는 셈이다. 그것을 외골격이라 하지만 나는 단단한 피부라고 생각 한다. 인디아 잉크와 징크 옥사이드로 외피를 완성한다. 크롬 그린이 합류되며 거미는 이제 완벽한 외골격을 갖춘다.

살갗에 묻은 잉크와 피를 닦아내자 문신이 선명하게 드러나기 시작 한다. 골리앗 거미는 풍요로운 식사를 마치고 밀림 속에서 산책이라도 즐기고 있는 듯하다. 나는 어느새 밀림 속에 숨은 한 마리 거미가 된다. 가느다란 여덟 개의 다리로 아침 햇살을 반사하는 투명한 거미줄에 미끄러지듯 걷는 거미. 발끝에 미세한 움직임이 느껴진다. 부주의한 청색 나비 한 마리가 내 거미줄에 걸려 파닥 거린다. 청색 나비의 아름다운 날개가 나달나달해지기까지 조용히 기다린다. 그리고 다리에 난 섬세한 털로 남자의 몸을 애무하듯 먹잇감을 부드럽게 감싼다. 주사바늘을 꽂듯 나비의 몸통에 촉수를 박는 그 순간.

"기집년들이 보면 환장하겠는 걸?"

남자가 내 어깨를 치며 말한다.

문신을 끝낼 때마다 격렬한 섹스를 하고 난 듯한 극심한 피로를 느낀다. 내 몸의 모든 기가 거미의 촉수로 빨려간 것 같다. 나는 담배를 피워 문다. 남자도 담배를 입에 물고 암홍색 골리앗거미를 들여다보고 있다. 남자는 이제 손바닥만한 외피를 얻었다. 남자가 손바닥만큼 더 강인해졌는지는 알 수 없다.

— 천운영, 「바늘」 중에서

〈처녀보살과 약속한 날이 다가왔다. 서양의 귀래심부적은 일종의 마법 의식이었고, 그녀는 우리나라에서 몇 안 되는 서양 마법의 권위자라고 했다. 태평양 너머 그를 불러오기 위해서는 보름달이 뜨는 자정에 그녀가 준비한 공간에서 수십 세기 동안 마녀들에게만 전승되어 왔다는 의식을 해야 한다. 몇 가지 재료를 빼고는 모든 준비는 그녀가 했다. 그 재료들은 내가 직접 준비해야만 한다고 했다. 처녀보살은 눈을 부릅뜨고 몇 번이나 이것을 강조했다. 나는 그녀가 불러주는 재료를 또박또박 받아 적었다.〉

그녀의 일기를 읽는 동안 차가 처녀보살의 집 앞에 멈추었다. 건물 외벽이 고급 대리석으로 마감된 낮은 빌라였다. 김 형사는 전경들에게 담배 한 대를 피우게 하고는 일기장에서 눈을 떼지 않았다.

〈오렌지 꽃즙 한 스푼, 벌꿀 한 스푼, 흰 강아지 머리털 세 가닥 그리고 악어의 눈물 네 방울.〉

— 안준우, 「악어의 눈물을 위하여」 중에서

동종주술 기법을 요약하면 다음과 같다.

주술	초자연적 수단으로 초자연적 힘을 얻어 원하는 결과를 얻으려는 행위
동종주술(同種呪術) 기법	'유사(類似)는 유사를 낳는다', '결과는 그것의 원인을 닮는다'는 개념에서 시작된 주술(呪術)적 행위를 소설에 사용하는 기법

창작 실습

1 나의 주변에서 볼 수 있는 동종주술적 행위를 찾아보고, 염원하는 내용과 욕망에 대해 기술해 보자.

2 동종주술 기법을 활용한 작품을 찾아보고 구체적 장면과 의미를 설명해 보자.

3 한 인물의 심리와 욕망을 동종주술 기법을 활용하여 묘사해 보자.

12장

제목? 시작과 끝, 별거 아냐!

: 제목과 수미상관

1. 제목의 기능과 좋은 제목

2. 이런 제목은 피하라!

3. 고전 탐색을 통해 매력적인 제목 만들기

4. 소설의 시작

5. 소설의 끝과 수미상관(首尾相關)

6. 소설 예시로 살펴본 시작과 끝의 상관성

7. 영화 〈다우트 Doubt〉의 수미상관 : 의심에서 비롯된 자멸

12장 제목? 시작과 끝, 별거 아냐! : 제목과 수미상관

1 제목의 기능과 좋은 제목

작가는 작품의 구상 단계부터 마지막까지 제목에 대해 고심한다. 더 좋은 제목을 찾기 위해 애쓰지만 생각보다 쉽지 않다.

먼저 머릿속에 떠오르는 인상적인 제목들을 나열해 보자. 그리고 그 제목이 작품과 연관하여 적절했는지 곰곰이 생각해 보자. '제목 짓기'란 제목의 역할을 잘하는가 대한 물음으로부터 시작된다.

일반적으로 좋은 제목은, 1) 호기심과 흥미를 유발하여 독자의 관심을 끈다.

프랜시스 호지슨 버넷 『비밀의 화원』, 루이스 캐럴 『이상한 나라의 엘리스』, 스콧 피츠제럴드 『위대한 개츠비』, 제임스 케인 『우편배달부는 벨을 두 번 울린다』와 영화 〈첫 키스만 50번째〉, 〈올드 보이〉, 〈인비저블 게스트〉, 〈22년 후의 고백〉, 〈나미야 잡화점의 기적〉, 〈샌과 치히로의 행방불명〉 등은 제목이 주는 신비함이 상당하며 호기심과 흥미를 유발한다.

2) 작품에 대한 핵심과 정보 등 구체성이 잘 드러난다.

조지 오웰 『1987』, 앤서니 버지스 『시계태엽 오렌지』, 제롬 데이비드 샐린저 『호밀밭의 파수꾼』, 테네시 윌리엄스 『뜨거운 양철 지붕 위의 고양이』, 김현경 『단종은 키가 작다』, 양귀자 『비 오는 날이면 가리봉동에 가야 한다』와 영화 〈타이타닉〉, 〈핸섬 수트〉, 〈데쓰 노트〉, 〈황금 팔을 가진 사나이〉, 〈프리즌 이스케이프〉, 〈씨클로〉, 〈범죄도시〉, 〈설국열차〉, 〈아가씨〉, 〈안시성〉, 〈봉오동 전투〉 등은 주요 소재와 배경을 제목으로 활용하여 작품의 구체적 내용과 의미가 드러난다. 이러한 제목은 기대와 예측, 반전과 발견을 유도하는 데 수월하다.

3) 핵심 인물, 사건, 주제 등 중요한 의미를 함축하는 상징성을 강조한다.

J.R.R 톨킨 『호빗』, 『반지의 제왕』, 조앤 롤링 『해리포터 시리즈』, 로알드 달 『마녀를 잡아라』, 헤리엇 비처 스토 『톰 아저씨의 오두막』, 테네시 윌리엄스 『욕망이라는 이름의 전차』, 서머싯 몸 『인간의 굴레』, 도스토옙스키 『죄와 벌』, 존 스타인 백 『분노의 포도』, 프란츠 카프카 『변신』, 전광용 『꺼삐딴 리』, 장정일 『햄버거에 대한 명상』, 한강 『채식주의자』, 김훈 『칼의 노래』, 김연수 『나는 유령작가입니다』, 조남주 『82년생 김지영』과 영화 〈신과 함께〉, 〈기생충〉, 〈블랙〉, 〈가버나움〉, 〈도리안 그레이〉 등이 그러하다.

4) 반어와 역설 같은 아이러니를 내포한다.

이러한 제목은 풍자와 해학, 그로테스크한 분위기로 외양과 실제의 차이를 드러내면서 분위기와 주제 등을 암시하여 주제의식을 강조하는 데 효과적이다.

영화 〈달콤한 인생〉, 〈신세계〉, 〈상류사회〉, 〈극한직업〉, 〈정직한 후보〉, 〈스위트 버지니아〉, 〈파리의 자살가게〉, 〈케이크 메이커〉, 〈어느 가족〉, 〈동경가족〉 등이 좋은 예이다.

이 외에도 추상적, 관념적인 단어를 어울리지 않는 단어와 조합하여 충돌을 야기하는 '의도적인 부조화'의 제목도 있다. 시각, 후각, 청각, 미각, 촉각 등 공감각적 이미지의 제목도 감각과 감성을 자극하는 데 효과적이다.

좋은 제목, 잘 지은 제목들은 대체로 위의 항목들에 해당되는 경우가 많다. 무엇보다 작품의 내용과 의미를 잘 구현하는 것이 제목보다 우선이지만 좋은 작품을 더욱 빛나게 만들기 위해서는 제목에 대한 고민도 필요하다.

제목을 짓기 전에 먼저 작품에 대한 총체적인 생각을 정리해야 한다. 작품의 주요 대상이 누구이며, 무엇을 이야기하고 싶은지, 쉽게 떠오르는 이미지가 무엇인지 생각해 보고 제목을 짓는 것이 좋다. 몇 개의 제목을 짓고 나서는 제목이 주는 인상이 신선한지, 제목만으로 피곤하고 엄숙한 것은 아닌지, 창작 의도에 적합한지 생각하면서 작품의 분위기와 톤, 작품이 전개되는 방향 등을 고려하여 선택해야 한다.

2
이런 제목은 피하라!

습작 시절이나 신인 작가 시절에는 제목에 대한 기대가 높아서 작품과 어울리지 않는 제목을 짓거나 너무 진지한 제목을 짓는 경우가 많다.

① 추상적, 관념적, 서정적인 제목은 피하는 것이 좋다.

사랑, 행복, 믿음, 이별, 배신, 슬픔, 종말, 죽음, 탄생 등이 단어가 들어가는 시와 수필, 소설 제목을 보면 무겁고 상투적이며 주제와 내용이 예측 가능하여 호기심이 들지 않는다. 광범위한 의미의 단어를 제목으로 쓰면 내용은 또 얼마나 모호할까라는 생각이 든다. 이런 제목을 효과적으로 사용하려면 구체적 사물이나 묘사를 더하여 모호한 관념을 구체화하는 것이 좋다.

② 한자어, 외국어, 신조어 등 어렵고 의미 전달이 애매한 제목은 피하는 것이 좋다.

③ 주제나 작가의 의도가 노골적으로 드러나는 제목은 예술성을 해친다.

제목 짓기가 쉽지 않다면 중요한 소재나 상징성이 강한 사물을 활용하면 좋다. 신춘문예 당선 소설들의 제목을 살펴보면 이해하기 쉽다.

「담요」, 「치약」, 「트럭」, 「박스」, 「바늘」, 「볼트」, 「젤리 피쉬」, 「광어」, 「수족관」, 「블란서 안경원」, 「중국인 거리」, 「유리 상자」, 「나나」, 「오즈」, 「폐차」 등에서 알 수 있듯이 인물과 밀접한 사물이나 공간이 제목으로 쓰인 경우가 많다.

개성이 엿보이는 참신한 제목들도 눈길을 끈다. 「1교시 언어영역」, 「입체적 불일치」, 「집시, 달을 굽다」, 「가벼운 인사」, 「하늘을 달리다」, 「이상한 이상희」, 「어느 날 거위가」, 「괄호」, 「우따」, 「신다」, 「신호와 소음」, 「전자 시대의 아리아」와 같은 제목들은 주요 사건이나 인물을 간명하게 제시하여 주제를 함축적으로 보여준다. 기억하기 쉽고 구체적이어서 작품의 내용과 방향을 유추할 수 있으며 보편성과 특수성이 어떻게 대비되어 그려질지 기대감을 갖게 만든다.

3

고전 탐색을 통해 매력적인 제목 만들기

지금부터는 고전과 문학상 수상작품들의 제목을 보면서 무엇에 비중을 두었는지 살펴보자.

『고도를 기다리며』, 『폭풍의 언덕』, 『조스』, 『벌거벗은 점심』, 『분노의 포도』, 『드라큘라』, 『달과 6펜스』, 『고리오 영감』, 『파리 대왕』, 『젊은 베르테르의 슬픔』, 『양철북』, 『백년의 고독』, 『거미여인의 키스』, 『모래의 여자』, 『대머리 여가수』, 『버스 정류장』, 『내가 죽어 누워있을 때』, 『파르마의 수도원』, 『시골의사』, 『페스트』, 『햄릿』, 『다섯째 아이』, 『피아노 치는 여자』, 『농담』, 『롤리타』, 『폴란드의 풍차』, 『구두 속의 난쟁이들』, 『빨간 머리 앤』, 『메리 포핀스』, 『찰리와 초콜릿 공장』, 『톰 소여의 모험』, 『왕자와 거지』, 「소설가 구보 씨의 일일」, 『내 몸은 너무 오래 서 있거나 걸어왔다』, 『새들은 제 이름을 부르며 운다』, 『그리고 아무 말도 하지 않았다』, 「산타페로 가는 길」, 「서울 1964」, 「붉은 방」, 「얼음의 도가니」, 「아홉 켤레의 구두로 남은 사내」, 「과녁」, 「무진기행」, 「화장」, 「침묵의 미래」, 「옥수수와 나」, 「뱀장어스튜」, 「병신과 머저리」, 「꿈꾸는 인큐베이터」, 「밤이여 나뉘어라」, 「하나코는 없다」 등의 작품 제목을 보면 좋은 제목의 항목들이 담겨 있다는 것을 확인할 수 있다.

또한 위의 작품들은 좋은 제목의 요건을 갖추면서도 주제적 측면을 강조하는 제목이 많다. 그런데도 제목이 진부하게 느껴지지 않고 사색을 유도하는 성숙함과 진지함이 진솔하게 나타나는 것을 알 수 있다.

소설의 장르와 내용이 다양해지면서 더욱 새롭고 자극적인 제목들도 많다. 좋은 작품을 쓰고도 제목을 잘 짓지 못해 아쉬움이 남지 않도록 제목의 의미와 기능에 대해 고민하고 취향과 개성에 따라 제목 짓는 연습을 해야 한다.

2008 제32회
이상문학상 작품집
대상 수상작
권여선 사랑을 믿다

2010 제34회
이상문학상
작품집
대상 수상작
박민규 아침의 문

고도를 기다리며

세계문학 명작선
백년 동안의 고독

싯다르타
수레바퀴 아래서
데미안

4 소설의 시작

소설의 시작은 작품의 분위기와 톤, 사건과 주제에 대한 암시가 나타난다. 특히 첫 문단은 작품의 방향과 사건의 가능성, 기술력과 문장력 등 훈련된 솜씨가 집약적으로 드러나 작가의 역량을 볼 수 있다. 또한 첫 문장은 사건의 파생력과 발전가능성이 압도적으로 내재되어 매우 중요하다.

E.A 포우(Edgar Allen Poe)는 "소설 첫머리의 실패는 소설 실패의 첫걸음이다"라고 말했고, 시드니 셀던(Sideny Sheldon)은 소설을 퇴고할 때 소설 첫 장을 모두 버리는 것이 자신의 창작 노하우라고 밝혔다. 그만큼 소설의 시작은 작가에게 부담스럽고 긴장되며 어색하다. 작품 쓰기에 완전히 몰입하지 못하면 부자연스럽고 불필요한 서두가 작성되기 때문이다.

역시 좋은 작품의 서두를 살펴보면, 공통된 패턴으로 시작되는 것을 알 수 있다.

소설의 서두는 크게 4가지로 구분되어 장면이 시작된다. ① 배경 묘사(기후, 자연, 장소 등) ② 사건 묘사 ③ 인물 묘사(외양, 행동, 심리, 일상 등) ④ 떠남의 행위이다.

모든 작품의 서두가 위의 네 가지로 구분되는 것은 아니며, 위의 사항을 복합적으로 사용하기도 한다. 인물을 묘사하기 위해서는 장소와 자연, 기후 묘사가 필요하며, 돌연한 사건을 제시하기 위해서는 인물과 장소에 대한 묘사가 있어야 실감난다.

또한 위의 내용이 복합적으로 기술되었다고 해서 좋은 서두가 되는 것도 아니다. 어디에 중점을 둔 것인지, 핵심적 사안이 무엇인지 명료하게 나타나야 한다. 인물의 묘사인지, 떠남의 행위인지, 돌연한 사건을 제시하기 위함인지 중심 포커스가 드러나는 것이 집중력을 높이는 데 좋다.

요약적으로, 소설 첫머리를 인물에 중점을 둘 것인가, 떠나는 행위에 중점을 둘 것인가, 배경에 중점을 둘 것인가, 예상치 못한 사건에 중점을 둘 것인가로 정리할 수 있다.

1 배경 묘사(기후, 자연, 장소 등)

아이보리색 버티컬 블라인드 위로 창밖의 목련나무 가지 그림자가 바람에 흔들거리고 있다. 바람이 건들건들, 불 때면 그림자는 짙은 먹빛으로 가까이 다가온다. 잠시 바람이 자고 있으면 제자리로 돌아간 목련나무 그림자는 옅어진다. 맑고 섬세한 4월 햇살과 봄바람이 희롱하여 연출한 이 그림을, 그는 잠시 넋을 놓고 바라본다. 가만히 바라보면 절정을 향해 한 닢 한 닢 벙그러지고 있는 목련꽃잎의 농담(濃淡)마저도 느껴질 듯하다. 먹을 묽게 갈아 그린 수묵화 같다.

붉은 펜을 들고 번역서의 교정지를 들여다보고 있던 그의 눈꺼풀이 천천히 내려온다. 오수(午睡)가 잔물결처럼 서서히 밀려온다. 그의 손에서 붉은 펜이 떨어진다. 켜놓은 컴퓨터 화면은 화면보호기로 넘어가있다. 전환된 화면 속에서는 새파란 바닷물 속의 물고기가 뱉어내놓는 물방울 소리가 뽀르륵 뽀르륵, 터지고 있다. 아래층 어디선가 불경 소리가 들릴 듯 말 듯 이어지고 있다.

— 권지예, 「꽃게무덤」 중에서

시(市)를 남북으로 나누며 달리는 철도는 항만의 끝에 이르러서야 잘려졌다. 석탄을 싣고 온 화차(貨車)는 자칫 바다에 빠뜨릴 듯한 머리를 위태롭게 사리며 깜짝 놀라 멎고, 그 서슬에 밑구멍으로 주르르 석탄 가루를 흘려보냈다.

집에 가 봐야 노루꼬리만큼 짧다는 겨울 해에 점심이 기다리고 있는 것도 아니어서 우리들은 학교가 파하는 대로 책가방만 던져둔 채 떼를 지어 선창을 지나 항만의 북쪽 끝에 있는 제분 공장에 갔다.

제분 공장 볕 잘 드는 마당 가득 깔린 멍석에는 늘 덜 건조된 밀이 널려 있었다. 우리는 수위가 잠깐 자리를 비운 틈을 타서 마당에 들어가 멍석의 귀퉁이를 밟으며 한 움큼씩 밀을 입 안에 털어 넣고는 다시 걸었다. 올올이 흩어져 대글대글 이빨에 부딪치던 밀알들이 달고 따뜻한 침에 의해 딱딱한 껍질을 불리고 속살을 풀어 입 안 가득 풀처럼 달라붙다가 제법 고무질의 질긴 맛을 낼 때쯤이면 철로에 닿게 마련이었다.

— 오정희, 「중국인 거리」 중에서

날씨가 제법 싸늘해지기 시작한 어느 가을날 해질 녘 그 사내가 문득 교도소 길목을 조그맣게 걸어 나왔다. 그것은 여간 희한한 일이 아니었다. 근래엔 좀처럼 볼 수 없던 일이었다.

교도소는 도시의 서북쪽 일각, 벚나무와 오리나무들이 무질서하게 조림된 공원 숲의 아래쪽에 있었다. 그리고 그 무질서한 인조림이 끝나고 있는 공원 입구께에서 2백 미터 남짓한 교도소 길목이 꺾여들고 있었다. 공원 입구에선 교도소 길목과 높고 음침스런 소내 건물들을 제 손바닥 들여다보듯 한눈에 모두 내려다볼 수 있었다. 교도소 길목을 오르내리는 것이면 강아지 한 마리도 움직임이 빤했다.

하지만 그 길목은 언제부턴가 사람의 눈길을 끌 만한 움직임이 끊어진 지 오래였다. 교도소와 관련하여 길목을 오르내리는 사람의 모습을 거의 볼 수가 없었다. 그것도 교도소를 새로 들어가는 쪽보다는 몸이 풀려서 나오는 쪽이 더욱 그랬다.

아마 교도소를 새로 들어가는 쪽은 아주 끊어져 없어지지도 않았으리라. 하지만 들어가는 쪽은 언제나 철망을 친 차편을 이용하고 있는 터이어서 그것마저 낌새가 분명칠 못했다. 그야 교도소 직원들이나 인근 주민들이 길목을 지나가는 일이 없는 것은 아니었다. 하지만 그건 물론 이 길목에서 특별히 사람의 눈길을 끌 만한 움직임은 못되었다. 이 길목에서 사람의 주의를 끌 움직임이란 역시 형기를 끝냈거나 당국의 사면으로 몸이 풀려 나오는 출감자들의 그것일 수밖에 없었다.

한데 어찌된 영문인지 이 몇 해 동안 교도소 수감자들 가운데선 몸이 풀려나 그 길을 걸어 나온 사람이 없었다. 출감자를 내어 보내기 위해선 교도소 문이 한 번도 열린 적이 없었다. 교도소 안엔 이미 내보낼 죄수가 아무도 없거나, 혹은 그곳엔 아예 종신형의 죄수들만이 수감되고 있는 그런 감옥이나 아닌가 의심이 될 지경이었다. 교도소의 마지막 출감자가 언제 마지막으로 그 길을 걸어 나갔던가를 기억하고 있는 사람조차도 거의 없었다. 아마도 이 교도소의 교도관들 가운데서조차 그들이 그 행운의 출감자를 내보내기 위하여 언제 마지막으로 교도소의 철문을 열었었던가를 더듬어낼 수 있는 소상한 기억력의 소유자는 흔치가 않을 터이었다.

— 이청준, 「잔인한 도시」 중에서

2 사건 묘사

아버지와 어머니는 5월의 어느 날씨 좋은 일요일 날, 부부동반 계모임에 다녀오다가 교통사고를 당했다. 운전은 그때 어머니가 했는데 면허가 나온 지 딱 두 달째 되는 날이었다. 운전이 노련한 아버지는 낮술에 제법 취해 있었다고 한다. 덕분에 어머니는 이름 없는 도로상에서 두개골이 깨지면서 죽었고 아버지는 병원에 실려 가서 엿새를 더 부지하다가 죽었다. 늑골의 뼈가 심장을 너무 깊이 찔렀다고 의사는 말했다. 그들의 기일은 그러므로 엿새 차이가 난다.

아버지가 마저 숨을 거두던 토요일에는 오후에 LA다저스와 샌프란시스코 자이언츠의 메이저리그 야구경기 중계방송이 예정되어 있었다. 나는 그것을 꼭 보고 싶었기 때문에 하루만, 하루만 더 아버지를 살아 있게 해달라고 하나님한테 기도를 했다. 야구중계방송 전이나 도중만 아니라면 아버지는 언제 죽어도 상관없을 것 같았다. 하지만 나의 기원엔 아랑곳없이 아버지는 토요일 날 오전에 숨을 거두었고 나는 MLB중계방송을 볼 수가 없었다. 아버지의 영정을 지키고 있으면서도 나는 야구경기의 결과가 궁금해서 하나도 슬픔이 현실적이지 않았다.

— 김도언, 「소년, 소녀를 만나다」 중에서

당숙이라는 사람은 세 가지 사실을 알려주었다. 수의사였던 아버지가 죽었다는 것, 커다란 금고 하나를 남겼다는 것, 허언증이 심한 이복누이가 감옥에 들어가 있다는 것. 얼른 오는 게 좋겠구나. 조금 급박한 어조였지만 냉정을 잃지 않은 채로 당숙이 말했다. 더 묻고 싶은 게 있니? 나는 모든 것이 궁금했으나 당숙과 나의 관계를 따져보아 하나를 먼저 물었다.

금고라고요? 그래, 금고. 무슨 금고지요? 무슨 금고긴, 금고가 금고지. 뭐가 들었는지 묻는 거냐? 당연한 말이었다. 연을 끊고 지내던 아버지는 죽었고 누이는 감옥에 들어갔다. 당숙이 말한 세 가지 사실 중에서 나와 유일하게 관련이 생길 수 있는 것이 있다면 금고뿐이었다. 마침 잘 말했다. 안 그래도 금고 때문에 골치가 아프려던 차였다. 그게 보안 시스템이 좀 특이하다던데. 뭐라더라, 홍채인식이라던가.

아저씨, 아버지가, 눈을 감으셨습니까? 그래, 어젯밤에 돌아가셨다니까. 아니요, 그게 아니라…. 나는 더 이상 묻지 않았다. 아버지를 보지 않은 지도 벌써 이십년이 넘어버렸다. 그런 와중에 잘 알지도 못하던 당숙에게서 대뜸 부고 통보를 전해 듣다니. 나는 이 상황을 이해할 수 없었지만 그것은 당숙에게도 마찬가지일 터였으므로 더 자세한 것을 묻는 일은 자제하기로 했다. 밤 열시쯤이었다. 전화를 끊는 것이 서로에게 도움이 될 것 같은 시간이었다.

— 사익준, 「입체적 불일치」 중에서

어느 날 아침 그레고르 잠자가 불안한 꿈에서 깨어났을 때 그는 침대 속에서 한 마리의 흉측한 갑충으로 변해 있는 자신의 모습을 발견했다. 그는 철갑처럼 단단한 등껍질을 대고 누워 있었다. 머리를 약간 쳐들어보니 불룩하게 솟은 갈색의 배가 보였고 그 배는 다시 활 모양으로 휜 각질의 칸들로 나뉘어 있었다. 이불은 금방이라도 주르륵 미끄러져 내릴 듯 둥그런 언덕 같은 배 위에 가까스로 덮여 있었다. 몸뚱이에 비해 형편없이 가느다란 수많은 다리들은 애처롭게 버둥거리며 그의 눈앞에서 어른거렸다.

'이게 대체 어찌된 일일까?' 그는 생각했다. 꿈은 아니었다. 다소 작기는 해도 사람 사는 방으로 손색이 없는 그의 방은 낯익은 사면의 벽들로 둘러싸여 조용히 놓여 있었다. 옷감 견본들이 풀어헤쳐진 채 어지럽게 널려있는 책상 위로는—잠자는 출장 영업사원이었다—그가 얼마 전 어느 화보 잡지에서 오려내 금박의 예쁜 액자에 끼워 넣은 그림이 걸려 있었다. 모피 모자를 쓰고 모피 목도리를 두른 채 꼿꼿이 앉아 있는 한 여인의 그림이었다. 그림 속의 그녀는 그를 향해 팔뚝을 완전히 가린 두툼한 모피 토시를 쳐들어 보이고 있었다.

그레고르의 시선은 이어서 창 쪽으로 향했다. 칙칙한 날씨가 그를 온통 울적한 기분에 젖게 했다. 빗방울이 후둑후둑 창문의 함석판을 두드리는 소리가 들려왔다. '잠을 조금 더 자서 이 어처구니없는 상황을 모두 잊어버리는 게 어떨까?' 하고 그는 생각했으나 그건 결코 실행할 수 없는 일이었다. 왜냐하면 그는 오른쪽으로 누워 자는 버릇이 있었는데, 지금 상태로는 도저히 그런 자세로 누울 수가 없었기 때문이다. 몸을 오른쪽으로 돌리려고 아무리 애를 써보아도 그는 번번이 등을 대고 누운 자세로 되돌아와 흔들거리기만 할 뿐이었다. 그러기를 아마 백 번쯤은 해보았고, 그는 버둥거리는 다리들을 보지 않으려고 두 눈을 감았다. 그리고 옆구리에서 이때까지 한 번도 느껴보지 못한 가볍고 둔한 통증이 느껴지기 시작하자 그제야 그는 그러기를 그만두었다.

— 프란츠 카프카, 「변신」 중에서

3 인물 묘사

그러니까, 그게 꼭 네 손처럼 보인다는 건 아닌데 사람 손같이 보이긴 해. 엄청 빠르게 앞다리 살을 조지니까 그런 생각도 잠시지만, 난 정말 놀라. 듣고 있어, 신다? 네 손 같다는 말은 아니야. 발이라면 모를까. 넌 좀 통통한 편에다가 발톱도 이상하게 나잖아. 조금만 오므리면 고리에 걸려 처진 앞다리처럼 보여. 그렇다고 네가 족발 같다는 건 아니고. 신다?

등을 보인 채 누워있던 신다가 대답 대신 모로 누웠다. 나는 신다의 축축한 팔뚝에 입을 맞춘 채로 가만히 창밖의 공장 기둥들을 쳐다봤다. 신다, 내가 너 때문에 일한다는 건 알고 있어? 신다는 또 대답이 없었다. 오늘부터 열대야라는 것을 뉴스로 본 뒤로 좀처럼 기분이 좋아질 기미가 보이지 않았다. 너는 모르잖아. 낮에 얼마나 더운지. 2시간 전에 이 두 마디를 한 게 전부였다. 난 그 이기적인 주둥아리에 먹던 김치를 쑤셔 넣고 싶었지만 정작 쑤셔 넣은 것은 축축한 살덩이뿐이었다.

신다가 더는 못 참겠다는 듯이 일어났다. 늘어난 살집들은 동물원에서 나는 냄새를 풍겼다. 신다는 개처럼 침대를 가로지르고 내려가더니 선풍기 앞에 누웠다. 아, 차가워서 좋아. 신다는 닫혀있던 입을 그제야 열고는 나를 쳐다봤다. 날 바라보는 눈이 간만에 뚜렷했다. 평소의 무기력하고 맹하기만 했던 그런 눈이 아니었다.

— 남궁지예, 「신다」 중에서

지난 봄 갑자기 세상을 등지고 만 민태준 형은, 그가 이승에 있었다는 흔적으로 단 한 가지 유물만을 남겨놓고 갔었다. 아는 이는 다 알고 있는 일이지만 그것은 별로 값지지도 않은 몇 권의 대학 노트로 되어 있는 비망록이었다. 우리는 그가 원래 시골집에 논 섬지기나 땅을 가지고 있었고, 처신에도 별로 궁기를 띠지 않았기 때문에 설마 옷가지 정도는 정리할 게 좀 남아 있으리라 생각했지만 사실은 그게 아니었던 것이다. 하지만 민형의 임종 순간이 노트 몇 권밖에 남길 수 없을 만큼 비참한 것은 물론 아니었다. 나이 서른넷이 되도록 결혼 살림도 내보지 못한 민형은 모든 것을 미리 알고 주변을 말끔히 정리한 다음 스스로의 임종을 맞았으리라는, 어쩌면 그 임종은 민형 자신에 의해 훨씬 오래 전부터 미리 계획되고 준비된 것인지 모른다는 주위의 추측이 유력했던 것이다. 하고보면 그의 유품인 비망록은 그가 간 뒤에도 세상에 남겨두고 싶은 유일한 소지물이었음이 틀림없었을 거라고들 했다. 한데 그가 죽은 뒤로 친구들을 가장 놀라게 한 것은 바로 그 초라한 유품 비망 노트였다.

— 이청준, 「매잡이」 중에서

삐익거리는 소리를 더 이상 참을 수 없어 류 씨는 버튼을 눌러 담배를 끄고 침대에서 일어났다. 잠에서 깨어나자마자 습관적으로 담배연기를 흡입하는 것으로 류 씨는 일과를 시작 했는데, 요즘 며 칠 사이에 가정관리 시스템의 경보 타이머는 그 주기가 현격히 짧아지고 있었다. 지난주 까지만 하더라도 류 씨는 한 번에 10분 정 도 분량의 담배연기를 흡입할 수 있었다. 그런데, 오늘은 한 5분 정도 지나서 부터 담배를 끄라는 경보음이 들리기 시작한 것이다.

이건 류 씨의 폐가 정상인의 그것보다 상당히 상태가 나쁘다는 건강관리 시스템의 분석에 의한 것이고, 그러기에 류 씨는 이틀 동안 경보음과 동시에 담배연기의 공급이 끊기는 자동스위치 대신 수동 스위치를 사용했었다. 하지만 이 상태로 3일이 지나면 메디칼센타의 호출을 받게 되므로, 류 씨는 다시 담배연기 공급박스의 스위치를 다시 자동으로 전환 시켰다.

메디컬센터란 일종의 국민보건관리 시스템으로 각 개인의 가정에 부착된 무인카메라를 통해 전 국민의 건강을 분석하고 치료하는 기관이었는데, 전에도 몇 번 가본 적 있는 류 씨로서는 다시 호출 받게 되어 특유의 약물 냄새와 차가운 로봇팔을 대한다는 것은 끔찍이도 싫어하는 일이었다. 류 씨는 입맛을 다시며 부엌으로 들어 가 키친 박스의 스위치를 올렸다. 담배를 대신할 만한 것이 뭐가 있을까? 류 씨가 버튼을 눌러 〈오렌지주스—이성화당 15프로〉를 주문하자 또다시 삐익거리는 경보음과 함께 키친 박스에 부착된 화면에 〈OFF 5〉라는 메시지가 나타났다. 이것은 류 씨의 혈중 당분 농도가 그동안 높아졌음을 뜻한다. 되는 것 하나 없군! OFF수치가 10이상으로 나타나면 당뇨증세를 뜻하고 그 또한 메디컬센터의 호출을 받아야 한다. 류 씨는 시큼한 오렌지 주스를 몇 모금 마시다 그냥 쓰레기 박스에 쏟아 붓고는 작업실로 들어가 모니터를 작동 시켰다. 삐—하는 소리와 함께 〈오늘은 2042년 12월 1일입니다〉라는 영상과 암호를 입력시키라는 딱딱한 남자의 음성이 들렸다.

— 유성식, 「아주 사소한, 류 씨 이야기」 중에서

4 떠남의 행위

부우우우.

뱃고동 소리는 미세한 입자로 흩어지며 아침 안개와 섞인다. 습기를 머금고 비릿해진 그 소리가 살갗으로 스민다. 들숨을 쉴 때마다 속이 울렁거린다.

물 위의 호텔 같은 거대한 여객선이 천천히 선회하자, 선창 밖으로 파노라마 사진처럼 예테보리 해안의 풍경이 길게 펼쳐진다. 어젯밤 떠나 온 북독일의 키일로 되돌아온 건가 싶을 만큼 두 항구의 모습은 닮았다. 거대한 화물선과 대륙 간 여객선, 파도에 흔들리는 작은 어선들, 무채색의 하역창고들부터 대기의 빛깔까지도, 이른 아침의 텅 비어 있던 선착장이, 배에서 쏟아져 나온 사람들로 차츰 메워진다. 해협 하나를 건넜을 뿐인데 기온은 느낄 수 있을 만큼 낮아졌다. 어깨에 둘렀던 스웨터를 서둘러 껴입는다. 뜨거운 차를 마시고 싶다.

객실 아래의 차량 칸에서 꾸역꾸역 밀려 나오는 차들과 사람들로 뒤엉킨 부두를 빠져나오면서 혹시나 싶어 이리저리 둘러보았지만 아직 P의 얼굴은 보이지 않는다. 부두 입구의 쇼핑몰에 있는 카페테리아에서 보자 했으니 그곳에 가서 기다리면 될 것이다. 쇼핑몰 입구는 열려 있는데 아직 상가들은 문을 열지 않았다. 긴 복도의 끝으로 주황색 불빛이 은성한 카페가 나타난다. 막 문을 열었는지, 노천으로 연결된 문이

활짝 열려 있고, 의자를 들고 나가 배열을 하느라 어수선하다. 차갑고 딱딱한 의자에 엉덩이를 대고서야 멍한 기운이 좀 가신다.

— 정미경, 「밤이여 나뉘어라」 중에서

폭풍이 이는 날에는 수로의 난간에 가까이 가는 것을 금하라. 그리고 안개, 특히 겨울 안개에 조심하라…. 그리고 미로 속으로 들어가라. 그것을 두려워할수록 길을 잃으리라.

로마에서의 일을 끝내자마자 그는 기차에 올라탔고 저녁 늦게 베네치아에 도착했다. 그리고 방향 잃은 호흡이 하얗게 서려 오는 새벽의 어느 창가에서 그는 이 환상에 가까운 팻말을 보았다. 여전히 정리되지 않은 환상을 헤매는 피곤한 꿈속에서였다.

그러나 그것은 이탈리아에 도착한 이래 그가 읽은 여러 여행안내 책자 속의 단어들이 거의 무의식중에 조립된 것일 뿐.

그가 눈을 떴을 때 기차는 어둠 속에서 육지와 베네치아를 잇는 철로 다리를 달리고 있었다. 약간 설익은 어두움. 겨우 여덟 시를 넘겼을 뿐이다. 이윽고 베네치아 산타루치아라는 진짜 팻말이 어둠 속에 떠오르며 기차는 역 안으로 들어섰다. 기차에서 내리는 사람들의 흐름을 따라 역을 나왔을 때……. 그는 서른 두 살의 생애에 그가 본 것 중 가장 놀랍고 이상한 도시 앞에 있음을 알아차렸다. 무거운 장식을 머리에 이고 있는 건물들이 가득 떠 있는 도시, 그것은 침몰 직전의 거대한 유람선처럼 수로 위에서 흔들리고 있었다.

— 최윤, 「하나코는 없다」 중에서

5
소설의 끝과 수미상관

소설의 결말은 플롯에 따라 작성된 마무리이기 때문에 필연적 결말이어야 하며 타당하면서도 함축미가 있어야 한다. 소설의 끝은 서두에서 제시한 문제로부터 구성의 일관성에 따라 해답을 주는 것이므로 주제의식과 작가의 세계관이 강조되는 부분이기도 하다.

단순히 선과 악, 성공과 패배, 희극과 비극 등으로 마무리하는 문제가 아니라 그간의 대립과 갈등을 통해 드러난 인생의 문제를 해결함으로써 보편적 일상이 우리에게 주는 반전과 여운, 확신과 배신, 만족과 허무 등의 감정을 유도해야 한다는 뜻이다. 독자가 인생을 성찰할 수 있는 계기를 마련해준다면 만족감과 해결감을 주는 좋은 결말이 될 수 있다.

일반적으로 소설의 끝은 수미상관(首尾相關) 기법을 활용한다.

소설은 인과관계, 즉 논리에 의해 구성되기에 시작과 끝은 마땅히 상관성이 있다는 것이다.

롤랑바르트(Roland Barthes)는 소설을 검토할 때 시작과 끝을 두 개의 단위로 놓고, 어떤 변형과 동적 수단을 통해 일치하거나 달라지는가를 살펴본다고 했다. 좋은 소설인지 아닌지는 소설의 시작과 끝만 읽어봐도 대략 알 수 있다는 것이다.

결국 소설의 제목과 시작과 끝은 작품의 정체성을 집약적으로 암시하는 상징성이 강하며, 작가의 정체성이 드러나는 결정적 장면이다. 소설의 결말을 통해 다시 창작의 원점이기도 한 주제의식을 탐색하게 된다.

영화 〈지니어스〉는 소설가 토마스 울프와 편집자 퍼킨스의 우정을 다룬 이야기이다. 소설가와 작품, 편집자와 책, 독자와 작품의 순환적 고리 및 관계에 대해 조망할 수 있으며, 무엇보다 작품의 탄생은 작가의 진정성 및 정체성으로부터 시작된다는 것을 소설의 시작과 끝, 영화의 시작과 끝을 통해서 강조한다.

노벨문학상 수장 작가 알베르 카뮈 『페스트』, 주제 사라마구 『눈 먼 자들의 도시』, 엘프리데 예리네크 『피아노 치는 여자』, 오에 겐자부로 『개인적 체험』과 퓰

리처상을 수상한 존 패트릭 섄리의 연극『다우트』등은 내용과 형식이 탁월하며 서두와 결말을 통해 예술미가 더욱 돋보인다.

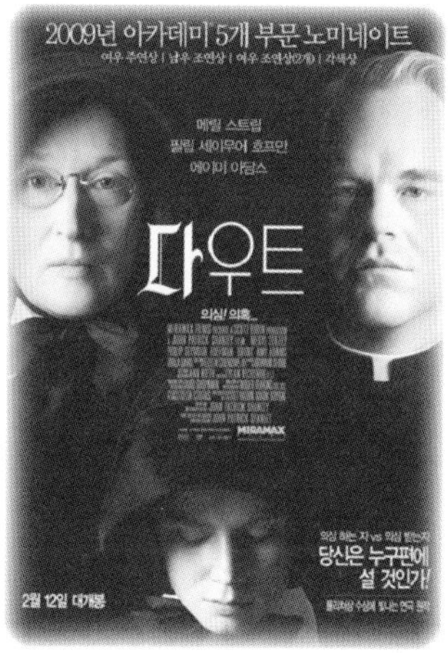

오에 겐자부로는 평생 전쟁, 폭력, 파괴적 인간 관계를 소설에서 다루었으며 그에 대한 비판의식이 작품 저변에 깔려 있다. 일본 사회의 문제적 인식과 책임의식에 대한 고뇌가 실존적 휴머니즘으로 구현되어 비전을 제시하였다.

그는 자신의 아들이 태어난 날을 두고 "나의 삶에서 가장 처절하고 우울한 나날"이었다고 회고했다. '두개골 뒤쪽에 달린 머리만큼이나 큰 적색 덩어리를 제거해야 했고', 수술 결과는 '돌이킬 수 없는 지적 장애'를 가져 왔기 때문이다. 그런 그가 '처박혀 있던 깊은 웅덩이'에서 빠져나올 수 있었던 열쇠는 바로 "피폭에서 살아남은 히로시마 사람들의 눈물과 용기"였다고 말했다.

히로시마를 방문하여 기록한『히로시마 노트』는 그가 세계와 어떻게 연결되어 있으며 어떻게 살아가야 하는지 해답을 찾게 해준 여정인 셈인데, '작가의 시작과 끝', '소설의 시작과 끝'에 대해 진지한 물음을 던진다.

"나는 내 아들의 이야기를 하지 않고서는 다시는 글을 쓸 수 없을 거라고 생각했는데, 그때부터 내 아들은 내 이야기의 중심이 되었어요. … 나는 불운하지 않고, 다른 일들로 인해 내 세계가 흔들리도록 가만히 내버려두지 않아요 …."

6

소설 예시로 살펴본 시작과 끝의 상관성

(시작) 내가 씨앗보다 작은 자궁을 가진 태아였을 때, 나는 내 안의 그 작은 어둠이 무서워 자주 울었다. 그러니까 내가 아주 작았던 시절—조글조글한 주름과, 작고 빨리 뛰는 심장을 가지고 있었던 때 말이다. 그때 나의 몸은 말(言)을 몰라서 어제도 내일도 갖고 있지 않았다.

말을 모르는 몸뚱이가, 세상에 편지처럼 도착한다는 것을 알려준 것은 나의 어머니였다. 어머니는 나를 어느 반지하방에서 혼자 낳았다. 여름날이었고, 사포처럼 반짝이는 햇빛이 빳빳하게 들어오고 있었다. 그때 윗도리만 입은 채 방안에서 버둥거리던 어머니는 잡을 손이 없어 가위를 쥐었다. 창밖으로는 어디론가 걸어가고 있는 사람들의 다리가 보였고, 죽고 싶다는 생각이 들 때마다 어머니는 가위로 방바닥을 내리찍었다. 그렇게 몇 시간이 지난 뒤, 어머니는 가위로 자기 숨을 끊는 대신 내 탯줄을 잘라주었다. 막 세상 밖으로 나온 나는, 갑자기 어머니의 심장소리가 들려오지 않았기 때문에 정적 속에서 귀가 먹는 줄 알았다.

그때 아버지가 어디 계셨는지는 기억나지 않는다. 아버지는 항상 어딘가에 계셨지만 그곳이 여기는 아니었다. 아버지는 언제나 늦게 오거나 오지 않았다. 어머니와 나는 펄떡이는 심장을 맞댄 채 꼭 껴안고 있었다. 어머니는, 발가벗은 채 심각한 얼굴을 하고 있는 내 얼굴을 큰 손으로 몇 번이나 쓸어주었다. 나는 어머니가 좋았지만 그것을 무어라 표현해야 할지 몰라 자꾸만 인상을 썼다. 나는 내가 얼굴 주름을 구길수록 어머니가 자주 웃는다는 것을 깨달았다. 그때 나는, 사랑이란 어쩌면 함께 웃는 것이 아니라 한쪽이 우스워지는 것일지도 모른다는 생각을 했다.

(끝) 그날 밤 나는 뜬눈으로 밤을 지새웠다. 나는 천장을 바라보며 내가 상상했던 아버지의 모습을 하나씩 떠올려봤다. 후쿠오카를 지나, 보루네오 섬을 건너, 그리니치 천문대를 향해 가는 아버지. 스핑크스의 발등을 돌아, 엠파이어스테이트빌딩을 거쳐, 고다라마산맥을 넘고 있는 아버지. 웃으면서 달리는 아버지. 달리는 걸 좋아하는 아버지. 그러다 문득, 아버지가 그동안 언제나 눈부신 땡볕 아래서 뛰고 있었다는 것을 깨달았다. 오랫동안 나는, 아버지에게 야광 반바지도 입혀드리고, 밑창이 말랑말랑한 운동화도 신겨드리고, 바람이 잘 통하는 셔츠도 입혀드리고, 달리기에 필요한

모든 것을 상상해왔다. 그런데 그중 선글라스를 씌워드릴 생각을 한 번도 하지 않았다는 게 이상하게 여겨졌다. 아버지가 비록 세상에서 가장 시시하고 초라한 사람이라고 할지라도—그런 사람도 다른 사람들이 아픈 것은 같이 아프고, 다른 사람이 좋아하는 것은 같이 좋아할 수 있다는 생각을 하지 못했다. 그러니 아버지는 내가 아버지를 상상했던 십 수 년 내내, 쉬지 않고 달리는 동안 늘 눈이 아프고 부셨을 것이다. 그래서 나는 오늘밤 아버지의 얼굴에 선글라스를 씌워드리기로 결심했다. 나는 먼저 아버지의 얼굴을 떠올렸다. 아버지는 기대감에 부푼, 그러나 애써 내색하지 않으려는 듯 작게 웃고 있다. 아버지가 가만히 눈을 감는다. 마치 입맞춤을 기다리는 소년 같다. 그리하여 이제 나의 커다란 두 손이, 아버지의 얼굴에 선글라스를 씌운다. 그것은 아버지에게 썩 어울린다. 그리고 이젠, 아마 더 잘 뛰실 수 있을 것이다.

— 김애란, 「달려라 아비」 중에서

(시작) 동생이 실종된 뒤로 괄호는 수시로 발견되었다. 그것은 발뒤꿈치에서 으깨지기도 하고, 식탁 위로 튀어 올라 입을 벌리기도 했다.

시계추와 함께 흔들거렸고 가만히 방안의 먼지를 받아내기도 했다. 가끔 햇빛이 드는 창가에 누워 양팔을 휘저었다. 낯선 이의 목소리에 울상 짓고 하염없이 떠는 건 이제는 내게 익숙했다. 장마가 시작되던 날엔 처마에 매달려 비를 그었다. 그러다 날아든 새에게 쪼이곤 다시 집안으로 걸어 들어왔다. 축축이 젖은 채로 집안에 흘러 다닐 때면 애처롭기보단 불안해 견딜 수 없었다. 금방이라도 어디론가 증발해버릴 것만 같았으니.

괄호는 여러 형태를 가졌다. 허공과 허공 사이에 그악스럽게 들어앉아 있다가도 어느새 공기 중으로 풀려 들어가 고요하게 남겨질 때도 있었다. 가끔 누런 벽에 얼룩져 있었는데, 어머니가 물에 젖은 걸레를 들고 북북 닦아내곤 했다. 괄호는 백태 낀 안구처럼 희미해지더니 다시금 단단하게 뭉쳐 풍경 위로 떠올랐다. 어머니는, 어머니의 목에 감긴 괄호를 그때까지만 해도 알아차리지 못하는 눈치였다. 괄호를 풀기 위해 가까이 다가가기라도 하면 어머니는 탄식을 내지르듯 중얼거렸다.

목이 마르구나. 물 좀 다오. 아가.

(끝) 강이었다. 짙은 안개 너머로 마침내 강이 보였다. 강바람은 불었고 새가 날아갔다. 어디선가 곰팡이냄새가 났다. 화약 냄새이기도 했고 피비린내이기도 했다. 냄새는 의외로 역겹지도, 두려움을 불러일으키지도 않았다. 외려 내게 야릇한 위안과 평안을 안겨주기까지 했다. 숨을 크게 들이쉬고 내쉬기를 반복했다. 냄새는 허공을 맴돌다 내 숨을 타고 몸 깊숙이 침범했다. 나는 왠지 모를 요의에 시달렸다. 바지를 내린 뒤 아랫도리를 내미는데 께름칙한 기분이 들었다. 나는 강을 내려다봤다. 잔잔한 수면 위로 괄호가 떠다녔다.

그리고 동생.

동생이 물 안에 있었다. 발등 위로 두둑 오줌 방울이 떨어졌다. 그 순간 숨을 참았다. 오랫동안 몸에 익은 감각들이 한순간에 사라진 듯한 느낌이었다. 수심은 깊어 보였고 동생은 선명하게 떠올랐다. 나는 수면 위로 손을 집어넣었다. 아무것도 잡히지 않았다. 다만 강물에 손이 시렸다. 손을 빼내자 괄호가 손가락에 걸려 줄줄이 올라왔다. 수면은 잠시 흐려지더니 다시금 선명해졌다. 내가 거기 있었다. 눈을 크게 뜬 채 강을 내려다보는 내가.

동생은 어디에도 없었다. 나는 계속 달렸지만 풍경들은 자꾸만 멀어졌다. 발소리는 국경을 넘어가듯 아득해져 갔다.

강가에 앉아 발을 젓는다. 발 위로 자꾸만 엉겨 붙는 이름들을 휘저어 밀어낸다. 바지 밑단은 이미 축축이 젖어버렸고, 일렁이는 물결에 발이 가렵다. 수천 조각으로 날리는 바람이 유난하다. 마른 나무들이 모여 가지를 떨어낸다. 맨발의 여자가 저 멀리 침묵으로 내달리고 만취한 소문들은 질주하듯 강으로 자맥질한다. 말들은 무너지고 함부로 묽어지는 밤은 잔인하다.

— 김수온, 「( )」 중에서

(시작) 로저 버튼 부부는 남북전쟁 이전의 볼티모어에서 사회적으로나 금전적으로나 남부럽지 않은 지위를 차지하고 있었다. 그들은 이 집안, 저 집안과 친척 관계였고, 남부 사람이면 다 알다시피 그것은 남부 연방 인구의 다수를 차지하는 거대한 귀족 계급에 속할 자격을 부여받았다는 뜻이다. 아기를 갖는다는 멋진 옛 습관을 처음

으로 경험하는 터라 버튼 씨는 당연히 신경이 곤두섰다. 아기가 아들이어서, 버튼 씨는 아이를 본인도 '카프'라는 다소 빤한 별명으로 불리며 사 년을 보냈고 코네티컷 주의 예일 대학교에 보낼 수 있기만 바랐다.

그 대망의 사건에 바쳐진 구월 아침, 그는 여섯시에 안절부절 못하며 일어나 옷을 입고 흠 한 점 없는 옷깃을 매만져 정돈한 뒤 볼티모어 거리를 허둥지둥 가로질러 병원으로 갔다. 밤의 어둠이 그 가슴에 새 생명을 낳아 품었는지 알아볼 때가 된 것이다. (중략)

"아들입니까, 딸입니까?"

"거기까지!" 킨 박사는 버럭 짜증을 터뜨리며 외쳤다. "직접 가서 보길 바라네. 터무니없는 일이야!" 그는 마지막 말을 거의 내뱉듯이 외치고는 돌아서서 중얼거렸다. "이런 일이 내 직업적 명망에 도움이 될 것 같나? 한 번만 더 이런 일이 있으면 난 끝장일세. 누구라도 끝장이야."

"무슨 일입니까?" 버튼 씨는 경악하며 물었다. "세쌍둥이인가요?"

"아니, 세쌍둥이는 아냐." 의사는 잘라 말했다. "그보다 더하지. 직접 가서 보게. 그리고 다른 의사를 불러. 젊은이, 난 이 세상에 나오는 자넬 받았고, 자네 가족들 주치의를 사십 년간 했지만, 이젠 끝이야! 자네든 자네 친척 누구든 다시는 보고 싶지 않네. 잘 가게!"(중략)

"제 아이를 보고 싶습니다!" 버튼 씨는 거의 비명을 지르다시피 외쳤다. 기절하기 일보직적이었다.

쨍그랑! 대야가 일층 바닥에 다다랐다. 간호사는 다시 정신을 차리고는 버튼 씨에게 진심 어린 동정의 눈길을 던졌다.

버튼 씨의 눈은 간호사의 손가락을 따라갔다. 그리고 이것이 그가 본 광경이었다. 넉넉한 흰 담요에 싸인 채 몸이 다 들어가지도 않는 요람에 억지로 끼어 앉아 있는 것은, 일흔이 좋이 되어 보이는 노인이었다. 성성한 머리는 거의 백발이었고 뺨에는 흐린 잿빛 수염이 길게 내려와 있었다. 수염은 창문으로 들어오는 미풍을 받아 앞뒤로 우스꽝스럽게 물결쳤다. 노인은 침침하고 흐린 눈으로 버튼 씨를 올려다봤다. 그 눈빛엔 당혹스런 질문이 숨어 있었다.

(끝) 과거, 산후완 힐에서 부하들을 이끌고 사납게 공격했던 일, 사랑하는 젊은 힐더가드를 위해 혼잡한 도시에서 여름날 해가 질 때 까지 늦도록 일했던 신혼 시절, 먼로 스트리트에 있던 음울한 옛 버튼 저택에서 할아버지와 저녁 늦게까지 앉아 담

배를 피우던 그 이전의 날들…… 이 모든 것이 마치 전혀 존재하지 않은 일인 양, 그의 마음속에서 공허한 꿈처럼 사라졌다.

그는 기억하지 못했다. 마지막 식사 때 우유가 따뜻했는지 차가웠는지, 하루하루가 어떻게 지났는지 선명하게 기억하지 못했다. 그저 자신의 요람과 나나의 익숙한 모습뿐이었다. 그러고 나면 아무것도 남지 않았다. 배고프면 울었고, 그게 다였다. 낮과 밤 내내 숨을 쉬었고, 그의 위에는 거의 들리지 않을 정도로 부드럽게 중얼거리는 소리와 웅얼거리는 소리들, 희미하게 구분되는 냄새들, 빛과 어둠이 있었다.

그리고 모든 것이 깜깜해졌다. 하얀 요람과 그 위에서 움직이던 희미한 얼굴들, 우유의 따스하고 달콤한 향기가 마음속에서 완전히 사라졌다.

— F.스콧 피츠제럴드, 『벤자민 버튼의 시간은 거꾸로 간다』 중에서

7
영화 〈다우트 Doubt〉의 수미상관 : 의심에서 비롯된 자멸의 과정[94)]

7-1. 고전적-대안적 내러티브의 복합

7-1-1. 아이러니컬한 3장 구조

영화 〈다우트〉는 1964년 뉴욕 브롬크의 성 니콜라스 교구 가톨릭 학교를 배경으로 학교장인 알리이시스 수녀와 플린 신부의 갈등을 다룬 이야기이다. 작품의 시대적 배경은 케네디 대통령이 암살당한 이후로 불안정한 사회 분위기 속에서 변화의 바람이 일고 있다. 가톨릭 학교에서도 최초로 흑인 학생의 입학을 허

94. 이은하, 「영화 〈Doubt〉'의 서사구조 연구」, 『한국문예비평학회』, 2016, 263-282면의 일부를 재구성하여 수록함.

가했는데 소년 도널드를 중심으로 원장 수녀와 플린 신부는 대결구도에 놓인다.

플린 신부의 설교로 시작되는 서두는 '의심'에 대한 화두를 제시하고 사건에 대한 궁금증이 지속되며 '의심과 확신'이라는 문제를 인물의 관계와 상황, 배경과 심리, 에피소드와 상관물을 통해 극적으로 전개된다. 그 힘은 인물의 내적 동기로부터 시작되어 문제적 행동, 분규의 발생, 갈등의 고조, 의식의 흐름으로 긴밀하게 연결된다.

먼저 인물의 욕구와 결과를 중심으로 스토리의 통시적 진행을 살펴보면 다음과 같다.

알리이시스 원장 수녀는 독선적인 원칙주의자로 관습을 고수하려고(**욕구 : 가능한 목적**) 명령과 체벌로서 학생과 교사들에게 규율을 강조한다(**목적의 현실화**).

자유분방한 플린 신부의 교육 방식이 못마땅한 그녀는 도널드가 일으킬 문제를 대비해 지켜보다가(**욕구 : 가능한 목적**) 신부를 의심하는 제임스 수녀의 말을 듣고(**목적의 현실화**) 플린 신부를 쫓아내려는 계획을 세운다(**욕구 : 가능한 목적**).

그녀는 학교를 지키기 위해 플린 신부를 미행하고 갈등이 심화되자 플린 신부가 학교를 떠난다(**목적의 현실화**).

학교는 평온해 보이지만 플린 신부가 성 제롬 가톨릭 학교 원장으로 승진한 소식을 듣고 원장 수녀는 의심이 들어(**욕구 : 가능한 목적**) 더 큰 혼란에 빠진다(**목적의 비현실화**).

원장 수녀의 욕망(권위, 학교 통제)을 가로막는 플린 신부는 장애물이며 도널드 사건을 계기로 적대적 구도가 형성된다. 원장 수녀의 향상은 표면적일 뿐 내면적 악화 국면이 동시에 전개되어 자가당착의 귀결로 이어지는데 이는 통합적 계층인 기능단위이다. 기능단위는 중요한 의미를 띠는 '인물의 행위 요소'들로 줄거리 파악에 필수불가결한 요소이다. 다음으로 플롯의 결합 방식을 살펴보겠다.

1) 예상되는 악화 : (1장—설정)

① 1969년 늦가을 아침, 바람 낙엽이 흩날리는 거리, 근엄한 분위기의 교회, 미사 준비로 분주한 소년(도널드)과 소녀들의 찬송, 플린 신부의 설교('신념의 위기; 확신이 없을 땐 어떻게 합니까?')

② 아이들에게 다가가는 원장 수녀(알라이시스), 뒤통수를 때리고 매서운 눈으로 야단침. 설교하는 플린 신부를 유심히 바라봄, 교회 천장으로 날아오르는 새, 플린 신부를 따르는 도널드, 춤추는 인형을 도널드에게 선물하는 플린 신부.

③ 이른 아침, 제임스 수녀의 방, 찬바람이 들이쳐 창문을 닫음. 학교 정원에서 학생들과 신부의 친근한 인사, 그 중 한 학생을 지명해 잡아 끌어낸 원장 수녀. 제임스 수녀의 교실, 예고 없이 들이닥친 원장 수녀가 아이들을 지적, 체벌함.(책이 없거나, 헤어핀, 이어폰 착용) 눈치 보는 아이들과 교사, 합창 수업을 냉담하게 지켜보는 원장 수녀. 수녀들의 건조한 식사, 배려와 소통이 되지 않는 대화들.

④ 바람이 제멋대로 부는 거리, 원장 수녀 창문을 닫으며 아이들과 농구하는 신부 주시, 아이들에게 긴 손톱을 보여주며 청결하면 된다고 말하는 플린 신부.

⑤ 신부들의 유쾌한 식사(농담, 유머, 맥주, 담배, 고기), 수녀들의 식사(침묵), 아이들과 댄스 수업을 하는 플린 신부(여학생 파트너가 싫다는 아이들에게 거절을 제안하는 공감 대화)

2) 악화의 과정 : (2장—대립)

① 제임스 수녀의 의심, 플린 신부와 도널드 관계(스캔들 1 : 도널드의 포도주 사건)를 의심하는 원장 수녀(대분규/개연적 분규 시작)

② 천둥소리, 비바람 들이치자 창문을 닫는 제임스 수녀. 원장 수녀의 사무실, 플린 신부 탐색(긴 손톱, 설탕)과 비난, 사건 추궁, 신부를 믿지 않고 도널드에게도 관용을 베풀지 않는 원장 수녀, 감옥 같은 학교와 교사 일에 회의적 빈김 표시(중긴적, 객관적 입장=관객), 비바람에 부러진 나무, 그에 넘어져 다친 늙은 수녀.

③ 비바람이 부는 날, 플린 신부의 설교('험담; 바람에 날린 베개 깃털'), 바람에 흩어진 깃털과 절망스런 여인의 표정.

④ 낙엽 쌓인 정원 벤치, 플린 신부와 제임스 수녀의 대화(오빠의 병환, 스캔들 2 : 도널드 속옷 사건 설명과 충고 "젊은 수녀에게서 교장 수녀가 묻어나요. 무자비한 자들이 도덕심이란 미명하에 자비를 말살하려는 거죠.") 의심과 혼란으로 불안한 제임스 수녀, 이를 위로하는 플린 신부.

⑤ 교실 복도, 도널드의 시선을 외면한 신부, 상심한 도널드를 떠미는 아이, 밟혀 부서진 춤추는 인형, 플린 신부가 일으켜 안아줌, 다시 혼란스런 제임스 수녀, 신경질적으로 수업 진행하다가 학생들에게 사과함.

3) 발생된 악화 / 4) 예상되는 향상(대립 고조)

① 원장 수녀와 도널드 엄마의 대화, 신부의 유혹 언지, 도널드 엄마의 반문과 비난(신부 두둔, 외톨이, 흑인 차별, 아버지의 폭력, 도널드의 동성애 성향—반전 1) 놀란 원장 수녀, 도널드를 퇴학시키고, 신부를 몰아내겠다고 강력히 말함. (행동 강화의 계기, 수녀의 의심(확신)에 무게 중심이 가는 전환점)

② 원장 수녀, 비장한 각오와 신부에 대한 뒷조사, 거짓말로 신부를 유도 심문함, 규율을 어긴 수녀에게 항변하는 신부, 싸움 고조, 과오를 고백하는 신부(반전 2—놀람, 관객의 기대가 어긋나는 지점), 신부의 절망적인 얼굴, 성경책의 꽃갈피.(신부가 떠나게 되는 전환점)

5) 이루어진 향상 / 6) 예상되는 악화 및 발생된 악화의 역설적 상징(3장—해결/미해결)

① 신부의 작별 미사('목적도 모르는 누군가의 바람이 나를 밀어낸다.'), 슬픔에 찬 도널드.

② 눈 덮인 정원 벤치, 원장 수녀와 제임스 수녀의 대화(제임스 수녀의 불면증, 원장 수녀의 승리, 편히 잠자는 수녀에게 반감어린 부러움 표시, 플린 신부의 승진을 전하는 원장 수녀(반전 3), 자신의 말을 믿지 않는 주임, "잘못이 없다면 거짓말이

통할 리 없다."며 자신의 과오를 정당화하면서도 대가를 치르겠다고 말함. "너무나 의심스럽다."고 반복하며 흐느끼는 원장 수녀. 흰 눈이 쌓인 교정에서 오열하는 알리이시스.(역설적 결말의 전환점)

구체적으로 살펴보면, 〈다우트〉의 표층구조는 고전적 내러티브(설정, 대결, 해결의 3장 구조) 형태로 놀랍고 당황스러운 반전 상황을 배치하여 사건이 극적으로 전환되면서 아이러니한 해결로 완결된다.

1장에서는 원장 수녀와 신부의 성격을 형성하고 그 가운데 제임스 수녀를 두어 객관적 시선을 유지한다. 문제의 중심에 흑인 소년 도널드가 있으며 바람, 설교1의 상징적 복선을 통해 사건을 암시한다. 이는 인물과 환경에 대한 정보이자 2장에서 벌어질 갈등을 예고하는 인과성, 동기의 설정이다.

2장은 미심쩍은 상황이 반복, 심화되는 면막 장면(plot point)의 설정으로 소분규들이 해소(도널드의 포도주 사건 → 플린 신부가 눈감아 주었다는 진술 → 도널드를 복사(미사 보조)에서 제외/도널드 속옷 사건 → 도널드를 배려해 사물함에 직접 넣어주었다는 진술 → 제임스 수녀의 이해)되면서 다음 장으로 이어진다. 플롯 포인트는 이야기를 다른 방향으로 진전시키는 기능을 하며 더 큰 반전(1. 도널드 엄마와의 상담, 2. 플린 신부의 고백, 3. 플린 신부의 승진)으로 이어지는데 의심에서 확신으로 축이 옮겨지는 전환점(turning point)으로 긴장감이 상승하고 인물들의 심리 변화가 속도감 있게 진행된다. 인물의 외부 사건과 내면 묘사의 적절한 배치로 핵사건(원장 수녀와 신부의 갈등)과 위성사건(주변사건들, 에피소드)이 자연스럽게 연계되는 것을 알 수 있다.

3장에서는 플린 신부가 학교를 떠나게 되고 뜻밖의 소식에 원장 수녀는 충격에 휩싸인다. 2장의 클라이막스 전환점(반전 1,2)으로 인해 이야기 방향이 신부의 패배로 바뀌었고, 3장의 엔딩 전환점(반전 3)으로 인해 다시 그 방향이 바뀌게 된 것이다. 엔딩 전환점은 원장 수녀를 이전의 세계로 돌아갈 수 없게 만드는 강력한 지점(사건)이기에 원장 수녀뿐 아니라 관객 모두 자가 탐색에 몰입하게 된다. 이는 자신감에 차있던 원장 수녀에게 더 큰 갈등을 구축하는 미해결의 결말로써 원장 수녀의 내적 갈등과 고통을 암시하는 새로운 장인 것이다.

결국 이야기는 플린 신부의 승진과 원장 수녀의 오열로 마무리되는데 작가가 문제를 집약시켜 폭발하듯 제시한 아이러니의 결말이며 고전적 내러티브의 전형을 비틀고 전환시켜서 구축한 서사전략임을 알 수 있다.

7-1-2. 배치, 환치, 복치의 회귀적 순환구조

위에서 살펴본 것처럼 영화 〈다우트〉의 표층구조는 두 인물의 대결구도로 사건이 진전된다. 여기에 인물의 내면세계와 심리를 의식의 흐름 기법으로 구체화하는 중간·심층구조가 또 다른 층위에서 이루어진다. 표층 및 중간·심층구조의 연계를 살펴보기 위해 원장 수녀의 정체성 회복과 상실의 국면을 제시하면 다음과 같다.

회복의 국면		상실의 국면		
① 예상되는 악화	=	⑥ 이루어진 향상	=	① 예상되는(발생된) 악화
⇩		⇧		
② 악화의 과정		⑤ 향상의 과정		
⇩		⇧		
③ 발생된 악화	=	④ 예상되는 향상		

이러한 패턴을 염두에 두고 살필 때, 〈다우트〉는 표층적으로 ① 예상되는 악화에서 ③ 발생된 악화, 다시 ⑥ 향상하는 ∪자형인 '봄의 미토스(mythos)'면서 동시에 ① 예상되는 악화로 다시 순환되는 ∞자형 구조이다. 흥미로운 점은 ② 악화의 과정을 세밀하게 보여줌으로써 원장 수녀가 ① 악화로 치닫는 당위성을 강화한 것이다. 악화 → 향상 → 악화의 순환구조 안에 ∪자형과 ∩자형 구조(가을의 미토스)를 중첩(⋍)하여 전개의 속도감과 극적 긴장, 발견을 통한 카타르시스 효과를 거둔다. 즉 영화 〈다우트〉의 표층구조는 인물의 행위를 중심으

로 전개되는 분규발생과정형 플롯이며, 인물 내면에 중점을 둔 중간·심층구조는 스토리라인형의 연쇄고리식 플롯으로 두 개의 플롯을 교차 전개하여 아이러니를 극대화한 것이다.

이처럼 목적지향적인 원장 수녀가 플린 신부를 마주하며 끊임없이 목표(제거)를 향해 나아가다 결정적인 순간에 해결로 넘어가는 궤도는 드라마틱한 곡선을 이루는데 고전적 내러티브로 선형적이며 안정적이다. 이런 표층구조에 내면심리와 갈등의 분열적 이야기를 비선형적인 대안적 내러티브[95]로 중간구조를 병합한다. 상반된 형태(성격)의 고전적—대안적 내러티브가 복합된 것인데 이질적이면서도 균형을 이루어 흥미와 사유를 적절하게 끌어낸다.

처음, 중간, 끝에 배치한 삽화(1·2·3), 바람 부는 거리와 창문(눈, 귀/시각), 바람의 세기(찬바람 → 비바람 → 천둥에 쓰러진 나무), 바람에 흩어지는 낙엽(가을) → 베개의 흰 깃털(삽화 →)눈송이(겨울)의 유사 이미지 등은 자유연상기법으로 심화되다가 처음의 상황을 환기시키면서 재설치 된다. 에피소드와 상징물(수녀/신부들의 식사, 합창/댄스 수업, 쓰러진 나무에 걸려 다친 수녀, 교회 천장으로 날아오르는 비둘기(막힘)—유일한 흑인 소년—아이들의 괴롭힘과 부서진 인형 등)의 배치(配置), 환치(換置), 복치(復置)[96]를 통해 이야기의 보편성과 개별성을 획득해 나간다.

또한 작가(감독)는 위에 제시한 삽화, 상관물, 에피소드를 비연속적인 형태로 표층구조에 끼워 넣는 꼴라주 기법으로 의식의 흐름을 구체화하고 독자로 하여금 인물의 내면 탐구에 집중하게 만든다. 이는 사건의 흥미로운 진전(인물 외

---

95. 헐리우드의 지배적인 이야기 서술 방식인 고전적 내러티브에 대항하기 위해 고안된 반고전적 내러티브이다. 고전적 내러티브는 이야기 전개의 연속성과 투명성을 통해 관객의 동일시를 유도하고, 대안적 내러티브는 불확실하고 모호한 내러티브 구조 속에서 실험적 스타일과 열린 결말을 지향한다. 켄 댄시거, 안병규 역, 『얼터너티브 시나리오』, 커뮤니케이션북스, 66–75면 참조.

96. 배치는 요소들(모티프 등) 모아서 설정하는 설치(設置)로, 환치는 그것을 다른 것들로 바꾸거나 대립, 변조시키는 전치(轉置)와 대치(代置)로, 복치는 균형을 처음의 요소들을 상기시키는 유사한 것들을 다시 설치하는 원위치, 혹은 처음의 상황을 환기시키면서 새로운 배치를 시작하는 재설치 등을 말한다. 앤드루 호튼, 주영상 역, 『캐릭터 중심의 시나리오 쓰기』, 한나래, 155–156면 참조.

부)과 자기 환멸의 반성적 성찰(인물 내부)을 유도하려는 작가 의도가 내포된 것으로 '의심'에 대한 물음을 통해 인간의 욕망 충족과 그 실체를 입체적으로 드러내는 것이다.

한편 알리이시스의 문제적 행동은 욕망 상승과 신념의 몰락이라는 역설적 결말을 초래했는데 대립 구도를 통해 인물을 대비하고 관객으로 하여금 도덕적 딜레마를 경험하게 하려는 장치임을 알 수 있다. 특히 결말에서 원장 수녀가 오열하는 장면은 '베개 깃털' 설교(삽화 2)에 나오는 여인의 절망과 유사하며 '신념의 위기' 설교(삽화 1)에서 방황하는 사람과 다를 바 없다. '신념이 없을 땐 어떻게 합니까?'라는 설교 주제를 환기시키는 수미상관적 결말인데 회귀적 순환구조(심층구조)로서 종결감과 대조감(결과는 처음과 같으나 똑같지 않음)을 느끼게 한다. 삽화의 알레고리, 조롱이 담긴 풍자적 결말은 안정적인 고전적 내러티브의 변형, 대안적 내러티브의 변주를 통해 충돌과 조화를 이루면서 주제의식과 형식의 미학을 예술적으로 끌어올렸다.

7-2. 욕망의 간접화와 희생양 매커니즘

7-2-1. 권위주의와 편견에서 비롯된 의심—알리이시스 원장 수녀

사건과 인물의 행위(액션 라인)는 내면심리의 변화와 동시에 이루어지는데 인물의 발전과 변화를 체계적으로 조직화하는 일은 시나리오 구조에서 매우 중요하다. 본론1에서 살펴보았듯이 플롯이 사건을 전진시키는 동력이라면 인물의 캐릭터는 내재적 의미를 담아 주제를 환기시키는 중추적 기둥이기 때문이다.

1장(act 1, 설정)에서는 알리이시스 원장 수녀의 면모를 여러 측면으로 제시한다. 플린 신부가 설교하는 동안 조용히 일어나 아이들 곁으로 다가가는 원장 수녀의 뒷모습은 감시자나 교도관을 연상케 한다. 건물 위층에서 강압적인 어조로 학생을 불러내는 모습을 보고 플린 신부가 "먹잇감을 찾았군요."라고 말하는 것은 원장 수녀의 부적절한 행태를 꼬집는 부분이다. 또한 원장 수녀가 수업이 진행되는 교실에 갑자기 들어가거나 학생을 대하는 냉담한 태도, 동료들의 조언을 일축하는 모습은 존중과 배려가 결여된 성격을 잘 보여준다.

특히 그녀는 주변(밖, 위, 뒤)에서 대상을 지켜보다가 의심이 가는 행동이 눈에 띄면 확신하고 이를 해결하기 위해 행동한다. 도널드를 '니그로'로 명명하는 것, 학생들의 행동을 부정적으로 예상하는 것, 아이들의 정서나 심리를 살피기보다 결과만 가지고 통제하는 모습은 틀에 박힌 규율로서 훈육하는 권위적인 태도, 편협한 시각, 신경과민적인 성향을 드러낸다.

① 알리이시스 수녀 : 양의 탈을 쓴 늑대를 막아내는 게 내 의무에요.
제임스 수녀 : 오해일지 몰라요.
알리이시스 수녀 : 그럼 왜 악마를 본 표정이죠?
제임스 수녀 : 교실로 돌아와서 좀 이상했어요. 겁에 질린 얼굴로 얼굴을 책상 위에 떨구고…. 게다가 술 냄새도 났어요.

② 알리이시스 수녀 : 손톱이 기네요. 설탕은?
플린 신부 : 세 개요.
알리이시스 수녀 : 주요 용건, 중요한 건 진실이죠? 표정을 감추려 하는군요.
플린 신부 : 뭘 비난하려 하는 거죠?
알리이시스 수녀 : 사제관에서 무슨 일이 있었죠? 사실대로 말해달라는 거예요.
플린 신부 : 과중한 업무로 상상이 지나쳤군요. 힘든 일이 있었는지 몰래 포도주 마신 걸 제게 들켰어요. 아이가 복사에서 빠지지 않게 해달라고 해서 비밀로 해주겠다고 했어요.
알리이시스 수녀 : 그걸 어떻게 믿죠? 게다가 술을 마신 건 사실이잖아요.
플린 신부 : 아이를 생각해서 관용을 베풀어 주세요.
알리이시스 수녀 : 술을 마셨다니 절대 용납할 수 없어요.
플린 신부 : 복사에서 아이를 제외하겠어요.

①은 제임스 수녀가 도널드와 플린 신부의 관계를 걱정(스캔들 1, 대분규)하며 원장 수녀와 대화하는 장면이다. 알리이시스는 이야기를 듣자마자 플린 신부를 '양의 탈을 쓴 늑대', '악마'로 적대시하며 '그를 막아내는 것이 자신의 의

무'라고 명료하게 말한다. 그리고 ② 플린 신부에게 '진실'을 말하라고 종용한다. 학생들에게 그러하듯 신부를 대하는 강압적 태도와 '먹잇감'이 돼버린 플린 신부의 입장이 잘 드러나는 장면이다. 이처럼 1장에서 설정된 그녀의 성격은 플린 신부와의 갈등을 야기하는 동기가 되었고, 수직적 관계(원장 수녀/학생)에서 빚어지는 문제들이 신부와의 수평적 관계로 이동하여 팽팽한 대결 구도가 구축된다.

인상적인 점은 ② 대화가 취조실에서 심문하듯 이루어지며 신부의 사소한 행동을 보고 문제를 유추해내는 원장 수녀의 의식화 과정이다. 원장 수녀는 플린 신부가 손톱을 기르고 차를 달게 마시는 취향을 유희와 쾌락 탐닉의 본성으로 이해하고 소아성애자(도널드와의 부적절한 관계)로서의 가능성이 농후하다고 판단한다. 또한 플린 신부가 자신의 자리에 앉는 것에 불편함을 느끼고, 창문의 블라인드를 과격하게 열어 플린 신부가 햇살에 눈이 찔리도록 만들며, 신부가 블라인드를 내리려고 일어서자 바로 자신의 의자(주인적, 수직적 위치)를 차지하며 안정감을 느끼는 미묘한 심리는 권위주의에서 비롯된 공격적 심리(예민함)를 섬세하게 보여준다.

이를 지켜 본 제임스 수녀가 원장 수녀를 보는 시선도 살펴 볼 필요가 있다. 제임스 수녀는 도널드 스캔들의 제보자이며 중립적인 위치에 서 있는데 신부의 말을 믿지 않고 도널드에게도 관용을 베풀지 않는 원장 수녀에게 "감옥 같은 학교 분위기"와 교사 일에 대한 회의적 반감을 표시한다. "정말 학생들이 죄수처럼 다뤄진다고 생각해요?", "모두들 수녀님을 무서워해요"의 대화에서 알 수 있듯이 플린 신부처럼 학교가 변화하길 바란다. 그러나 원장 수녀는 "걸레는 빨아도 걸레죠", "틀림없다", "내 경험에 의해서 잘 안다", "학교와 성당을 플린 신부로부터 구해야 한다"에서 나타나듯이 동료의 말에 귀 기울이지 않는다.

이처럼 독선적인 알리이시스 원장 수녀는 매사 타인을 은밀하게 관찰하고 문제를 수집한 뒤 강압적 태도로 진실을 요구한다. 명령과 처벌로 문제를 해결하는 그녀에게 수평적, 설득적, 관용적 동료의식은 찾아 볼 수 없는데 이는 플린 신부가 지적한 "편협함"에서 기인한다.

편견이란 개인이나 특정 집단에 대해 한쪽으로 치우친 의견이나 견해를 말하며 편견을 지닌 사람은 대개 고정관념, 권주의의와 연관이 있다. 편협한 태도는 그 집단과 집단에 속하는 구성원들을 부정적으로 평가하면서 불이익을 주는 등 차별 대우(약자 공격)를 하는 행동으로 나타난다.[97] 또한 편견은 경쟁 관계에서 두드러지는데 플린 신부를 따르는 학생들(동료, 신도)을 보면서 원장 수녀는 상대적 박탈감을 느낀다. 이러한 경쟁 심리와 박탈감은 적개심으로 이어져 플린 신부를 더욱 부정적으로 인식하여 갈등이 극대화되는데 2장(대립)의 갈등 고조 장면이 이를 잘 보여준다.

원장 수녀가 거짓말(미끼)로 유도 심문하자 신부는 "감정이 흔들린 적이 있으나 아이를 건드린 적 없다" 고 말하고, 원장 수녀는 극도의 혐오감을 보이면서 "사기꾼", "연민도 없다"고 모욕한다. "피해 본 아이의 부모를 찾을 때까지 신부의 과거 행적을 찾겠다."고 협박하는 원장 수녀에게 "교회의 허가 없이 내 뒷조사를 할 수는 없소!"라고 맞서지만 플린 신부는 "과오를 고해했고 용서 받았소. 우린 똑같아요"라고 말하며 호소한다.

관용을 기대할 수 없는 원장 수녀 앞에서 클로즈업 되는 신부의 좌절은 관객이 발전시켜 온 내러티브를 뒤엎으면서 대결 구도를 전복시킨다. 약점(상처, 죄의식)을 이용해 상대를 굴복(도널드의 퇴학)시키는 원장 수녀의 비열함은 죄의식으로 인해 심리적 고통을 느끼는 플린 신부와 더욱 대조적이다.

3장에서 신부는 "목적도 모르는 누군가의 바람이 나를 밀어낸다"는 미사를 끝으로 학교를 떠나게 되고 원장 수녀는 플린 신부의 아쉬움과 도널드의 상처를 외면한 채 평온함을 되찾는다. 그러나 플린 신부의 승진 소식에 더 큰 혼란에 빠지고 만다.

그녀는 고향에 다녀온 제임스 수녀에게 그간 일을 고해하며 "잘못이 없다면 거짓말이 통할 리 없다"며 자신의 행동을 정당화하면서도 "잘못한 대가도 치러야겠죠"라고 말한다. 이는 도덕적 딜레마를 보여주는 장면이다. "의심스러워요. 너무나 의심스러워요"를 반복하며 흐느끼는 모습은 "의심을 품고 길을 잃어 방황"하는 모습이며 "이웃에 대해 잘못된 사실을 말하고 그의 이름을 더럽힌 여

---

97. 프레데릭 마이어, 임호일 역, 『편견』, 소명출판, 2016. 59–60면 참조.

인"을 환기시킨다. "흩어진 베개 깃털을 주워 담을 수 없을 만큼" 큰 잘못을 지은 '죄인'인 것을 역설적, 풍자적으로 폭로하는 것이다.

7-2-2. 자유와 개성을 존중하는 변화의 물결—플린 신부

플린 신부는 개성과 자유를 중요하게 생각하며 학생을 존중하는 친근한 면모의 인물이다. 고정관념과 편협함으로 권위를 내세우는 알리이시스와 대비되며 그릇된 관습과 고정관념을 탈피하고 교회와 학교가 변해야 한다고 믿는 진보적 성향을 지닌 사람이다. 서두에 나오는 플린 신부의 설교는 그의 세계관과 시대의식을 잘 보여준다.

① 플린 신부 : '확신이 없을 땐 어떻게 합니까?' 오늘 설교의 주제입니다. 작년에 케네디가 암살되었을 때 상실감을 안 느끼신 분, 계십니까? 절망감에 길을 잃고 방황하셨겠죠. 세상 모두가 절망의 나락에 떨어진 시기였죠. 그런데 생각해 보세요. 여러분은 타인들과 교감했습니다. 끔찍했지만 모두 함께 겪었지요. 그렇다면 홀로 자신의 문제를 이겨내야 하는 형제, 자매님들의 고통은 얼마나 클까요? "내가 아픈 걸 아무도 몰라. 절친한 친구를 잃었는데 아무도 몰라. 나쁜 짓을 했는데 아무도 몰라." (중략) 한 가지 이야기를 하죠. 화물선이 침몰했습니다. 화재로 가라앉았죠. 살아남은 유일한 선원은 구명보트를 탔고 하늘을 올려다봤어요. 별을 보고 집에 갈 항로를 정했죠. 그리곤 지쳐서 잠들었어요. 구름이 하늘을 가렸고 이십 일 동안 그는 별을 볼 수 없었어요. 제대로 가고 있는지 알 길이 없었죠. 시간은 흐르고 선원은 지쳐갔어요. 사람들은 의심을 품기 시작했죠. 그의 항로가 정확할까? 그는 망망대해에서 길을 잃고 죽을 운명일까? 알 수가 없었죠. 그가 긴박한 상황에서 별자리를 잘못 읽었을까? 처음의 믿음을 아무런 확신도 없이 맹신해야만 할까요? 여러분 중 일부는 제가 묘사한 신념의 위기를 이해하실 겁니다. 제가 말하는 것은, 의심이란 녀석은 확신만큼 강력하고 지속적입니다. 길을 잃어도 여러분은 혼자가 아닙니다.

> ② 플린 신부 : 한 여인이 잘 모르는 남자를 험담했어요. 그녀는 그날 밤 꿈을 꿨어요. 거대한 손이 나타나 그녀를 가리켰고 여인은 죄책감에 휩싸였어요. 다음날 여인은 고해했죠. 오라크 신부한테 그녀가 물었어요. 남 얘길 하는 것이 죄악인가요? 그 손이 하느님의 손일까요? 용서를 구해야 하나요? 제가 잘못한 건가요? 그렇소. 오라크 신부님이 대답했죠. 이 무지하고 타락한 여인이여, 부끄러운 줄 아시오. 당신은 이웃에 대해 잘못된 사실을 말하고 그의 이름을 더럽혔소. 여인은 잘못을 인정하고 용서를 구했지만 신부는 고개를 내저었어요. 신부는 여인에게 집에 있는 베개를 지붕으로 가져가서 깔로 찌른 다음에 다시 오라고 했어요. 여인은 그대로 한 뒤에 신부님한테 갔죠. 베개를 찔렀소? 네, 신부님. 어떻게 됐죠? 깃털들이 쏟아져 나왔어요. (사방으로 깃털이 날리는 모습, 놀란 여인의 얼굴 삽입) 이제 집으로 돌아가서 바람에 날린 깃털을 다 모으시오. 여인이 말했죠. 그건 불가능해요. 어디로 날아갔는지 모르거든요. 신부님이 말했어요. 바로 그것이 험담이오.

①에서 알 수 있듯이 플린 신부는 케네디 암살 이후 혼란스런 사회 분위기를 들어 '신념의 위기'라고 말한다. 길을 잃어도 함께 극복할 수 있다는 메시지는 의심으로 위기에 처할 사건을 암시하는 복선적 장치의 삽화이다. '확신만큼 강력하고 지속적인' 의심을 품는 원장 수녀와 대립하게 되고 '신념의 위기'에 처하게 될 그녀(사람들)에게 설교 ②를 통해 강력하고 날카롭게 지적하는 것이다. '칼로 베개를 찢는 여인'과 '바람에 다 날아가 버린 깃털들'을 설교 중간에 넣어(삽화의 이중 삽입) 액자식 이야기를 감각적 이미지로 부각시키며 영화 후반에 다시 정지 화면으로 삽입한다.

다시 말하자면, 플린 신부의(개인과 사회/교회와 학교) 문제의식은 삽화1('확신이 없을 땐 어떻게 합니까?')을 통해 이야기 전제로 제시되고 도널드와의 관계를 의심하는 원장 수녀에 대한 삽화 2('바람에 날아간 베개 깃털')를 통해 주제의식을 강조한다. 또한 원장 수녀의 본질적 특성(특수성)을 삽화 속 여성(보편성)과 대비하여 주인공에 대한 관객의 동일시(의심과 확신, 험담에 대한 이해와 공감)를 강화시킨다. 이로써 무분별하게 험담하는 인간의 보편적 특질(자의 성, 잔인성)에 대해 경종을 울리려는 전략적 장치임을 알 수 있다.

한편 플린 신부가 바라는 인식의 변화는 "손톱이 얼마나 긴가는 상관없어. 얼마나 청결한가가 중요하지", "댄스 수업에서 꼭 여학생과 파트너를 해야 하는 것은 아니야. 거절해도 된단다"의 수평적 대화에서 잘 나타난다. 반면 근거 없이 의심을 하는 원장 수녀에게는 단호함을 보이는데, "수녀님은 단지 문제가 해결되어서 예전으로 돌아가고 싶은 것뿐입니다", "설사 아무리 확신이 든다 해도 그건 감정이지 사실이 아닙니다", "내가 왜 그렇게 의심받는 거죠? 그게(증거) 다에요?", "수녀님은 죄를 지은 적이 없으신가요?", "우린 똑같아요", "저를 제 신부님에게 고해성사하도록 놔두세요"라는 말에서 알 수 있듯이 원장 수녀의 세속적 욕망과 타인을 억압하는 태도에 비판적이다.

이에 원장 수녀는 플린 신부의 과오와 도널드의 퇴학을 빌미로 신부를 떠나게 만드는데 그를 '악마', '사기꾼'으로 규정하고 학교를 보호한다는 명분으로 플린 신부를 쫓아낸 것이다. 이와 같은 제거(떠남)는 경쟁 관계에서 벌어지는 희생양[98] 메커니즘으로 설명할 수 있다.

플린 신부는 교육 철학, 가치관 등 원장 수녀와 상반되며 따뜻하고 친근한 성격으로 학생들과 동료들이 많이 따른다. 엄격하고 폐쇄적인 학교 분위기를 바꾸려는 플린 신부의 열정과 긍정적 결과는 원장 수녀가 느끼는 열등감의 원인이 되는데 신부에 대한 경쟁심은 반감으로 나타나고 도널드 스캔들을 계기로 적대감, 경멸감으로 심화된다.

원장 수녀가 자신의 권위를 지킬 수 있는 이유가 생긴 것인데 학교를 위한다는 '성스러움'(정의감)을 내세워 플린 신부와 도널드(소수자, 약자)에게 폭력을 가한다. 이는 자신의 권위를 위해 경쟁자인 신부를 희생양으로 만들어 차이 소멸(제거)을 이루려는 가짜 욕망으로 폭력과 성스러움의 이중성을 내포한다. 결

---

98. 희생제의물로서 공동체의 문제 원인을 짐승에게 떠넘겨 추방하는 것을 말한다. 폭력의 메커니즘은 대의를 위한 희생제의(좋은 폭력)라 해도 갈등(나쁜 폭력)을 해결하지 못하며, 폭력(의심, 험담, 희생양 등) 자체를 극복할 수 있는 근본적인 해결책을 찾아야 한다는 필요성을 암시한다. 르네 지라르, 김모세 역, 『르네 지라르–욕망, 폭력, 구원의 인류학』, 살림, 2014.184–185면 참조.

국 두 인물의 대립 구도는 동성애(사제 관계)라는 종교적·도덕적 금기의 위반을 내세워 경쟁자(적대자)와의 차이 소멸을 이루어낸 것으로 '짝패' 현상[99]을 상징한다.

또한 원장 수녀가 플린 신부를 제거함으로써 자신의 가치를 회복했지만 이는 피상적인 결과일 뿐 더 큰 의심에 빠져 실존마저 흔들리는데 자신이 제거한 플린 신부와 동등한 짝패가 되고 만 현실, 즉 '괴물과 짝패의 상호 호환성'을 잘 보여준다. 이처럼 욕망 상승과 신념의 몰락이라는 역설적 결말로써 플린 신부와 짝패가 된 원장 수녀(자기 행위의 희생양)의 자멸의 과정을 풍자적으로 그려냈다.

소설에서 제목 및 시작과 끝을 만드는 방법에 대해 요약하면 다음과 같다.

제목의 역할과 좋은 제목

① 호기심과 흥미
② 구체성(작품에 대한 정보성)
③ 상징성(핵심성; 주제, 인물, 사건 등 작품의 의미를 함축)
④ 아이러니 내포(반어, 역설 등)

이런 제목은 피하라!

① 추상적, 관념적, 서정적 제목
② 어려운 제목(한자어, 외국어, 신조어 등)
③ 주제(의도)를 노골적으로 드러내는 제목

소설의 시작과 끝

"소설 첫머리의 실패는 소설 실패의 첫걸음이다." — E.A 포우
① 배경 묘사
② 사건 묘사
③ 인물 묘사
④ 떠남의 행위 → 1~5, 복합 가능(어디에 중점을 두는가?)

***소설 마무리 : 플롯에 따른 '수미상관(首尾相關)' 활용**

---

99. 경쟁자들 사이에 차이가 없고 동질성만이 관계를 지배할 때 완벽한 '짝패'가 되며 차이 소멸로 인해 생겨난 짝패는 '괴물'의 존재와 연결된다. 르네 지라르, 위의 책, 174면 참조.

창작 실습

1

흥미롭고 좋은 작품을 찾아서 제목과 시작/끝의 연관성 및 의미를 설명해 보자.

2

인상적인 장면을 사진으로 찍거나 그림(만화)으로 그린 후에 제목을 지어보자.

3

2번을 토대로 스토리와 플롯을 작성하고, 간단히 서두를 작성해 보자.

13장

문장 ? 네 스타일을 찾아 !

: 문체, 서술과 묘사

1. 문체의 개념과 이해

2. 서술과 묘사

3. 묘사의 방법

4. 소설 예시로 살펴 본 서술과 묘사

13장 문장? 네 스타일을 찾아! : 문체, 서술과 묘사

1 문체의 개념과 이해

데이비드 로지(David Lodge)는 "소설가의 매체는 언어이고, 언어 안에서, 언어를 통해서만 무엇이든 만들어 낼 수 있다"고 강조했다. 소설에서 형식과 내용은 육체와 영혼으로 비유되며 훌륭한 문체를 통해 아름답게 전달된다.

문체란 문장에서 드러나는 개성적인 특색으로 글투라고도 한다. 사람마다 말투가 다른 것처럼 문체에 따라 글의 느낌이 달라진다. 개별적 문체에 따라 길이, 리듬, 속도, 표현 방식, 단어 선택, 문장 구성 등이 다르기 때문이다.

문체는 문장의 길이에 따라 간결체와 만연체, 전달되는 힘의 유무에 따라 우유체와 강건체, 수식과 표현의 정도에 따라 건조체와 화려체로 구분하나 이와 같은 구분으로 문체를 설명하기에는 부족하다.

문학은 작가의 사상과 감정의 표현이기에 장르의 특성에 따라 의미구조가 달라진다. 시어, 심상, 상징, 소리의 조직, 수사법 등 언어적 측면을 고찰해야 하며 내용이나 주제와도 관련이 있다.

의미구조란 표면적으로 기술된 언어 아래에 작용하는 인물의 정신생활이나 세계관, 작품의 주제적, 미적 효과 등을 말하는데, 문장의 표면적 구조와 심층적 구조로 생성되는 독특한 언어구조를 살펴봄으로써 개성적인 문체가 형성되는 원리와 기능을 밝혀낼 수 있다.

이러한 연구가 문체론이며 언어학과 문학, 객관성과 주관성, 과학적 기술(記述)과 심미적 인식 등 다각적 차원에서 살펴봐야 한다.

문체를 살펴보고 연구한다는 것은 언어의 최소 단위에서부터 작가의 세계관에 이르기까지 유기적으로 검토하는 것을 말한다.

2 서술과 묘사

서사문학의 대표적인 소설은 '서술(narration)과 묘사(description)'로 기술된다. 언어로 빚어지는 허구적 세계는 '요약과 장면'의 조합으로 구성되는 것이다. 요약(summary)은 직접적인 서술로 '말해주기(telling)'의 성격이 강하며 서술로 제시된다.

서술이란 인물, 사건, 배경 등을 직접 설명하는 문장으로 해설적, 요약적이다. 시간 경과와 공간 이동을 편리하게 설명할 수 있고, 불필요한 부분을 생략할 수 있어서 이야기를 빠르게 전개할 수 있다.

장면(scene)은 인물의 행동, 심리, 사건 등을 눈앞에서 보듯 전달하는 '보여주기(showing)'의 성격이 강하며 묘사로 제시된다.

묘사란 인물이나 사물, 자연, 환경 등의 모습을 세밀히 그린 것처럼 표현하는 것이다. 묘사는 구체적인 이미지를 생생하게 재연함으로써 인물, 배경, 사건 등에 대한 독자들의 상상력을 확장시켜 이야기에 대한 진실성과 사실성을 강화시킨다.

서술은 통시적, 동적 특성이 있으며 묘사는 공시적, 정적 특성이 있어서 문장이 서술로 이루어지면 리얼리티와 환상성이 떨어지고, 묘사로만 이루어지면 서사 진행이 어렵고 지루해진다. 소설은 특성상 서술보다 묘사가 많은 부분을 차지하며 두 가지가 자연스럽게 융해되어 기술된다.

소설을 단락과 문장으로 나누어 보면 '요약 → 장면 → 요약(장면 → 요약 → 장면)'의 방식으로 유연하게 배치되어 소설의 리듬감과 패턴이 형성된다. 서술(속도)과 묘사(집중)를 통해 이야기의 흐름이 유동적으로 흘러가게 되는 것이다.

작가는 묘사를 통해 중요한 부분을 집중, 강조하는데 주로 인물의 지배적인 감정과 욕망이 해당된다. 독자는 묘사를 통해 인물과 동화되고 서술을 통해 이야기의 줄기를 파악하면서 긴장과 완화의 감정을 반복하게 된다. 이러한 패턴을 통해 이야기의 내적 필연성을 확인하게 되는 것이다.

한편 축약 혹은 생략된 서술의 내용이 미미한 것은 아니다. 모든 장면과 요약은 작가가 전략적으로 선택한 것이기에 요약적 서술 안에 무엇이 일어났으며 무슨 의미가 담겨 있는지 독자는 인과적 상상력을 발동하여 축약과 생략의 부분을 생각하게 된다.

3
묘사의 방법

묘사는 보통 ① 배경 ② 인물 ③ 사건 묘사 등으로 구분할 수 있다.

배경 묘사는 자연, 기후, 시간, 계절, 장소 등을 사실적으로 제시하는 것이 일반적이나, 심리와 정신의 묘사처럼 추상적, 관념적인 것들을 묘사하기도 한다.

현상학 이론을 참고하면 좋은데, 현상학이란 철학 개념으로 감각적 직관으로부터 절대적 인식에 이르는 정신의 변화 과정을 고찰하는 학문이다. 현상학적 접근이란 사물을 감각적, 직관적으로 묘사하는 방법으로, 작가만의 개성으로 해석한 순수 의식과 작용을 생생하게 제시하는 것이다.

인물 묘사는 외모, 행동, 심리, 사상 등으로 나뉘는데, 이것들이 합쳐져서 인물에 대한 정보와 내면(성격)을 드러낸다.

인물 묘사는 인물의 자기 인식과 표현으로 호기심을 유발시킨다. 인물에 대한 문제 제기를 하는 셈인데 자신을 어떻게 미화하거나 혐오하는지 내적 실체와 외적 실체의 차이를 드러내는 데 유용하다.

인물의 심리 묘사는 앞에서 살펴보았던 의식의 흐름 기법을 기술하는 것이다. 또한 소설 구성 방법인 삽화(삽화식 구성)에 대한 묘사는 사물과 상황에 대한 묘사인 동시에 인물의 내면 묘사가 된다.

소설 「병신과 머저리」, 「나의 가장 나종 지니인 것」, 「비밀 일기」, 『데스노트』,

『키다리 아저씨』, 『삐뚤어진 집』, 『지워지지 않는 일기』, 『바람 부는 날에도 별은 떠있다』, 『빼앗긴 일기』와 영화 〈시그널〉, 〈쓰리 몬스터〉 등에서 활용된 일기, 편지, 수첩, 회고록, 자화상 등의 삽화를 묘사하거나 편지 형식으로 된 서간체 소설은 실생활과 밀착된 인물의 의식을 직접적으로 드러내는 방법이다.

일기, 편지, 수첩, 자화상 등의 소재들은 현실의 고뇌에서 벗어나고자 털어놓은 의식의 잔재들이다. 또한 기억을 재생함으로써 고착, 변형, 왜곡된 자아의 변화 과정을 보여줌과 동시에 반복되는 상처와 기억의 조각들이 하나의 그림 혹은 퍼즐로 완성되는 단서의 역할을 한다.

서간체 소설은 인물의 내면이 직접적으로 드러나 긴장감이 떨어지는 단점이 있으나 모호해 보이는 의식의 흐름을 구체적, 극적으로 제시할 수 있다. 감정과 의식 노출의 수위를 조절하면 장점을 극대화할 수 있다.

내적 독백은 앞에서 배운 의식의 흐름을 보여주는 구체적 방법 중의 하나로 인물의 심리 묘사로 기술된다. 내적 독백은 자유연상과 삽화, 꿈, 환상 등과 함께 의식과 전의식, 무의식의 상태를 드러내기 때문에 표면구조상 비논리적으로 보인다. 특히 무의식의 이미지를 통해 인물의 감정과 사상을 보여주어 문맥이 부자연스럽게 느껴진다.

상황이나 사건 묘사는 '대화'의 기능과 상황의 의미를 통해 무엇을 보여줄 것인가를 생각해야 한다. 대화의 목적은 인물의 성격과 특성을 나타내는 데 있으며 대화를 포함한 상황은 인물의 문제와 욕망이 내재되어 있다.

또한 생생한 현실감을 주기 때문에 극적 흥미를 높이며 사건 진전의 실마리가 되기도 한다. 불필요한 대화, 부자연스러운 상황 묘사는 소설에서 리듬과 속도, 이야기의 밀도를 떨어뜨리기 때문에 '대화의 경제성 원리'에 입각하여 따져 보아야 한다. 적은 분량으로도 충분한 효과를 주는 대화, 상황, 사건 묘사인지 고민해야 한다.

그밖에도 사물(오브제) 묘사, 감각적 이미지 묘사 등이 있으며 작가가 즐겨 쓰는 색채, 표현, 단어, 어순구조의 패턴은 대체로 인물의 특성을 부각하는 데 쓴다.

작가는 음악, 미술, 음식 등의 묘사를 함으로써 미각, 후각, 청각, 시각 등 신체적 감각을 깨워 소설을 감각적으로 느낄 수 있도록 만든다. 이와 같은 공감각적 이미지는 인물의 심리와 감정을 드러내는 데 효과적이다. 또한 특징적인 모티프(서사의 최소 단위)를 반복함으로써 사소해 보이는 요소들을 인물과 결합시켜 비밀스런 문제들이 풀리도록 의미를 강화시킨다.

결국 소설의 문장과 문체 또한 소설의 구조를 이루는 여러 요소들과 긴밀하게 조응하면서 언어로서 소설을 이루어 내는 것이다.

4
소설 예시로 살펴 본 서술과 묘사

1 서술

혹, 교리 어른은 우리들 옛 고향의 마지막 할아버지나 아니었을까. 오, 그 할아버지들, 우리들 옛 정신의 권화, 은성했던 시절의 흰 수염 드리운 수호부. (중략)

당신들의 성성한 백발은 우주에 대한 심원한 이해와 통찰을 감추고 있었으며, 골 깊은 주름과 형형한 눈빛에는 생에 대한 참다운 예지가 가득 고여 있었다. 지켜야 할 것에 엄격하셨고, 노(怒)해야 할 곳에 거침이 없으셨다.

— 이문열, 『고향』 중에서

내게 있어서 내 일생을 통해서 꼭 하고 싶은 얘기는 바로 『영웅시대』, 아니 6·25를 전후한 우리의 불행한 가족사였다. 지금으로부터 17,8년쯤 전에 어렴풋하게나마 내가 작가로 끝장을 보게 될지도 모른다는 예감이 문득, 나를 사로잡았을 때, 가장 먼저 떠올린 소설거리가 그것이었기 때문이다.

원래 제 의식의 출발은 봉건적 가부장 제도였습니다. 어린 제가 신학문을 배우러 나온 것은 나날이 몰락해 가는 일문을 중흥시키기 위해서였습니다.

하지만 제가 신학문을 통해 어렴풋이 깨닫게 된 것은 우리 계급, 다시 말해 아시아

적 전제 국가의 봉건 귀족은 어쩔 수 없이 몰락하리라는 것이었습니다. (중략) 역사는 우리 계급의 몰락을 자명한 것으로 알려주었지만, 동시에 우리의 적도 미리 알게 해 주었습니다. 이윽고 부르주아로 자라 갈 소시민이죠. 그런데 또 역사는 그런 우리들의 적의 적도 알려주고 있습니다. 이른바 프롤레타리아죠.

적은 부정입니다. 따라서 적의 적은 부정의 부정, 곧 긍정이 됩니다. 어차피 살아남기 위한 선택을 할 바에야 적으로 어렵게 변신하여 또 새로운 적에게 타도 당하느니보다는 역사의 단계 하나를 비약해 버리는 것, 다시 말해 적의 적이 되어 존재를 긍정 받는 편이 더 현명한 길일 것입니다.

— 이문열, 『영웅시대』 중에서

2 묘사

"개백정 새끼. 이게 어디 내 신발 갖고 토낄려구 그래?"

국수집 아들은 주먹으로 그의 가슴과 배를 사정없이 갈겼다. 그는 숨이 턱 막혀서 아무 말도 할 수 없었다. 단지 신어본 것뿐이라는 변명도 할 수 없었다. 그는 가슴을 움켜 쥔 채 앞으로 꼬꾸라지고 말았다. 숨을 쉴 수 없었다. 그의 머릿속이 노래졌다. 단지 5초 동안 숨을 쉬지 못했을 뿐인데 이렇게 죽을지도 모른다는 생각이 들었다.

"똥통에 빠진 새끼가 감히 더러운 발을 집어넣고 지랄이야. 좆같은 새끼."

그는 똥통에 빠진 치욕스런 경험이 있었다. 그가 88올림픽을 간절히 기다렸던 이유 중의 하나도, 아이들이 올림픽 경기에 경도되어, 더 이상 그 사건을 입에 올리지 않으리란 희망 때문이었다. 88올림픽 전야를 화려하게 수놓는 폭죽 소리에 그의 똥통사건에 대한 기억도 묻히는 듯했다. 아이들은 88올림픽에서 우리나라 금메달수를 예측하기 바빴다. 서울에 온 쟁쟁한 세계 선수들, 그러니까 수영의 그리스틴 오토, 트랙의 패션스타 그리피스 조이너, 루마니아 체조 선수 도브레와 소련의 슈슈노바 그리고 세기의 대결이 될 것으로 예상되는 칼 루이스와 벤 존슨의 대결을 예측하고 파악하는 데 바빠 더 이상 그의 똥통 사건은 입에 올리지 않았다. 88올림픽이 없었다면, 매양 사건에 굶주린 모래내 아이들은 그의 똥통 사건을 입에 오르내렸을 것이다. 아비의 매질이나 선생의 잔소리와 차별, 변소집 아들이란 놀림은 참을 수 있었지만, '똥통에 빠진 새끼'라는 말은 치욕 중의 치욕이요, 수치 중의 수치였다. 죽은 듯 널브러져 있던 그가 움찔하는 것을 본 국수집 아들은 그가 거짓으로 누워있다는 것을 눈치채고는 나이키 신발 밑창으로 그의 뺨을 마구 갈기며 자기가 알고 있는 모든 욕을 해댔다.

"좆도 새끼, 갈보년 뒤꾸녕 닦는 새끼, 에미도 없는 거지같은 새끼……."

— 배지영, 「오란씨」 중에서

달빛을 받은 스미레의 나체는 고대의 도자기처럼 요염했다. 작지만 완벽한 모양을 갖추고 있는 유방에는 한 쌍의 유두가 잔뜩 긴장한 모습으로 고개를 치켜들고 있었고, 땀에 젖은 검은 음모는 아침 이슬을 머금은 풀잎처럼 빛났다. 달빛 아래에서 보는 스미레의 나체는 해변의 압도적인 햇살 아래에서 보았던 것과는 전혀 다른 존재로 비쳤다. 아직 어린 티가 남아 있는 부분과 시간의 흐름이 맹목적으로 개화시킨 아름다운 성숙이 소용돌이치며 뒤섞여 약동하는 생명을 그려내고 있었다.

뮤는 보아서는 안 될 타인의 비밀을 들여다보고 있는 듯한 느낌이 들었다. 가능하면 그 피부에서 눈을 돌리고 어린 시절에 암송했던 바흐의 소곡을 머릿속에 그리면서 타올을 사용하여 스미레의 몸에 밴 땀을 천천히 닦았다.

— 무라카미 하루키, 『스푸트니크의 연인』 중에서

신문에 하찮은 기사에 열중하면서 코를 후비는 전형적인 아이와 같은 그녀는 마치 치우기 싫어 어질러 놓은 신발, 인형, 테니스 라켓의 손잡이를 깔고 앉은 것처럼 나를 다루었고, 내가 절정에 올라도 무관심할 뿐이었다.

— 헨리 밀러, 『북회귀선』 중에서

산은, 범상치 않은 이 휘황한 빛 속에서 어둠에 몰락하지 않고 형태를 유지하며 종이그림처럼 솟아 있었다. 능선은 종이를 손으로 정성들여 떼어내 만든 듯한 희미한 이내(해질녘의 푸르스름하고 흐릿한 기운)를 거느리고 부옇게 떠올랐다. 산의 깊이를 감춘 그 간결한 모습은 마사키를 향해 다가올수록 점점 어둠에 녹아들며 홀연 사라졌다가, 이윽고 바닥에서부터 느닷없이 솟아올라 눈앞에 무성한 물참나무숲에서 그 모습을 바꾸는 것이다.

— 히라노 게이치로, 『달』 중에서

보헤미아 지방에는 공동묘지들이 정원과 같다. 무덤 위에는 풀과 찬란한 꽃들이 자라고 있다. 여러 가지 유형의 묘비들이 푸른 나뭇잎 속에 가려져 있다. 날이 어두워지면 활활 타는 촛불로 뒤덮인다. 죽은 이들이 아이들의 축제를 벌이고 있다고 여겨질 수도 있겠다. 그렇다. 아이들의 축제다. 죽은 이들은 아이들처럼 순진하니까. 삶이 아무리 무자비할지라도 공동묘지에는 언제나 평화가 지배했다. 전쟁의 와중에서도, 히틀러 치하에서도, 스탈린 치하에서도, 모든 점령이 있는 동안에도, 사비나는 슬플 때면 자동차에 몸을 던져 프라하로부터 멀리 타고 나가, 그녀가 각별히 좋아했던 공동묘지에서 산책을 했다. 파아란 산들을 배경으로 한 이들 공동묘지는 자장가처럼 아름다웠다. 그러나 프란츠에게 공동묘지는 뼈와 독을 버리는 흉측스런 쓰레기장이었다

— 밀란 쿤데라, 『참을 수 없는 존재의 가벼움』 중에서

한참 뒤에 가게를 나왔는데도 바로 앞 어둠 속에서 4인조와 돈짱이 나를 기다리고 있었다.

"너도 한 자루 가져."

느닷없이 샤프 한 자루가 내 손에 쥐여졌다.

"피, 필요 없어."

"가지라고 했잖아!"

그러고는 내 팔을 비틀어 올렸다.

"우리들을 도둑놈이라고 부르고 싶었겠지? 그 보답이다."

워낙 갑작스레 일어난 일이라 도망치지도, 반항하지도 못했다.

그 다음 날부터 야라가세 패거리는 이따금씩 내게 다가와서는 샤프를 힐끔거리며 보곤 했다. 너도 물건을 슬쩍한 놈이야. 씨익 웃는 눈이 그렇게 말하고 있었다. 세이야와 요칭에게는 얼버무리는 수밖에 없었다. 그러는 동안 세이야와 요칭은 나를 멀리하기 시작했다. 이거 정말 큰일인데. 샤프를 돌려 줘야겠어.

"이거……."

야라가세에게 샤프를 내미는 순간, 내 목에 팔이 휙 감기더니 그들 속으로 끌려 들어가 버렸다. 이거야말로 누가 봐도 사이좋은 6인조다.

"소중히 간직하겠다고 말하려는 거지? 안다니까. 우리가 친구라는 징표잖아."

그러고는 내 귓가에 섬뜩하게 날카로운 샤프 끝을 들이댔다. 찰칵, 찰칵, 찰칵……. 온몸의 털이 곤두섰다.

"토요일 밤, 그 때 그 슈퍼에서 기다리겠어."

팔이 풀려 돌아다보니, 거기 있던 모두가 내게서 눈을 돌렸다. 세이야와 요칭은 교실 밖으로 나가버렸다. 내가 돈짱에게 일어난 모든 일을 모르는 척했던 것처럼. 꽈앙! 머릿속이 텅 빈 것 같았다. 분하고 비참하다. 그런데도 내 얼굴은 스마일 배지처럼 웃고 있다. 아무 일도 없었다는 듯. 돈짱하고 똑같군. 내가 왜 이런 꼴을 당해야 하지. 다른 애들이랑 똑같이 행동했을 뿐인데. 이대로 가다간 나도 돈짱처럼 야라가세 패거리의 먹이가 되고 말 거야. 찰칵, 찰칵……. 그 소리만 떠올리면 명치끝이 찌르르 아파 온다.

학원 따윈 아무려면 어때. 집에 가기도 괜찮아.

— 우메다 『사코, 모르는 척』 중에서

"이 지도 어디서 샀니? 흑요석(黑曜石)으로 만들어졌네."

조반니가 물었습니다.

"은하정거장에서 받았어. 넌 못 받았니?"

"응, 난 은하정거장을 지났는지도 잘 모르겠어. 우리가 지금 있는 곳은 여기쯤이지?"

조반니는 백조라고 쓰인 정거장표시 바로 위의 북쪽을 가리켰습니다.

"응, 맞아. 어, 저기 강가의 들판은 달밤이네." 그쪽을 보니, 희뿌옇게 빛나는 은하의 가장자리에 하늘의 은색억새가 한 가득, 마치 바람에 하늘하늘 춤을 추며 파도를 그려내고 있었습니다.

"달이 밝아서가 아니야. 은하라서 빛나는 거야." 조반니는 그렇게 말하며 마치 뛰어오를 듯한 유쾌한 기분으로 발을 들썩거리며 창으로 얼굴을 내밀고는, 크디크게 별들의 노래를 휘파람으로 불면서 힘껏 몸을 뻗어서 눈앞의 은하수를 확인하려 하였습니다만, 도저히 한 번 만에 닿질 않는 것이었습니다. 하지만, 점점 주의를 기울여 바라보니, 아름다운 그 물줄기는 유리보다, 수소보다도 투명하게, 때때로 시력 때문인지는 몰라도 찰싹찰싹 보랏빛의 자그만 파도를 만들어내며, 무지개처럼 뚜렷하게 반짝이다가 소리도 없이 유유히 흘러가고 있었고, 들판 이곳저곳에는 인광의 삼각표가 아름답게 서 있었습니다. 먼 곳은 자그맣게 가까운 곳은 커다랗게, 먼 것은 오렌지색과 노란색으로 또렷하게 가까운 것은 새파랗고 조금은 뿌옇게, 때로는 삼각형 때로는 사각형, 그리고 번개와 사슬모양으로 가지각색으로 늘어서서는 들판 가득히 반짝이고 있었던 것입니다. 조반니는 가슴이 터질 듯하여 머리를 세차게 흔들었습니다. 그러자, 실로 아름다운 그 들판에는 파란색과 오렌지색의 갖은 색으로 반짝이는 삼각표들이 제각기 숨을 쉬는 듯 은은하게 흔들리며 점멸하고 있었던 것입니다.

"우린 이미 하늘의 들판에 와 있어." 조반니가 말하였습니다. "게다가 이 기차는 석탄을 태우고 있지도 않아." 조반니가 왼손을 뻗어 창에서 앞쪽을 가리키며 말하였습니다.

"알코올이나 전기로 가는 거겠지." 캄파넬라가 말하였습니다.

덜컹덜컹 덜컹덜컹, 작고 예쁜 그 기차는 하늘의 억새가 흔들리는 사이를 지나, 하늘의 강과 삼각표의 새파랗고 희미한 빛 사이를 어디까지고 어디까지고 달려가고 있었습니다.

— 미야자와 겐지, 『은하철도의 밤』 중에서

문체의 개념 및 묘사와 서술에 대해 요약하면 다음과 같다.

【문체, 문장에 관한 인식, 묘사와 서술】

문체	어법, 어휘, 억양 등 문장에서 드러나는 개성적 글투

① '무엇을, 어떻게 → 말하고 있는가'로 해석, 평가.(내용 및 주제 연관)

② 문체 연구 : 언어학과 문학, 객관성과 주관성, 과학적 기술, 심미적 인식 등 다각적 차원에서의 복합적인 작업 요구.

창작에서 중요한 점

표면적인 언어 현상 아래에 작용하는 인물의 정신생활이나 세계관, 작품의 주제적, 미적 효과 살피기.

서사	요약(서술) + 장면(묘사)

① 서술 — 사실이나 사건, 작중인물의 말이나 행동을 진술한 것.
— 독자에게 사실과 감정을 전달하기 위함이며, 묘사와 서술이 자연스럽게 융해되어 나타남.

② 묘사 : 인물, 사건, 배경, 사물 등의 모습을 세밀히 그린 것.

창작 실습

1 인상적인 소설, 영화, 드라마, 광고 등의 한 장면을 '서술'로 기술해 보자.

2 인상적인 장면을 사진으로 찍은 뒤에 '묘사'로 기술해 보자.

3 상상한 인물의 내면(심리)을 '서술과 묘사를 융합'하여 자유롭게 기술해 보자.

14장

스토리텔링과 문화콘텐츠

1. 스토리텔링의 개념

2. 스토리텔링의 기원과 활용

3. 문화산업과 문화콘텐츠

14장 스토리텔링과 문화콘텐츠

1장부터 13장까지 소설 이론과 창작 방법을 살펴보았다.

소설 창작 방법은 문화산업 전반에서 활용하고 있는 스토리텔링의 방법이기도 하다. 소설에 대한 이해와 분석, 창작 기법을 연습하면 다양한 문화콘텐츠를 이해할 수 있고, 관심 분야에 대한 탐색을 바탕으로 문화콘텐츠를 기획할 수 있다.

14장과 15장에서는 소설 창작 방법을 활용하여 문화콘텐츠를 기획, 창작할 수 있도록 스토리텔링과 문화콘텐츠에 대해 살펴보고자 한다. 그리고 학생들이 직접 기획, 제작한 문화콘텐츠 사례를 통해 아이디어가 문화콘텐츠로 가시화되는 과정을 살펴볼 것이다.

소설 창작 방법을 활용하여 응용 분야에서 창조력을 발휘할 수 있도록 사고력과 상상력을 확장해 보자.

1 스토리텔링(Storytelling)의 개념

스토리텔링(Storytelling)이란 어떤 내용을 상대방에게 설득력 있게 전달하는 행위로써 효과적인 커뮤니케이션 방법을 의미한다.

문학적 정의로 살펴보면, 인물, 사건, 배경을 조합(처음—중간—끝)하여 만들어낸 한 덩어리의 말하기로 소설의 기본 구성이다. 결국 스토리텔링은 하고 싶은 이야기를 체계적, 구체적, 인상적으로 전달하는 것이며, 일상생활에서 의사소통의 중심 역할을 한다.

스토리텔링은 매체의 특성에 따라 다양하게 발현되며 방송, 영화, 게임, 출판 등 다양한 분야의 문화콘텐츠로 생산되거나 교육, 비즈니스, 대인 관계 등의 분야에서 활용된다.

현대 문화산업에서 스토리텔링이 중요한 이유는 이야기를 어떻게 전달하느냐에 따라 반응이 달라지기 때문이다. 이야기의 요소와 특성, 방법을 활용한 말하기는 짧지만 강력한 흥미와 감동을 주며 주제의식을 자연스럽게 전달하는 장점이 있다.

우리는 소설 창작 이론과 실습을 통해 이미 스토리텔링의 기능과 방법에 대해 배웠다.

스토리텔링을 잘하기 위한 핵심 내용을 정리하면 다음과 같다.

사실적 이야기	히스토리(hi—story), 논픽션(fact), 설명문, 논설문 등
상상적 이야기	픽션(fiction) → 소설, 영화, 드라마, 광고, 게임, 공연 등
스토리	줄거리를(3요소/6하 원칙) 갖추어 시간 순서로 전달
플롯	인과관계를 중심으로 사건 배열(구성) → 극적 긴장, 흥미, 감동 고조/개연성, 타당성, 독창성 획득, 설득력 강화

사실적 이야기	허구적 이야기

2 스토리텔링의 기원과 활용

스토리텔링(story + tell + ing)은 이야기를 현재진행형으로 들려주는 것이며 이야기하고 싶은 욕망으로부터 시작된다.

앞에서 배운 '욕망의 간접화'를 떠올려 보자. 인간은 누구나 욕망하는 바가 있으며 그 실현이 어려울수록 '간접화'를 통해 다다르고자 한다. 미완, 결핍, 욕구 불만의 삶을 극복하기 위해 고군분투하는 인생의 과정이 소설로 구현되듯이 스토리텔링은 인생과 관련이 있으며 원시 예술에서 기원을 찾을 수 있다.

1) 심리학적 기원설

인간의 내면적 심리 충동, 심리학적 견해로 보며, 모방본능설, 유희본능설, 표현본능설에서 유래한다.

2) 사회학적 기원설

실용적 목적, 고고학, 인류학적 견해로 발생학적 기원설과 원시종교설이 있다.

발생학적 기원설은 원시인의 실제적 목적에 맞게 계획된 것으로 예술, 노동과 관련 있으며, 함께 공감하며 흥분하는 마술적 효력이 있다.

원시종교설은 원시생활과 종교의 불가분 관계에서 유래하며 풍년, 다산, 역병 등을 막기 위한 동작과 주술적 언어 등이 해당한다.

3) 발라드 댄스설

원시종합예술인 민요와 무용(ballad dance)으로 제천의식(祭天儀式)과 음주가무(飮酒歌舞)의 혼합 형태이다. 이스라엘인들이 홍해에서 승리했을 때, 희랍의 니소스 축제에서 가무를 즐겼던 모습이 해당된다. 포도의 신 디오니소스에게 제사 지내는 제천의식에 가면무와 합창이 혼합된 행사는 희비극의 기원이 되었다.

발라드 댄스는 서로 영향을 주면서 점차 독립적으로 발전을 거듭했는데, 몸짓은 무용과 연극으로, 소리는 음악으로, 말은 시(문학)로 분화되었다. 이야기를 강조한 시는 서사시에서 소설로, 소리를 강조한 시는 서정시에서 자유시로, 동작을 강조한 시는 극시에서 희곡으로 전문화되었다.

우리나라의 풍속 〈강강수월래〉는 음력 8월(한가위)에 풍작과 풍요를 기원하는 가무이다. 농촌 문화에서 유래했으며, 보름달이 뜬 밤에 처녀들이 손을 잡고 원을 만들어 돌며(동종주술), 민속놀이(기와 밟기, 쥐잡기, 청어 엮기 등)를 함께 하는 축제이다. 이러한 축제를 통해 여성들은 유희와 해방감을 느꼈으며, 함께 춤추면서 우정과 협동의 공동체 의식을 높일 수 있었다.

요약하자면, 스토리텔링은 원시 예술의 기원에서 찾을 수 있으며, 신과 자연에 대한 제의, 오락, 공동체의식 강화, 삶의 원리 이해를 위한 기능과 역할(제의설(祭儀), 모방설(模倣), 노동설(勞動))을 했으며, 현재에도 미술, 음악, 무용, 공연, 광고 등 다양한 문화콘텐츠로 활용되고 있다.

3
문화산업과 문화콘텐츠

현대 사회는 디지털융합 환경이 창출하는 창조경제 시대이다. 문화산업의 비중이 향상됨에 따라 여러 분야에서 창의적인 문화콘텐츠 개발에 주력하고 있다.

문화산업이란 문화·예술적 요소를 소재로 기획, 제작, 유통, 소비 등 문화콘텐츠로서 준비되어 소비되는 전 과정을 의미한다. 문화콘텐츠산업은 방송, 출판, 영화, 만화, 애니메이션, 캐릭터, 음악, 공연, 전시, 축제, 여행, 게임, 엔터테인먼트, 인터넷, 모바일 등 다양한 영역으로 의미를 확대할 수 있는 분야이다. 문화콘텐츠산업은 문화와 과학 기술이 결합되는 첨단 영역으로 산업 간의 유기적 연관성이 증대되고 있다.

원소스 멀티 유스(OSMU : One Source Multi-Use) 시대

원소스 멀티 유스(OSMU; One Source Multi-Use)란 하나의 이야기 재료를 다양한 분야에서 활용하는 개념으로 콘텐츠가 복합, 융합, 변주되어 새로운 콘텐츠로 발전하는 것을 말한다. 디지털 기술과 네트워크 기반으로 OSMU를 용이하게 만드는 환경이 제공되어 더욱 빠르게 발전하고 있다.

미국 사회학자 마뉴엘 카스텔(Manuel Castelles)은 현대 정보 사회를 자본과 노동, 사람과 정보가 컴퓨터 네트워크를 통해서 연결된 '네트워크 사회'라고 정의했으며, 지식과 노동이 흘러 다니는 '흐름 사회(flow society)'로 설명하였다.

네트워크 사회와 스토리텔링의 공통적 특성을 살펴보면, 분절성(상호 연결된 결절의 집합—필요한 부분만 잘라서 연결 가능), 개방성(변화, 융합), 교환성(문화, 정보의 교환/춘향전을 활용한 광고, 영화의 연관성/이야기와 현실의 상호 영향력), 상호 관계성, 탈중심성(관계 중요/권력, 지배 중요하지 않음), 탈국가성, 소비주도성, 유동성(시공간 유동적, 혼합, 흐름) 등이 있다.

이미 역사, 신화, 설화, 민담, 전통 문화(가옥, 의복, 음식, 무술)를 원천소스로 문화콘텐츠를 만들어 왔으며, 우리에게 익숙한 미키마우스, 도널드 덕, 둘리, 헬로 키티, 뽀로로는 캐릭터 상품으로 개발되어 의류, 문구, 음료, 장난감, 액세서리 등의 산업에서도 수익을 창출하고 있다. 한국을 넘어 세계를 대표하는 아이돌 그룹 BTS의 문화콘텐츠 수익은 어마어마하며 그 영향력 또한 가늠하기 어려울 정도이다. 이처럼 스토리텔링과 문화산업의 상관성 및 필요성은 더 설명할 필요가 없다.

스토리텔링과 문화콘텐츠에 대해 요약하면 다음과 같다.

【스토리텔링 : 이야기를 만들거나 전달하는 말하기(의사소통)】

① 스토리를 표현한 내용물
② 스토리를 전달하는 행위
③ 스토리를 다양한 예술적 매체로 표현하는 과정(아이디어, 기획, 제작, 홍보 등)
④ 문화콘텐츠(작품)와 문화산업(결과)

【스토리텔링의 개념】

① 상호 소통(인간 관계)을 전제로 함
② 인생을 시/공간의 문제로 확장, 고찰하게 함
③ 삶에 대한 이해와 흥미를 줌
④ 현재적 삶(나와 세계, 현실 문제)의 보편적 가치 수렴
⑤ 보편성, 타당성, 다양성(독창성)이 관건!
→ 원시적 예술 형태가 다양한 문학과 문화콘텐츠로 발전
(교육, 예술, 정치, 종교, 과학 등 다양하게 변주, 창작됨)

【문화콘텐츠와 스토리텔링의 기능】

문화콘텐츠	신성장 동력산업으로 문화산업 발전의 핵심
스토리텔링	문화콘텐츠 개발을 위한 원천소스(one source) → 중요한 경쟁력

스토리텔링과 문화산업(multi－use)의 세 가지 요소

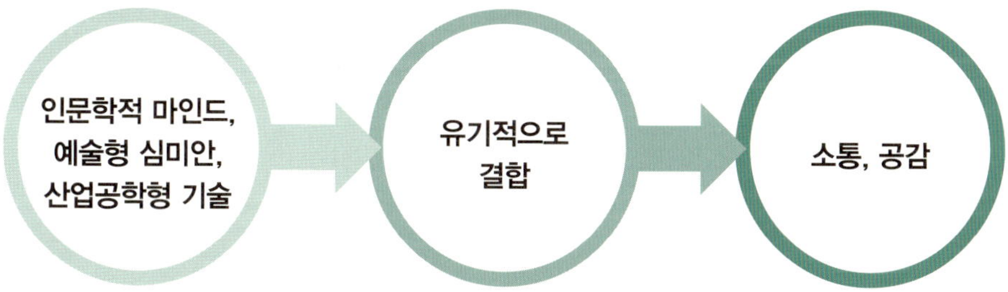

스토리텔링의 기능

① 흥미 유발
② 실감을 통한 몰입
③ 그럴듯함의 미학
④ 이해, 소통, 감동, 발견 유도
⑤ 문화콘텐츠 산업의 경쟁력 향상

15장

문화콘텐츠 기획 및 창작 사례

1. 소설 창작과 응용 분야로 확장

2. 문화콘텐츠 기획 및 창작(포트폴리오) 사례

15장 문화콘텐츠 기획 및 창작 사례

1 소설 창작과 응용 분야로 확장

소설 창작 이론은 스토리텔링의 개념과 기능, 기본 원리를 포함하기 때문에 소설에 대한 이해와 분석력을 바탕으로 다양한 문화산업을 이해할 수 있고 특성에 맞게 스토리텔링할 수 있다.

15장은 〈5단계〉에 해당하는 부분으로, 소설을 포함한 문화콘텐츠 분석력을 바탕으로 아이디어를 확장하고 기획력과 응용력을 향상시키는 과정이다.

지금부터는 수업에서 학생들이 문화콘텐츠를 기획, 창작한 사례를 소개하고 장·단점 및 보완점을 살피면서 토론하고자 한다.

수업에 대해 간단히 설명하면, 학생들이 동화, 영화, 광고, 여행, 게임 등 그룹을 구성하여 관심 분야를 탐색하도록 하였다. 그룹 스터디로 분야별 특성을 이해한 뒤에 강의와 발표, 실습 세미나를 통해 아이디어를 구체화하였다. 그 다음 아이디어와 지식을 융합하여 기획안을 작성하고, 포트폴리오를 제작함으로써 창의력, 기획력, 구성력, 표현력을 함양하였다. 전 과정에서 '생각 나누기'를 습관화하는 것은 매우 중요하다.

수업 진행과 팀 활동 방법

① 매주 수업 주제와 키워드 설명, 콘텐츠 감상 → (플립러닝)
② 토론 수업 진행, 학생들의 자유발언 습관화 → (자유연상법, 브레인스토밍)
※ 브레인스토밍 : 엉뚱한 주장, 비논리적인 답변, 타당하지 않은 해결책 환영, 질보다 양이 중요한 토론 기법.
③ 자유발언들 → 유사성/차이성으로 항목화 → 연쇄적 고리 찾기 → 아이디어가 체계적인 기획 단계로 연결될 수 있도록 논리성, 타당성 부여.
※ 창의성은 엉뚱하고 모순적인 아이디어 속에서 생산되는 경우가 많으며, 어떤 비난도 하지 않는 것을 전제로 함.
※ 즐겁고 흥미롭게 팀 과제를 수행할 수 있도록 서로 격려, 응원 유도.

2 문화콘텐츠 기획 및 창작(포트폴리오) 사례

1 그림동화『제 생일에는 천둥이 쳤어요』

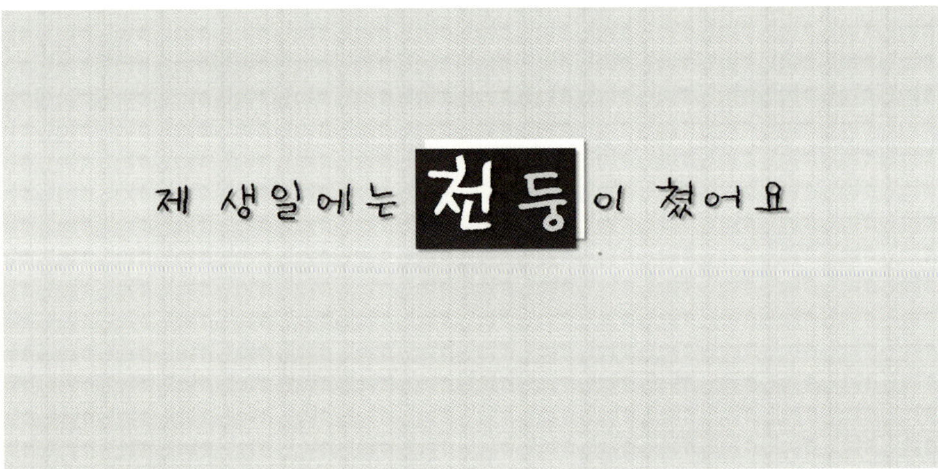

저는 깜깜한 밤에 태어났어요
쿵
쿵
쿵
그날은 밤새 천둥이 쿵쿵 울렸다고해요
제가 사는 곳은 옹달샘이에요
이 곳에서 쑥쑥 커서
세상에 나갈 준비를 한답니다
바깥 세상으로 나가는게 무섭긴하지만
친구들과 함께라면 자신있어요!

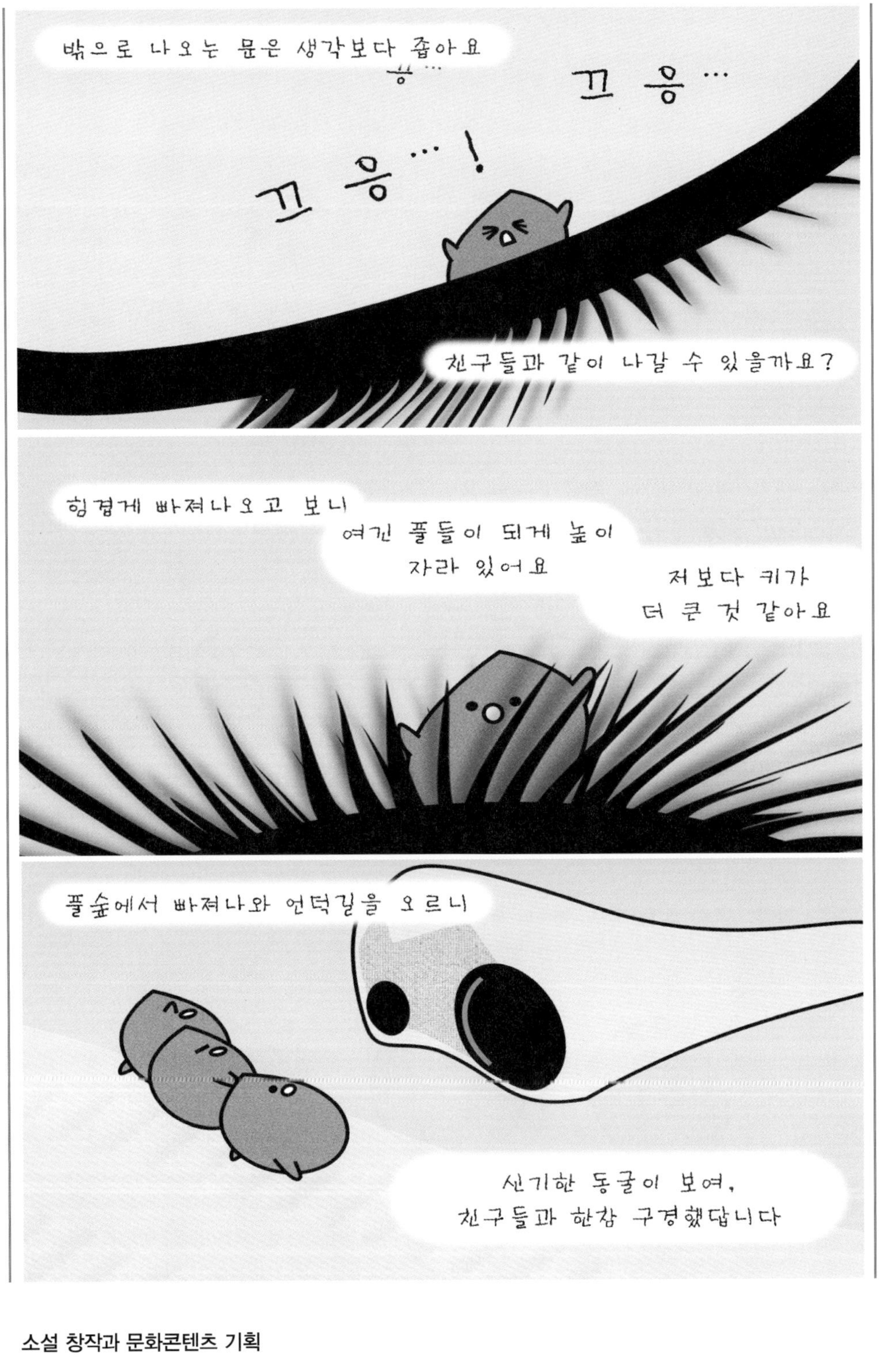
밖으로 나오는 문은 생각보다 좁아요
끙…
끄응…
끄응…!
친구들과 같이 나갈 수 있을까요?
힘겹게 빠져나오고 보니
여긴 풀들이 되게 높이 자라 있어요
저보다 키가 더 큰 것 같아요
풀숲에서 빠져나와 언덕길을 오르니
신기한 동굴이 보여,
친구들과 한참 구경했답니다

언덕길을 내려오다가
그만 미끄러졌어요
친구들이 붙잡아 준 덕에
간신히 버티고는 있지만...
어라? 떨어졌는데 멀쩡해요
물웅덩이에 떨어져서 다행이에요
그나저나 저쪽에 누군가 보여요
할머니께서 서계세요
...

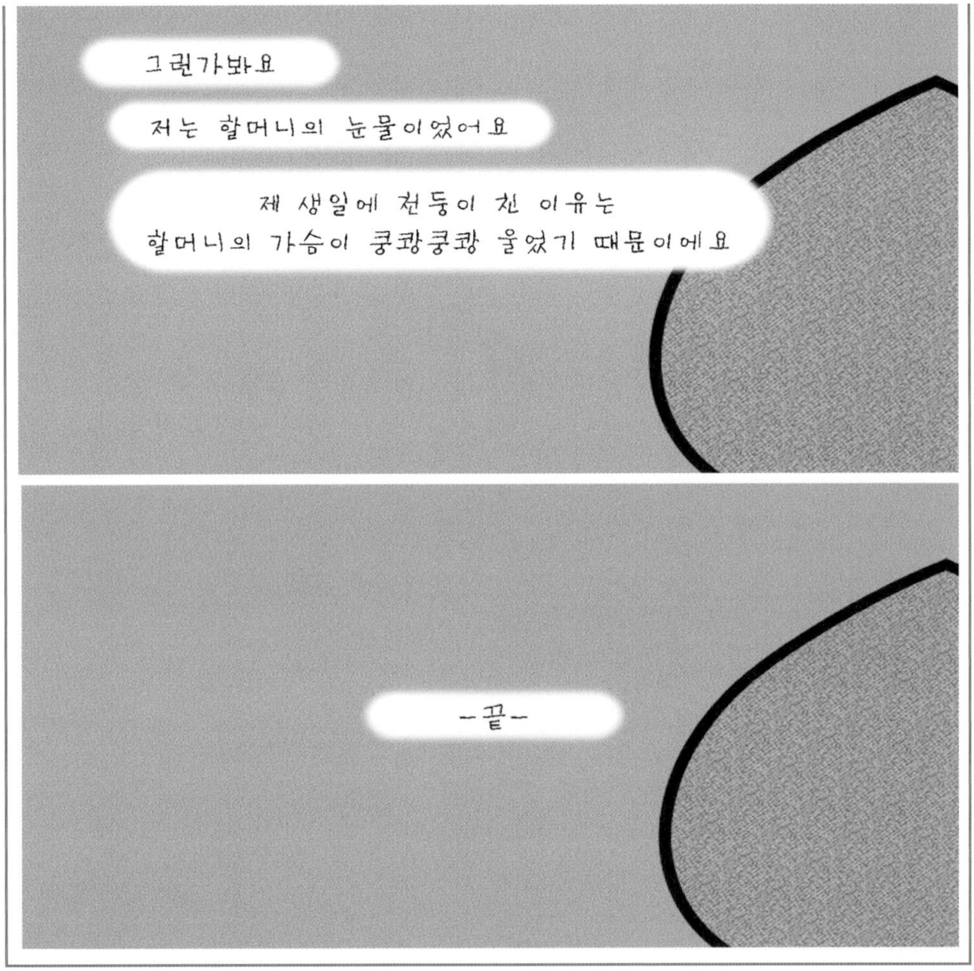
그런가봐요
저는 할머니의 눈물이었어요
제 생일에 천둥이 친 이유는
할머니의 가슴이 쿵쾅쿵쾅 울었기 때문이에요
-끝-

2 그림동화 『거짓뭉치』와 홈쇼핑 방송

창작물 · 동화 '거짓 뭉치야 오지마!'

· 그림동화책 '거짓 뭉치야 오지마' 창작 과정

· 동화 기획안

제목		거짓 뭉치야 오지마!	
글	장**	그림	최**

대상	유치원 아동 (5 ~ 7세)
기획 의도	전조작기(2-6세)는 자기중심적 사고를 하는 단계로, 이 시기의 아동은 자신의 거짓말이 타인에게 피해를 줄 수 있다는 생각을 하지 못한다. 아동을 다그치지 않으면서도 거짓말에 대해 알려줄 수 있는 방법으로 아동이 자주 접하는 동화가 적합하다는 생각이 들었다.
주제	거짓말을 하지 말자
동화를 통한 효과	① 아동은 자신의 거짓말로 인해 타인의 마음을 다칠 수 있다는 것을 깨달을 수 있다. ② 부모는 아동이 거짓말을 하는 이유에 대해 생각해볼 수 있다. ③ 부모는 아동의 불안에 대해 이해할 수 있다.

· 동화 기획안(인물)

인물	설명	인물	설명
디룽 	5살. 자신의 편의를 위해 거짓말을 한다. 자신의 잘못을 동생에게 돌리며, 친구에게도 거짓말을 한다. 습관적으로 거짓말을 하는 아이. 꿈을 통해서 거짓말의 잘못을 깨닫게 된다.	엄마 	디룽이와 아롱이의 엄마로 아이들을 사랑하는 마음으로 보듬어준다. 아이들이 잘못 했을 때는 엄격하게 화를 내는 모든 엄마의 표본이다.
딱딱이 	5살. 디룽이의 친구. 평소 느릿느릿하게 행동 하고 그에 걸맞게 성격도 온순하다. 디룽이의 거짓말을 의심하지 않으며 장난감을 빼앗겨도 울기만 할 뿐 화를 내지 않는다.	아롱 	4살. 디룽이의 작고 귀여운 동생. 디룽이와 싸우지 않고 잘 지내는 편이다. 나이는 어리지만 누군가 자신에게 잘못을 떠넘기면 그것이 잘못된 걸 알고 의사표현을 확실히 한다. 나이에 비해 영특하다.

· TV 쇼핑몰 기획안

프로그램명	<독쇼>		
방송일	2020.12.15	방송시간	10분 ~ 20분
출연자	쇼호스트 : 이**, 조** 출판사 편집장: 장**	담당자	김**
기획 의도	5세~7세 아이들과, 어린 자녀를 둔 주부를 대상으로 '거짓말'에 대한 이야기가 담긴 동화를 소개하고 판매한다. 사연을 바탕으로 동화를 지어주는 <드림출판사>를 주부들에게 알리고 출판사의 활동 등을 홍보한다.		
순서 및 방법	① 자막과 나레이션으로 <드림출판사> 소개 ② <드림출판사>의 편집장과의 대화를 통해 출판사와 책의 특징 소개 ③ 짧은 영상을 통해서 「거짓 뭉치야 오지마!」내부 소개 ④ 「거짓 뭉치야 오지마!」 책에 대한 간단한 토론 ⑤ BGM과 함께 책을 읽고 있는 엄마와 딸 모습 연출 ⑥ 도서와 함께 배송되는 사은품 소개, 홈쇼핑 방송 마무리		

· TV홈쇼핑 화면 1

· TV홈쇼핑 화면 1 (대본)

쇼호스트2: 와~ 정말, 이미 앞서 출간 된 책들을 보면 아시겠죠 여러분? 디롱이 이야기는 드림 출판사의 야심작이라고 한 만큼 더욱더 기대가 되는데요. 저희 EH 홈쇼핑에서 제일 먼저, 단독으로! 소개해드리게 되어서 정말 기쁘네요.

쇼호스트2: 오늘 저희가 소개해드릴 동화는 삼롱이 시리즈의 마지막이죠? 주인공 디롱이가 거짓말을 하게 되면서 일어나는 일을 담은 '거짓뭉치야 오지마'입니다.

쇼호스트1: 딱딱이, 아롱이, 디롱이 시리즈가 39000원! 아이들 마음이 따뜻해지는 동화에 우리 어머님들도 따뜻해지시라고 우리 어머님 그리고 아이들을 위한 사은품도 있으니 놓치지 마세요!

쇼호스트2: 방송을 보시다가 궁금한 점이 있으신 분들은 실시간으로 카톡 문의를 보내실 수 있습니다. 이용방법은 카톡에 들어가셔서 '플러스 친구'에서 EH SHOP을 친구추가 해주시구요! 카톡을 보내시면 하단에 바로 메시지가 뜨게 되요. 저희가 바로바로 대답해드리겠습니다. 추첨을 통해서 작은 상품도 보내드리고 있으니까요 카톡 많이 보내주세요~

· TV홈쇼핑 화면 2

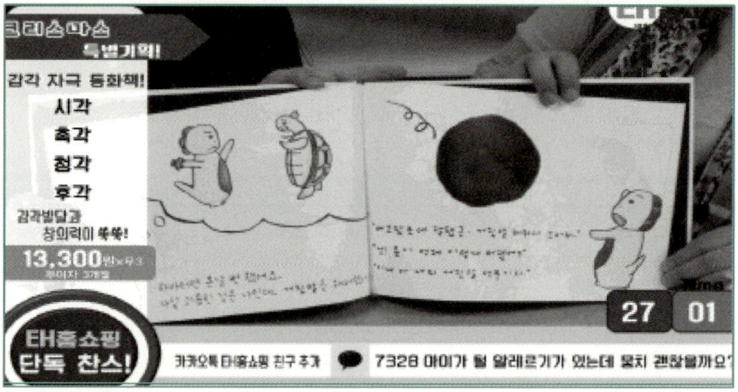

· TV홈쇼핑 화면 2 (대본)

쇼호스트1: 제가 봐도 캐릭터가 너무 귀여워요.
어? 그리고 여기서 향기가 나요. 아까 책을 받았을 때부터 향기가 나서 이 책을 가져다 주신 우리 스텝 분이 뿌리신 줄 알았는데 여기 책에서 나는 거였네요.

쇼호스트2: 디롱이에겐 바나나 향이 나네요. 어머나, 향이 독하지도 않고 은은하게 너무 좋아요. 어머나, 아이들이 평소에 간식으로 많이 먹고 좋아하는 과일향이 나니깐 거부감도 들지 않고 너무 좋은 것 같아요.

쇼호스트1: 하하 (뭉치 털을 만지며) 이 솜을 만지니까 저도 저희 집 복실이가 생각 나는데요. 어머님들 이 털도 솜으로 되어 있어서 다칠 위험도 없고 아이들의 시선을 끌기에 정말 딱이라는 생각이 드네요.

· TV홈쇼핑 화면 3

· TV홈쇼핑 화면 3 (대본)

#3 동화책 소개: 사연으로 만들어진 동화

쇼호스트2: 요즘 들어 저희 아들이 거짓말을 하기 시작했거든요. 5살인데, 정말 어떻게 해야 하나 그게 가장 큰 고민거리에요. 근데 마침 이 책이 거짓말을 하는 아이에 대한 이야기이고 또! 이 책을 어머님의 사연으로 만들어 졌다고 하니, 이 사연을 쓰신 어머님의 마음을 알 것 같아요.

쇼호스트1: 이 이야기를 사연으로 보내주신 어머님도 아이가 습관적으로 거짓말을 하는 모습을 보게 되고 많은 고민을 하셨다고 해요. 그런데 지금 이 나이 또래, 5살부터 7살인 아이들이 하는 거짓말이 의도적으로 하는 게 아니라고 해요. 지금 TV보고 계신 어머님들도 이런 이야기 들으시면서 끄덕끄덕 하고 계셨죠? 거짓말을 하는 게 나쁘다고 인식을 못하고 하게 된다고 하는데, 이 거짓말이 습관으로 이어지지 않도록 하는 게 이게 엄마로서 부모로서 해야 할 부분입니다. 그래서 이 사연을 쓰신 어머님께서 교육 방법을 바꾸셨다고 하는데 그 노하우가 이 동화에도 담겨있는 것 같아요.

· TV홈쇼핑 화면 4

· TV홈쇼핑 화면 1 (대본)

#4 사은품 소개와 카톡 문의

쇼호스트1: 동화로 따뜻해진 마음 사은품으로 불을 지펴드리겠습니다.
여러분 이게 뭐로 보이세요? 그냥 겉으로 보기에는 운동기구인가? 뭐 빨래 걸이인가? 싶으시죠? 이건 바로 거북목 교정기입니다. 요즘 아이들이 무거운 가방메고 학교 갔다 학원 갔다 하느라 어깨가 너무 안 좋아요. 하루 종일 책상에 앉아서 구부정하게 있는 아이들을 위해서 준비한 거북목 교정기. 또는 자세교정기 라고 할 수 있는데요? 밴드 형식으로 되어 있어서 우선 착용하기도 간편하고 착용감도 좋아요! 제가 어깨가 조금 굽었어요. 아까부터 이걸 하고 있었는데요. 아프다거나 불편한 느낌은 전~혀 없고요 그냥 어깨를 이렇게 자연스럽게 펴줘서 시원합니다!
여기서 끝나는 EH 홈쇼핑이 아니죠. 동화를 읽어주는 CD가 있습니다. 동화 속 의성어. 의태어까지! 풍부하게 들어있어서 아이들이 보는 것과는 다르게 청각적으로 동화를 접할 수 있습니다. DVD로 재생하시면 애니메이션으로도 볼 수 있습니다. 드림출판사의 아이들의 오감을 위한 노력은 사은품에서도 보이네요~. 자 그 다음은 우리 아이들이 좋아하는 귀여운 디롱이 치약칫솔 세트입니다! 여기 손잡이 부분에 디롱이가 부착되어 있어서 아이들이 편하게 잡을 수 있구요. 디롱이 치약답게 과일향이 나서 아이들이 양치를 할 때 즐겁게 할 수 있습니다.

· TV홈쇼핑 화면 2

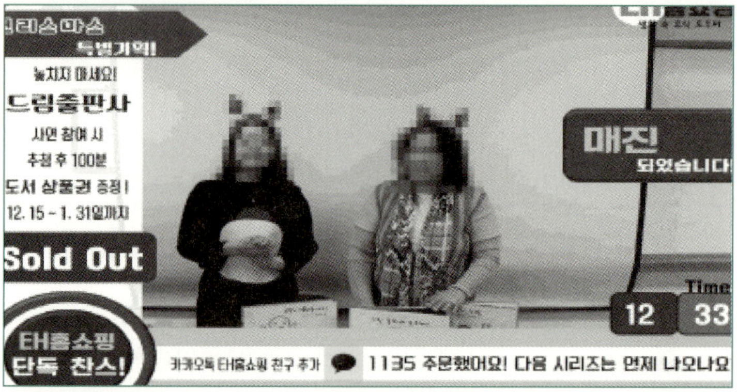

· TV홈쇼핑 화면 2 (대본)

클로징
전화벨소리가 울리면서 배경음악이 바뀐다.

[bgm] santa claus is comin to town - Mariah carey

쇼호스트1: 여러분 삼룡이시리즈가 매진이 됐습니다! 어머님들의 성원에 힘입어 방송시작 40분 만에! 동화가 아이들의 품으로 갔네요. 역시 삼룡이시리즈네요.

쇼호스트2: 우와 정말 대단하네요. 저희가 1000부를 준비했는데 모두 완판 되었어요!

쇼호스트1: 어 지금 아쉬움의 문의가 많이 올라오고 있는데요.
걱정 마세요. 여러분! 이번이 끝이 아니랍니다! 드림출판사에서는 다음 시리즈를 출판한다는데요. 지금 밑으로 지나가는 자막보이세요? 보이시죠! 드림출판사 사이트 만들어드립니다 게시판에 사연을 올려주시면 저희 EH홈쇼핑에서 여러분들께 상품권을 증정해드립니다! 과연 어떤 시리즈가 나올지 앞으로 드림출판사의 행보가 정말 기대됩니다.

3 소설 『즐거운 나의 집』과 영화 〈렌트〉를 활용한 공익광고 〈눈총〉

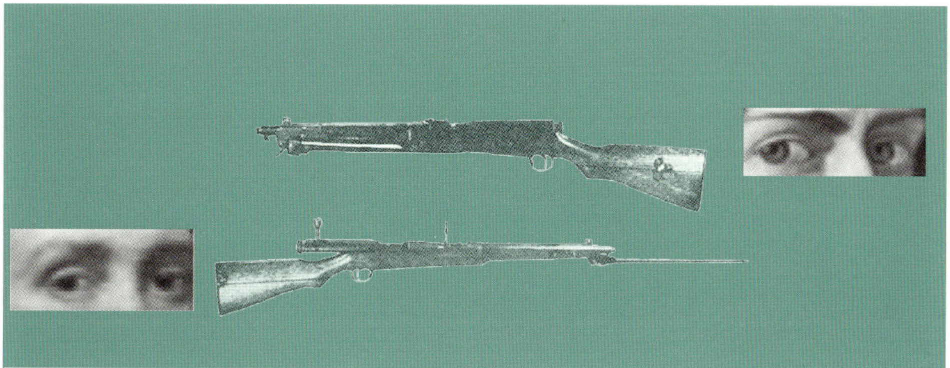

공익광고 <눈총>

① idea
② synopsis
③ review

① idea

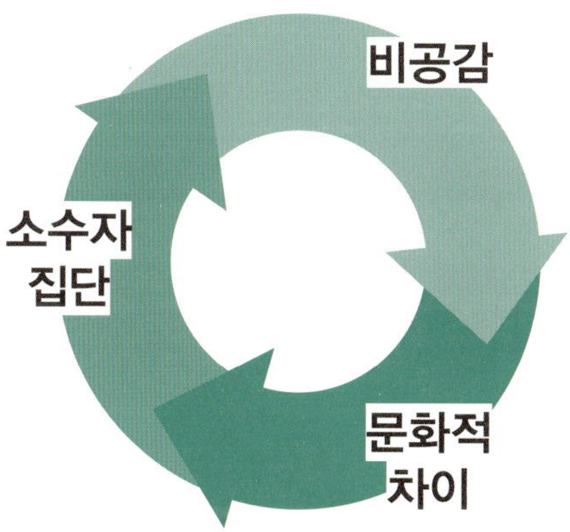

② synopsis

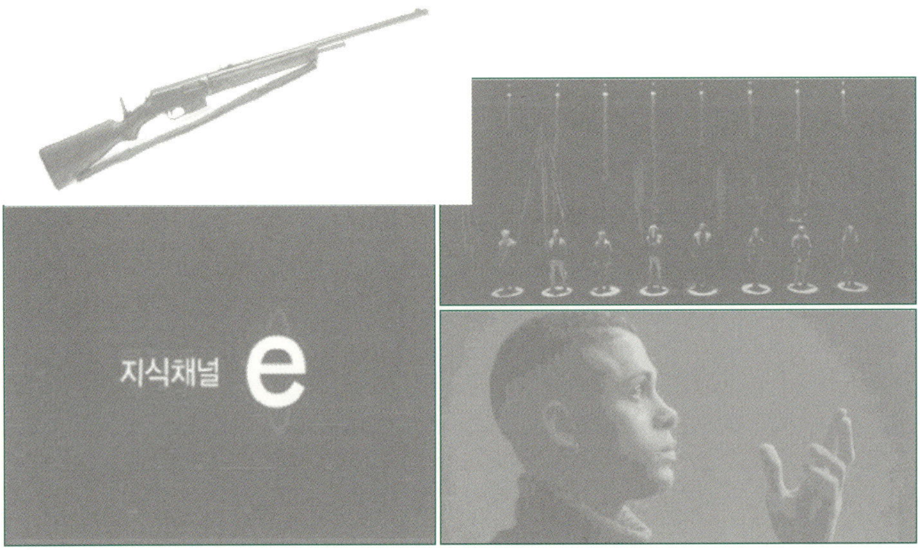

② synopsis

❶

❷

❸

② synopsis

❹

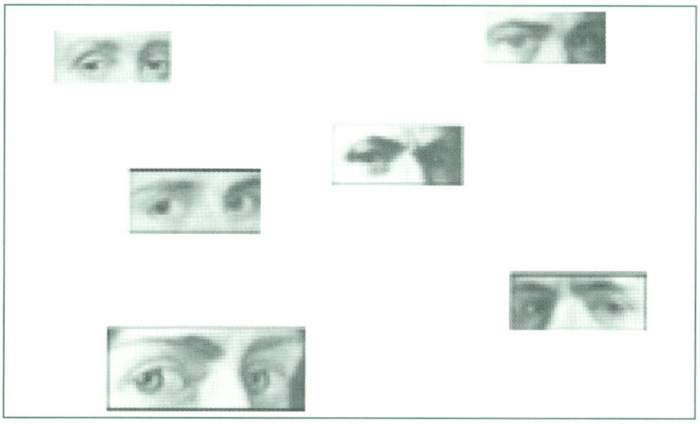

❺

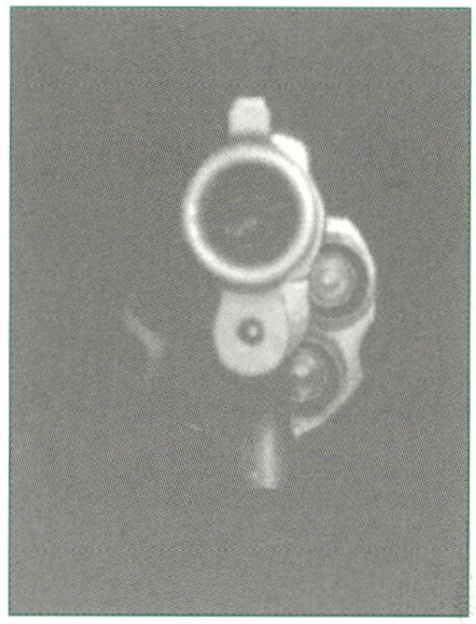

③ review

사람들은 알까?

눈총이라는 단어에
왜 '총'이라는 글자가 들어가는 지를.

공지영 <즐거운 나의 집> 중

③ review

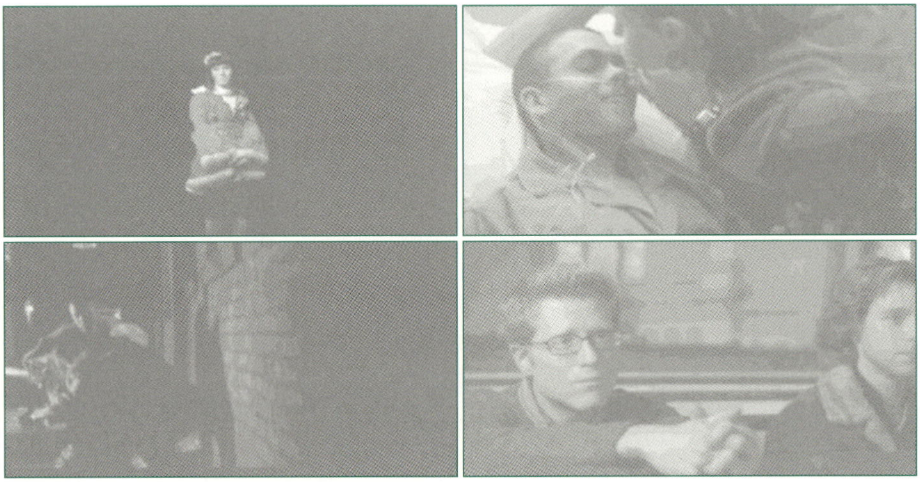

③ review

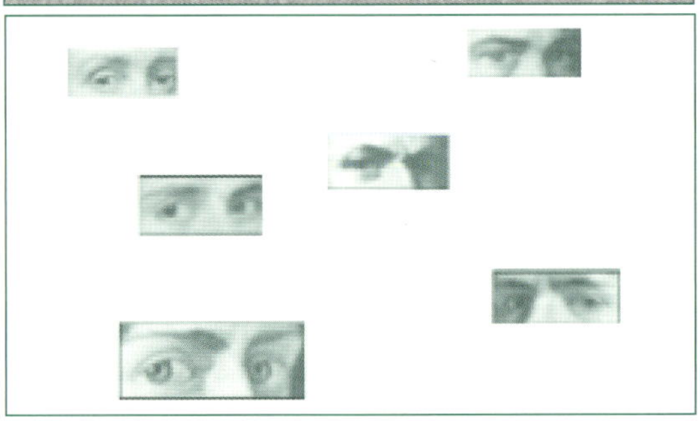

③ review

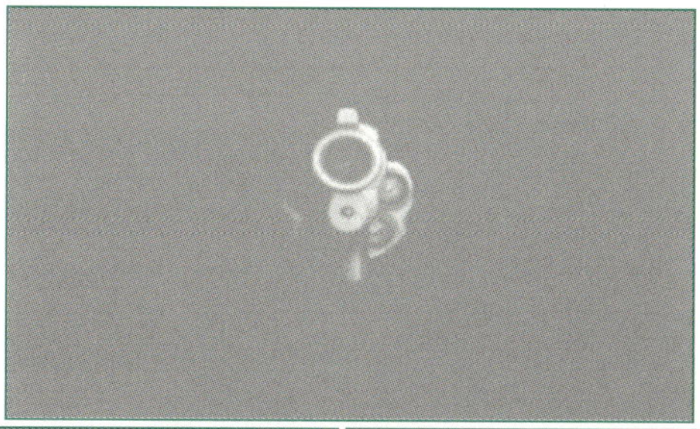

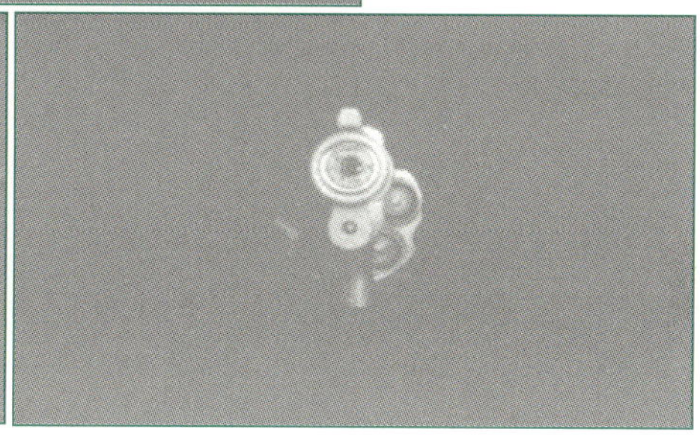

?

4 대학생을 위한 공연 〈청불콘서트〉

Performance Plan

App & Concert

CONTENTS

① 설레는 첫 만남
② Group Study
③ 본격적인 회의
④ APP
⑤ 청불 콘서트
⑥ 토크 콘서트
⑦ 가수 콘서트

① 설레는 첫 만남 전체 기획안 작성

Project Plan

1주차	서로에 대해 알아가기 (취미나 지금까지 관람한 공연 등 논의)	5주차	공연에 대한 창의적 역발상 및 개선 방법 논의
2주차	우리나라 공연의 실태와 해외사례 비교	6주차	공연 콘티 및 홍보물 제작회의
3주차	목표와 구체성 구성 및 컨셉 아이디어 수집	7주차	공연 관람 및 공연 기획 1
4주차	관련 독서 후 스터디	8주차	공연 기획 2

① 설레는 첫 만남 — 역할 분담, 공연 선택 이유, 공연주제/유형

Focus

조원 역할 분담			
조장	한**	부조장	구**,강**
서기	황**,김**	총무	김**,정**

공연 주제
커피, 인간, 바쁜 현대인의 일상, 소통, 공감, 사랑, 이별, 가족, 감정, 감성, 역사, 범죄, 패션, 힐링, 술, 친환경, 편리함

공연 기획·홍보의 필요성
공연에 대한 접근성과 인지도가 굉장히 낮기 때문에 이에 대한 개선 필요

공연 유형
뮤지컬, 연극, 무언극, 콘서트, 무용, 오페라, 굿즈, 전시회 중 택

② Group Study — 관련 독서, 스터디 활동

[공연제작] 저자 양정		
공연예술의 개념과 특성		공연물 선택 시 고려사항
역사	무대와 소품, 의상, 분장, 조명, 음향 등	

[공연기획과 영상제작] 저자 김규원	
이론적·실무적 차원 공연	
문화콘텐츠 제작	협동작업

② Group Study — 관련 독서, 스터디 활동

[클래스가 다른 공연 기획] 저자 전성환				
콘서트 연출 팀 5단계 업무 프로세스				
사전준비 단계	콘셉트화 단계	프로덕션 단계	프로덕션 실행 단계	장비반입과 공연단계

[무대의 탄생] 저자 소홍삼	
기획배경 및 추진과정	
에피소드 및 비하인드 스토리	홍보마케팅 실행

③ 본격적인 회의 공연의 주제 선정

회의 내용	공연의 주제 선정
	공연 대상 : 대학생

- 주변 환경이 편안한 공연 (ex. 자동차 극장)
- 사랑 (ex. 공연을 관람하러 온 사람들의 커플 만들기 프로젝트
- 시를 접목한 공연
- 외로움을 주제로 한 공연
- 여행을 가고 싶지만 다양한 이유로 갈 수 없는 사람들을 위한 대리만족 전시 공연
- 축제
- 지친 현대인(대학생을 위한 힐링 공연)
- 웃음을 줄 수 있는 공연 (ex. 광대 분장을 하고 즐기는 페스티벌)

③ 본격적인 회의

주제

감성 / 힐링 / 20대 타겟

패키지

① 이글루 단독 체험

② 콘서트 ([illegible]크 + 대중음악)만 체험

③ 이글루 + 콘서트 패키지 체험

공연 이름 예시:
여름을 녹여라, 빙하 콘서트,
여름밤의 일탈

개최 일시 : 한 여름 (7-8월)

장소

① 서울 장충 체육관 (실내, 수용인원 8,000명)

② 고척 스카이 돔 (천장 돔 개방가능, 수용인원 20,000명)

③ 잠실 체조 경기장 (실내, 수용인원 15,000명) 유력 후보

④ 잠실 올림픽 보조 경기장 (야외 락 페스티벌 위주) 수용인원 스탠딩 포함 30,000명)

⑤ 잠실 실내 체육관 (실내 11,069석)

④ APP 목적

Wish List
- 어디서든 간단하게 이용가능
- 장거리 부담감 감소

Target
20대

진로·취업·사랑에 대해 고민이 많은 대학생들을 위한 콘서트

Select
현대인(대학생)이 많이 이용

Keyword
시간, 편리, 접근성

④ APP 이름, 구성

ALIO 각 지역의 모든 공연을 알리오		공연정보 및 예매
		장르별 – 콘서트, 연극, 가족/어린이 뮤지컬, 클래식, 전시
		지역별 – 서울, 인천/경기, 강원, 대전/충남, 충북, 광주/ 전남, 전북, 대구/경북, 제주
마이페이지	자신이 예매한 공연 현황	실시간 공연보기
		공연을 예매했는데 가지 못하는 경우 거리가 멀어서 보러 가는 것이 부담인 경우
공지사항	Q&A	

④ APP 로고

④ APP 예산

제작비용			서버관리
모바일웹 + 앱 (구글Play)		720,000	월 30,000
모바일웹 + 앱 (아이폰앱)		300,000	
쇼핑몰 추가 (네이버페이)		300,000	
SNS로그인 (네이버, 카톡, 페이스북)		150,000	
디자인 추가	1page	50,000	
게시판 추가	1page	30,000	
서버	일일트래픽	무제한 용량지원	
용량	하드용량		
도메인	별찌지원 도메인	무료지원	
	독립도메인 (1년)	20,000	
합계		2,000,000	월 30,000

하이브리드 앱

웹(WEB)으로 제작하고
앱(APP)로 감싼 구조

· 저렴한 제작비와 유지보수의 용이함이 돋보이는 모바일 웹
· 빠른 반응 속도와 하드웨어 기능 활용이 가능한 최적화된 UI 제공

모바일에서 웹을 앱으로
보이도록 제작하는 형식

⑤ 청불 콘서트 공연 주제

Wish List
· 주변환경이 편안한 공연
· 외로움을 주제로 한 공연

Target
대학생

진로·취업·사랑에 있어서 많은 고민을 가지고 있는 대학생들을 위로해주기 위한 콘서트

Select
지친 현대인(대학생)을 위한 힐링 공연

Keyword
감성, 힐링, 20대 타겟

⑤ 청불 콘서트 공연 이름

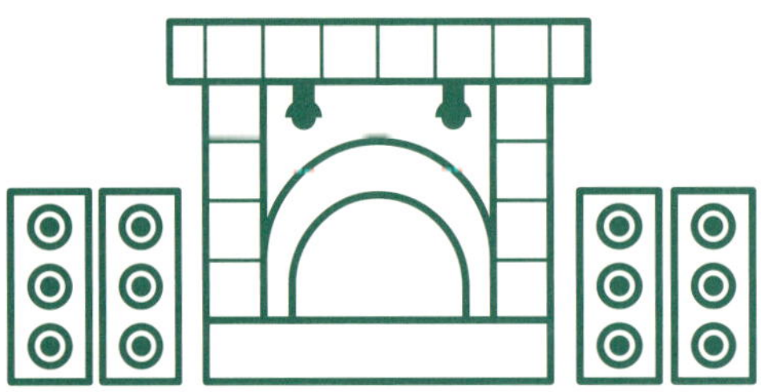

청불콘서트

· 청춘들의 불면증 같은 삶 치유
· 청춘들의 불타는 화끈한 공연

우리의 청불 콘서트

7 ~ 8월
SUMMER SEASON

1부 콘서트를 관람하지 않아도 패키지를 통해 선택 관람 가능

1부 (토크콘서트)	2부 (가수콘서트)
참가인원 400명	참가인원 대략 17,000명
주말 오후 3시 ~ 5시 공연	주말 오후 7시 ~ 22시 30분 공연
콘서트 입장시 고민 편지를 뽑아 토크 진행	화려한 장비 구성
비공개 익명사이트 개설 소규모 객석 공감가능한 일반인 및 유명인들 섭외	천장개방, 불꽃, 무빙 스테이지, 토롯코, 심장박동 인지 장치, 블루투스 야광봉 등 무대장치로 구성

⑤ 청불 콘서트 — 공연 장소

1부 토크 콘서트 참가인원 400명 수용	1부 토크콘서트 엔딩 또는 2부 가수 오프팅 때 고민을 적은 종이를 풍등에 넣어 날리는 행사 도입
2부 토크 콘서트 참가인원 17,000명 수용	2부 가수 콘서트 때 활용할 화려한 무대 장치에 천장 개방이 필요 (천장이 열리는 돔 형태의 공연장 필요)

↓

고척 스카이 돔 선정

⑤ 청불 콘서트 　 공연 장소 : 고척 스카이 돔

< 무대 크기 >

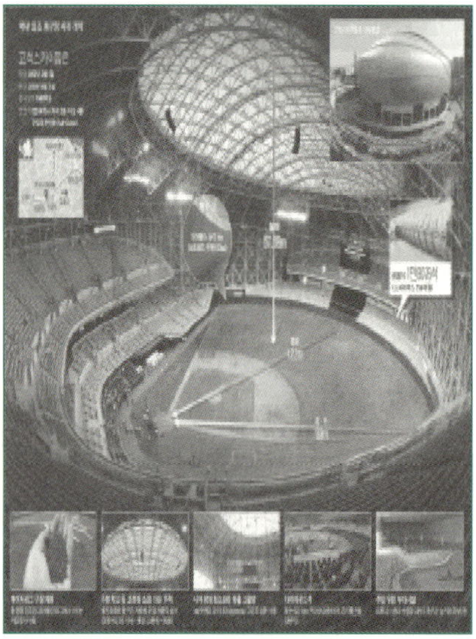

< 관객석 >

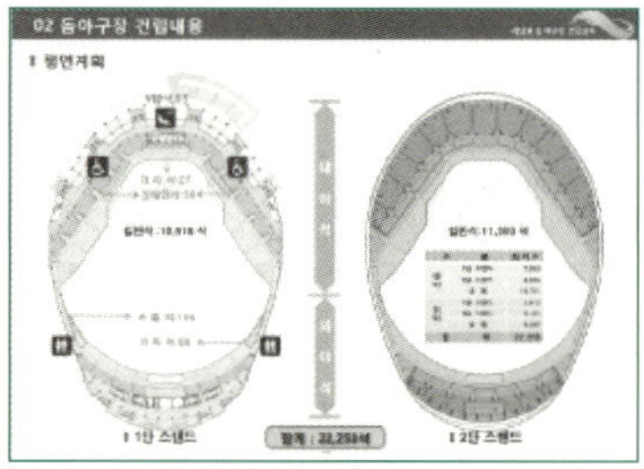

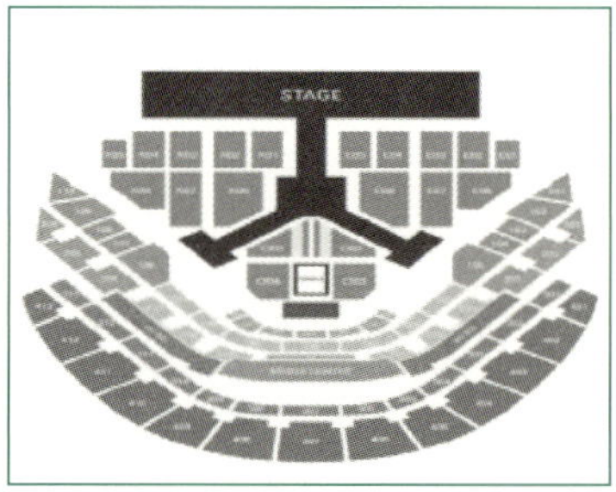

⑤ 청불 콘서트 　 공연 협찬

**진로	선택 이유 : 2부 콘서트에서 아이유 출연. 알코올 도수가 높지 않아 적당하게 기분을 업 시킬 수 있음. 술을 잘 못 먹는 사람이 있을 수도 있으니 전체에게 나눠 주는 것이 아닌 선택으로 가져갈 수 있도록 한다.
**라이트	선택 이유 : 요즘 많이 떠오르고 있는 맥주로써 싼 가격에 맛있는 맥주를 마실 수 있어 관객들에게는 맛이 있어 좋고 기획자 입장에서는 가격이 싸서 좋은 일석이조 맥주.
생수, 콜라	평창수와 코카콜라를 패키지로 만들어 이번 평창올림픽에서 출시된 제품. 청춘을 바쳐 우리나라를 대표해 열심히 땀 흘리고 있는 선수들을 응원하는 의미에서 평창수와 코카콜라 제공.

⑤ 청불 콘서트 | 공연 협찬

*데	*빼로 호불호 갈리지 않는 간식 중 하나. 현재 롯데 과자를 광고하는 연예인이 엑소이며, 기획한 음악 콘서트에 엑소가 출연하기 때문에 선정.
*론 티켓	청춘 청년힙합, 미드나잇 할로윈 파티 등 청년층을 대상으로 하는 페스티벌 티켓팅을 활발히 진행하고 있기 때문에 우리의 콘서트 기획주제와도 알맞을 것 같아 *론티켓으로 티켓 대행사 선정.

⑥ 토크 콘서트 | 익명사이트 개설

- 비공개 익명 사이트 개설
- 실제 접속 가능
  http://redlight-talk.tistory.com/

⑥ 토크 콘서트 | 풍등 제작

- 1부 토크 콘서트 엔딩 또는 2부 오프닝 때 풍등을 날리는 행사를 도입

- 준비된 풍등에 1부 토크 콘서트를 관람한 관객들은 자신의 고민을 적어 하늘 높이 날려보내는 행사

⑥ 토크 콘서트   토크 콘서트 큐시트

*** (청춘상담소 좀 놀아본 언니 대표) *** (사당보다 먼 의정부보다 가까운) ***	*** : MC겸 토크 진행 시간 순서는 유명인을 나중에 배치하기로 결정

시작	종료	단위	항목	출연	비고
15:00:00	15:10:00	00:00:10	오프닝 : 공연 취지 설명, 출연진 소개, 진행 방향 안내 등	***	무대위치
15:10:00	15:40:00	00:00:30	사전에 준비된 관람객들의 고민을 랜덤으로 뽑아 그에 대한 주제로 토크 진행 (대학생들의 진로·취업·사랑)	***	무대위치
15:40:00	16:20:00	00:00:40		***	무대위치
16:20:00	17:00:00	00:00:40		***	무대위치

⑦ 음악 콘서트   큐시트

순서	DUR 소요시간	TIME	ARTIST	내용	무대	AUDIO	LED	특효	기타
				사전 VCR (공연에티켓 + 카운트다운)					
				암전					
				Opening VCR					
1			마마무	공연 1 나로 말할 것 같으면	메인	MR			
				마마무 Ment	메인				
				공연 2 넌 is 뭔들	메인				
				공연 3 음오아예	돌출			폭죽	
				IU VCR					
2			아이유	공연 4 밤편지	메인(리프트)	MR		조명	기타 앰프 1
				공연 5 팔레트	메인				댄서
				아이유 Ment	메인				
				공연 6 좋은 날 Remix. Ver.	돌출 (상수)			폭죽	댄서
				BTS VCR					
3			방탄소년단	공연 7 MIC drop	돌출 (토롯코)	MR			댄서
				방탄소년단 Ment	메인				
				공연 8 불타오르네	메인				
				공연 9 DNA	메인			메인 폭죽	
				EXO VCR					
4			EXO	공연 10 으르렁	메인 (리프트)	MR		메인 폭죽	
				공연 11 Monster (Remix ver.)	메인				
				엑소 Ment	돌출				
				공연 12 KOKOBOP	돌출 상수				
				공연 13 Tender Love	돌출 (토롯코)				
5				CLOSING 안내 방송					

⑦ 음악 콘서트 Existing Joint Performance Problems

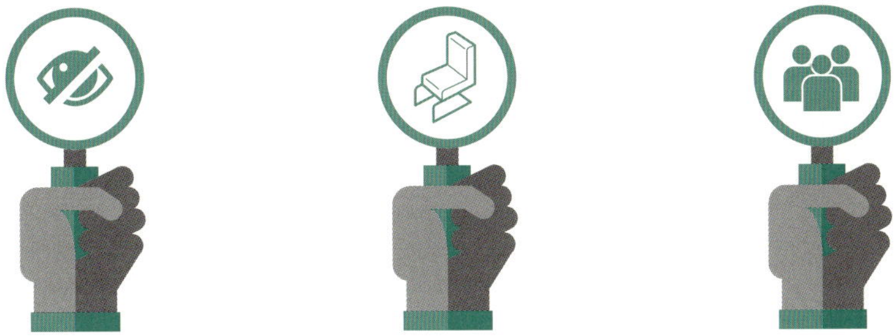

단조로운 무대장치 | 자리에 따른 집중도 차이 | 특정 팬들만 즐기는 공연

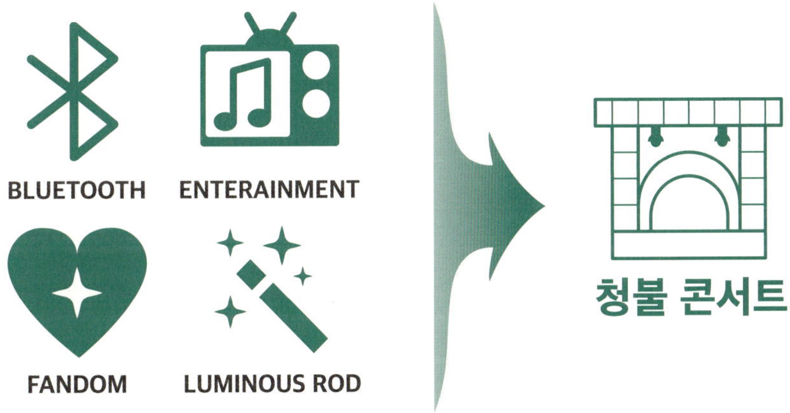

⑦ 음악 콘서트 Bluetooth Luminous Rod

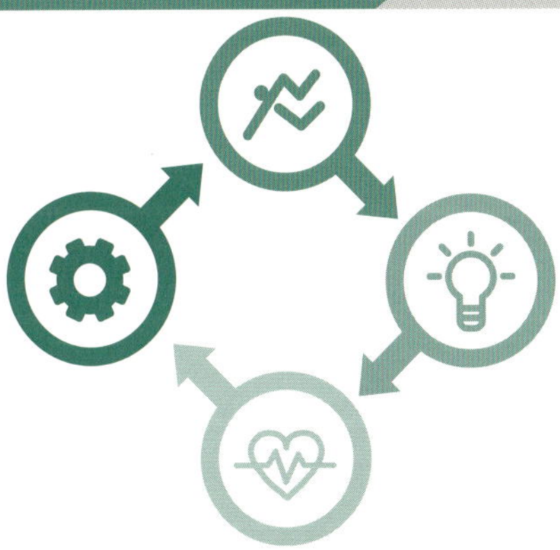

- 중앙제어 기관에서 원격 조종 신호를 보냅니다.
- 미리 설치하여 야광봉의 고유 코드를 등록해 놓았던 어플이 신호를 받습니다.
- 어플과 연동된 야광봉이 색깔이 변하며 반응합니다.
- 관객들의 호응도와 집중력이 상승하고 무대 완성도가 높아집니다.

⑦ 음악 콘서트 Bluetooth Luminous Rod

The Exo'RDIUM [dot] 잠실 주 경기장 콘서트

원격 조종 전 → 원격 조종 후

⑦ 음악 콘서트 Bluetooth Luminous Rod

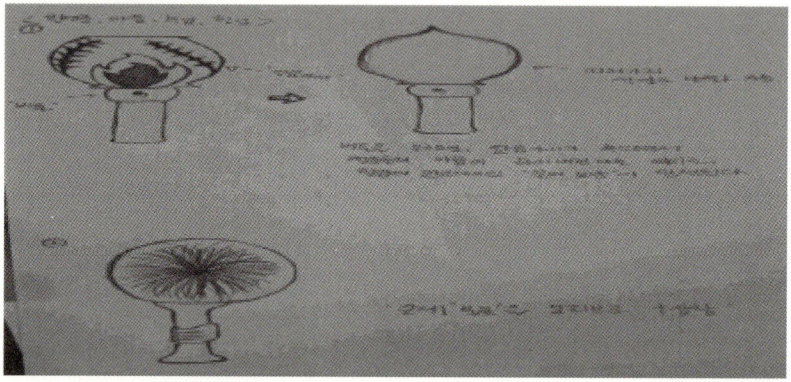

⑦ 음악 콘서트 Income Projection

공통 공제 항목 합계

- ·티켓 대행 수수료 (Ticket booking agency)
- ·평균 할인 (Group discount average)
- ·부가세 (VAT)

할부 대관료

체육 시설과 다목적 홀을 공연장으로 사용하는 공연은 티켓 매출 기준 5~8%의 금액을 대관료로 지불해야 한다.

저작권료

콘서트는 창작자의 권리를 보호하기 위해 티켓 판매 금액의 3%를 저작권료로 징수한다.

로열티

라이선스 뮤지컬은 작품에 대한 로열티를 티켓 매출의 일정한 비율만큼 결정해서 저작권자에게 지불해야 하는 과정을 거친다.

⑦ 음악 콘서트 Income Projection

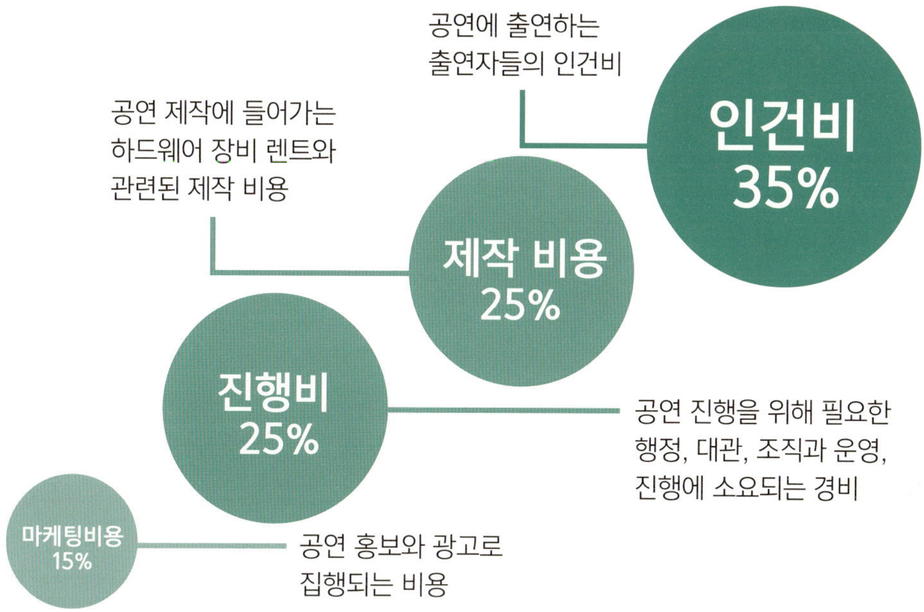

⑦ 음악 콘서트 콘서트 예산 항복

	Item	Quantity	Duration	Amount	Duration	Description
Guarantee	Artist Guarantee			198,000,000		
	Agent Free		2%	3,960,000		
	소계			**201,960,000**		
	Insurance 보험	20 P		300,000	1	
Aritist (아티스트 관련)	Dressing Roomes 대기실	4 R		2,250,000	1	
	Security 경호	20 Set		8,000,000	1	
	소계			**10,550,000**		
	Sound 음향	1 Set		10,000,000	1	
	Lights 조명	1 Set		15,000,000	1	
	Stage 무대	5 Set		10,000,000	1	
	Truss 트러스 (오브제)	1 Set		5,000,000	1	
	Screen 스크린	2 Set		2,500,000	1	
	LED 전광판	1 Set		7,000,000	1	
	Backline 악기	0 Set		0		
Production (제작)	Special Effect 특수효과	4 Set		8,000,000	1	
	Camera (DVD) 디비디 제작용	0 Set		0		
	Moving Car 토롯코	3 Set		6,000,000	1	
	Console Booth 콘솔 (중앙제어)	1 Set		5,000,000	1	
	Bluetooth Luminous Rod 야광봉	22,000 EA		286,000,000	1	
	Venue 대관 운영비	1 Set		100,000,000	1	
	Kongming lantern 풍등	1,000 EA		1,980,000	1	
	Goods 굿즈	4 Set		884,000,000	1	
	소계			**1,340,480,000**		
	TV Spot TV광고			100,000,000		
Marketing (마케팅)	Spot Production 제작비	Set		1,500,000	1	
	Outdoor Banner 현판 등			3,000,000		
	소계			**104,500,000**		
	Ushers 운영요원	80 P		6,400,000	1	
	Interpreter 통역	0 P		0		
	VIP Cares VIP 관련 응대	1 Set		10,000,000	1	
Operation (운영)	Rentals 외부 렌탈	1 Set		3,000,000	1	
	Stage Hand 제작 스태프	12 P		4,800,000	1	
	Catering 케이터링	30 P		3,000,000	1	
	Meals 식대	2000 EA		21,000,000	1	
	Make-up Booth 분장부스	4 EA		2,000,000	1	
	소계			**42,400,000**		
	Business Expensive 업무 진행비	3 M		2,000,000	1	
Miscellaneous (기타)	Audience Insurance 관객 보험	1 T		0		
	Reserve 예비비			10,000,000	1	
	소계			**12,000,000**		
	Grand Total			**1,711,890,000**		VAT 별도

20171739 김유빈

⑦ 음악 콘서트 — Income Projection

청불 콘서트

공연형태 - 콘서트	좌석 등급 ALL VIP (400 + 17,000)
장소 - 고척 스카이 돔	티켓 가격 - 120,000
수용 좌석 - 17,000석	로열티 12%
공연 횟수 - 1회	제작비 총액 - 1,736,690,000

구분/등급	VIP	R	S	A	Total
티켓 가격	120,000	X	X	X	
좌석 수	17,370	X	X	X	
초대권	10	X	X	X	
협찬사	20	X	X	X	
굿즈수익					3,000,000,000
합계	2,250,100,000				5,250,100,000
제외 항목	티켓 판매 대행 수수료(5.5% + 1.5%)			7	368,067,000
	장소 대관료			5	112,505,000
	저작권료			3	67,743,000
	부가가치세			10	225,810,000
제외 항목 합계					774,525,000
1회 공연 수익 합계					4,483,575,000

예상 좌석 판매율	판매율에 따른 수익	로열티 12%	제작비 총액	Profits
100%	4,483,575,000	X	1,736,690,000	2,746,885,000
90%	4,035,217,500		1,736,690,000	2,298,527,500
80%	3,586,860,000		1,736,690,000	1,850,170,000
70%	3,138,502,500		1,736,690,000	1,401,812,500
60%	2,690,145,000		1,736,690,000	953,455,000
50%	2,241,787,500		1,736,690,000	505,097,500
40%	1,793,430,000		1,736,690,000	56,740,000
30%	1,345,072,500		1,736,690,000	-391,617,500

청불 콘서트 — 홍보 영상 제작

영상보기 : http://youtube/mW8H9cKLacc

5 여행 프로그램과 광고 영상《시작》

여행 그리고 광고

- 여행 그리고 광고
- 여행에 대하여
- 광고에 대하여
- 창작물 감상
- 창작물에 대하여

1 여행 그리고 광고

여행		테마	홀로 여행
어떤 여행을 보여줄까	→	왜 하필 홀로일까	
홀로			

콘텐츠 창작		장르	여행사 광고
여행을 어떻게 보여줄까	→	여행사 / 현대의 화두, 여행 여행이 왜 화두가 되었을까	
여행사 광고		광고 / 광고에 대한 스터디	

2 현대의 화두 여행 · 여행 관련 서적 베스트셀러

여행 책자 목록

- 국내 여행 에세이
- 서울 / 수도권 여행가이드
- 제주도 여행가이드
- 국내 여행가이드
- 캠핑여행
- 미국여행
- 캐나다여행
- 중남미여행
- 유럽여행
- 북유럽여행
- 동유럽여행
- 영국여행
- 스페인여행
- 프랑스여행
- 독일여행
- 이탈리아여행
- 터키여행
- 중동여행
- 아프리카여행
- 일본여행
- 중국여행
- 홍콩/대만/마카오여행
- 동남아시아여행
- 호주/뉴질랜드여행
- 인도/티베트/네팔여행
- 괌/사이판/하와이여행
- 발리/몰디브여행
- 세계일주여행
- 테마여행
- 기타지역여행
- 유학/해외연수/이민
- 워킹 홀리데이/지도

2 현대의 화두 여행 · 트렌드의 바로미터, 텔레비전 프로그램

2 현대의 화두 여행 · 여행을 공유하는 SNS

2 현대의 화두 여행 · 여행이 왜 화두가 되었을까

탈출구		시야확장		자기탐색
지루하고 고단한 일상	+	글로벌 시대	+	자기계발

↓

삶의 질 향상

3 홀로 여행 · 1인 가구 시대

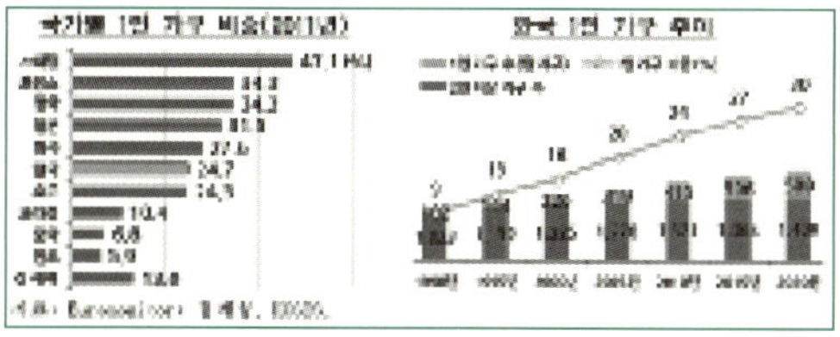

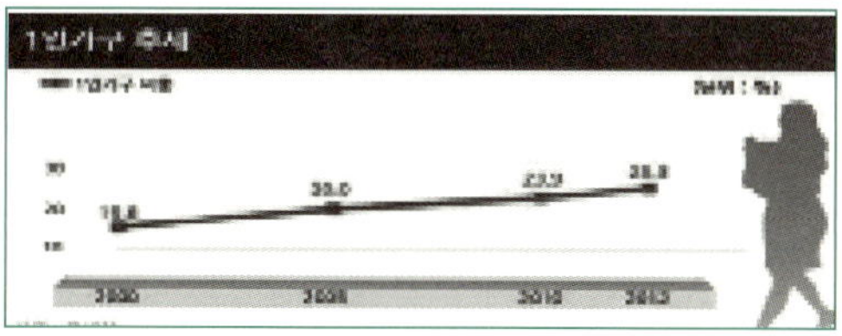

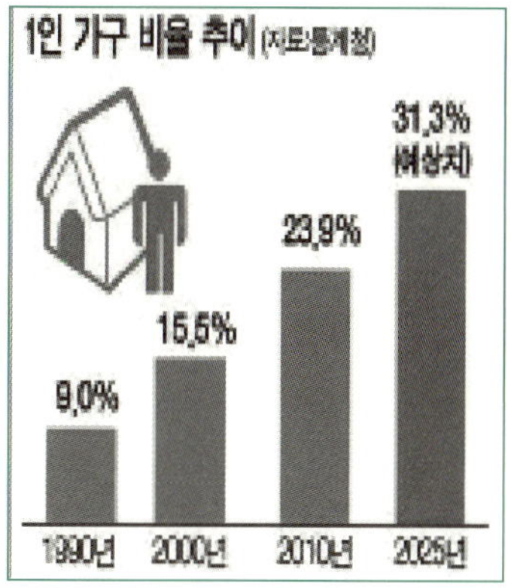

3 홀로 여행 · 혼자 또는 여행 관련 서적

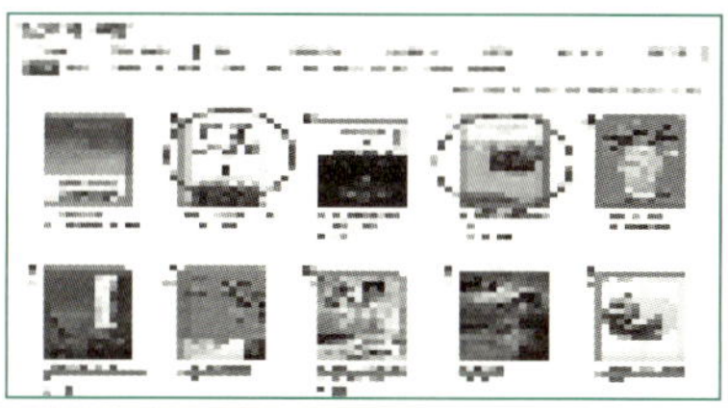

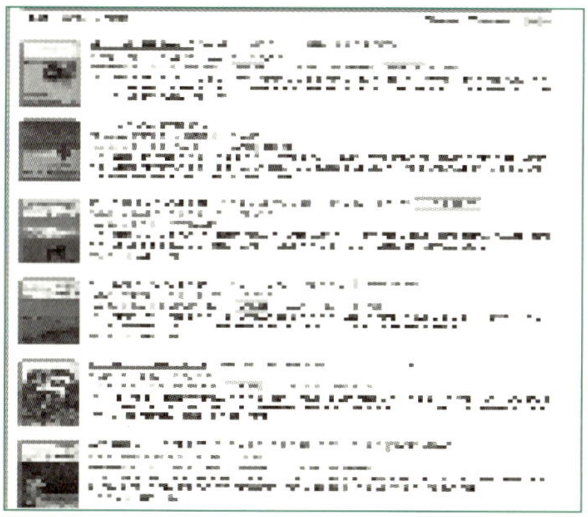

3 홀로 여행 · 싱글라이프 프로그램

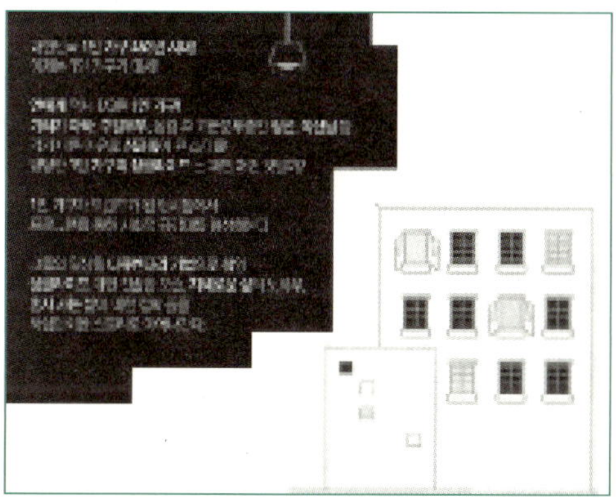

3 홀로 여행 · 관광과 여행의 구분

관광은 떠나야 할 적절한 이유를 찾을 때까지 떠날 수 없다.
여행은 어디론가 떠나고 싶거나 또는 누군가가 같이
떠나고자 하면 따질 것 없이 **그냥 떠나는 것**이다.

이용근 <21세기 n 나홀로 여행>

4 광고 · 광고의 정의

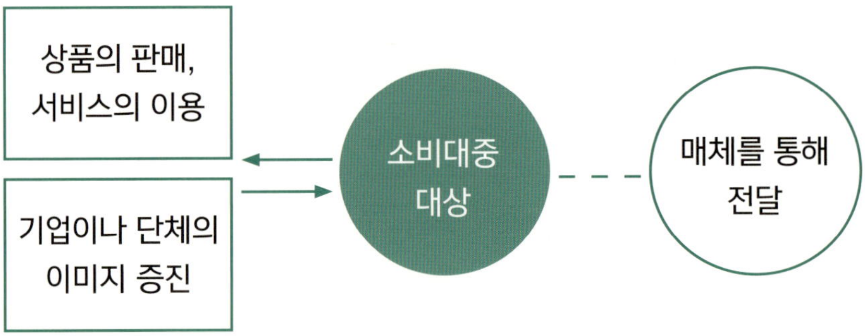

4 광고 · 광고의 유형

① 영리성 여부		② 목적과 기능		③ 그 외 기타	
영리 광고	비영리 광고	제품 광고	비제품 광고	전달 지역 범위	전달 매체
판매 목적의 일반 상업적 광고	공공단체나 기구의 비상업적 광고	상품, 서비스의 판매 증진 목적	기업의 공헌,신조를 알려 대중의 호의와 신뢰 획득	국제광고 전국광고 지역광고 지방광고	신문광고 잡지광고 라디오광고 텔레비전광고 영화광고 전단광고 옥외광고

4 광고 · 참고 사례 : 영리 광고와 비영리 광고

영리 광고
(카누 CF)

비영리 광고
(공익광고협의회)

4 광고 · 참고 사례 : 두산 <사람이 미래다>

기업의 역사, 정책, 규모, 기술, 업적, 인재 등을 선전	기업문화, 구성원 특징, 최고경영자의 가치관을 통해 기업에 대한 바람직한 연상 유도
기업에 대한 호의와 신뢰를 획득	기업에 대한 호의적 이미지와 관심을 재고
경영활동을 원활히 수행	

4 광고 · 광고 전략 1 : 광고는 승부의 속성을 가진 게임

훌륭한 콘텐츠는
훌륭한 **전략**에서 탄생한다.

4 광고 · 광고 전략 2

예술과 과학의 만남인 광고 전략은 광고의 과학적 지점

시장환경 분석 → 제품과 소비자 분석 → 콘셉트 → 광고 기획 → 광고 제작

- **시장환경 분석**: 시장 트렌드와 외부환경 요인 분석
  - ① 시장의 어떤 위치에서 어떤 제품들과 경쟁관계를 형성하고 있는가
- **제품과 소비자 분석**: ② 제품 소비층이 어떤 계층인지 어떤 소비행동과 구매의사결정을 하며 무엇이 구매행동에 영향을 미치는가
- **콘셉트**:
  - · 무엇을 어떻게 말할까
  - · 무엇으로 팔 것인가
  - · 제품의 특장점이 소비자에게 주는 혜택
- **광고 기획**:
  - ① 시장의 윤곽 파악하기 위한 정보수집
  - ② 제품 또는 기업에 대한 이해와 소비자의 구매동기, 구매자의 프로필 조사
  - ③ 마케팅에 대한 문제점과 기회 탐색
- **광고 제작**: ① 브랜드의 이미지와 개성은 값진 자산 ② 제품의 특징과 통합성에 연관되도록 제작

5 창작물 · 창작물 구성

장르
여행사 광고

수단
공감과 감성

목적
여행 욕구를 유발

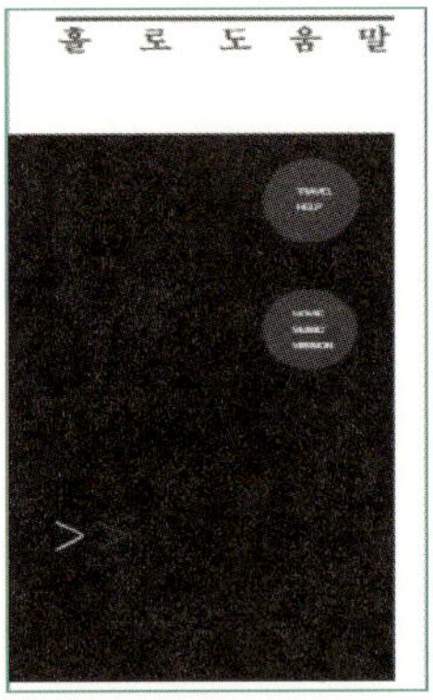

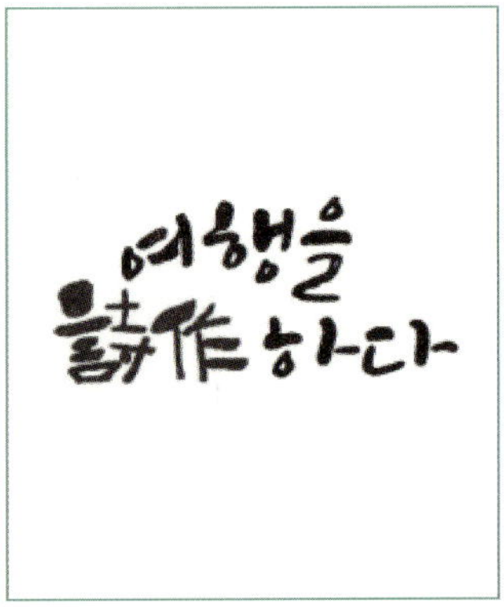

5 창작물 · 창작물 기획 : 광고 전략에 따라

시장환경 분석	제품과 소비자 분석	콘셉트	광고 기획	촬영 및 편집
여행 이미지 중심의 비주얼 광고 극복	20대를 타겟으로 그들의 생활과 닿도록	때'時'에 맞춰 시'詩'를 활용 공감과 감성	스토리텔링 카피	제작

5 창작물 · 창작물 기획 : 어떻게 기획이 되었을까

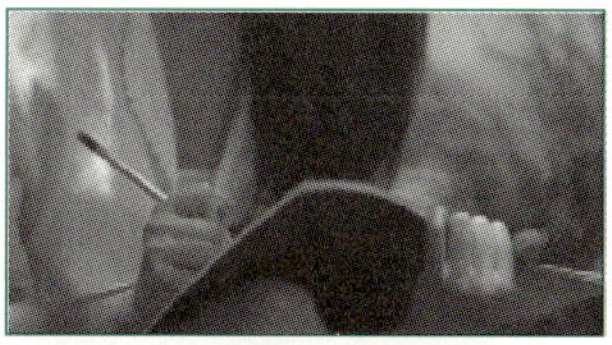

롯데

여행을 시작時作하다

시(詩), 여행이
시작되는 때(時)
⋯→ 지쳤을 때

에픽하이

선곡표

시(詩)로 이루어진 광고 ←⋯
제목으로 이루어진 가사

5 창작물 · 창작물 기획 : 무엇이 다를까

(X) 공감대 없는 환상적 이미지 나열

여행 전 일상을 통해
공감 유발
여행 과정을 통해
카타르시스

5 창작물 · 창작물 분석 1 : 인물과 상황 설정

졸업을 앞둔
무기력한 대학생

피로하고
권태로운 일상

5 창작물 · 창작물 분석 1 : 스토리라인

스토리 1 스토리 2

5 창작물 · 창작물 분석 1 : 스토리라인

스토리 3 스토리 4 스토리 5

5 창작물 · 창작물 분석 1 : 창작물 '홀로 도움말'

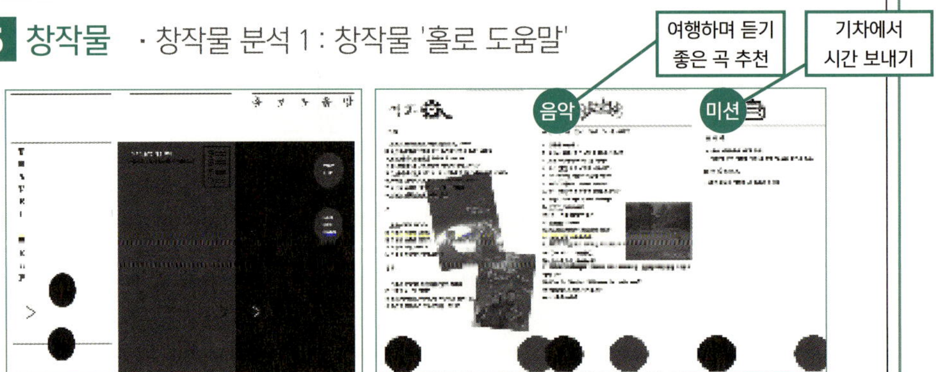

카테고리 별 영화 추천

여행에 관한, 청춘에 관한, 장소에 관한

5 창작물 · 창작물 분석 1 : '홀로 도움말' 보충

5 창작물 · 창작물 분석 2 : 시를 통한 주인공 심리 전달

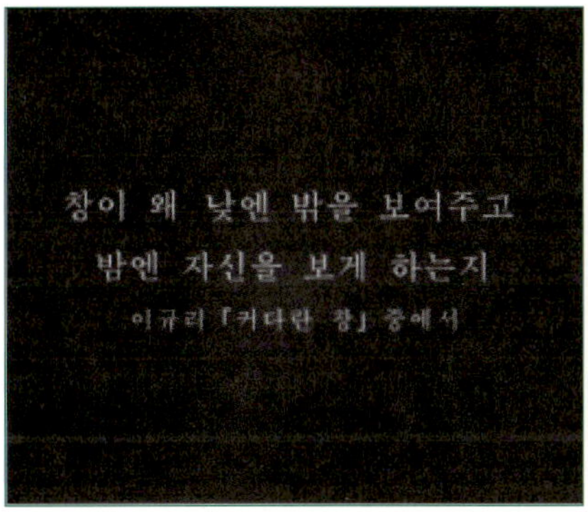

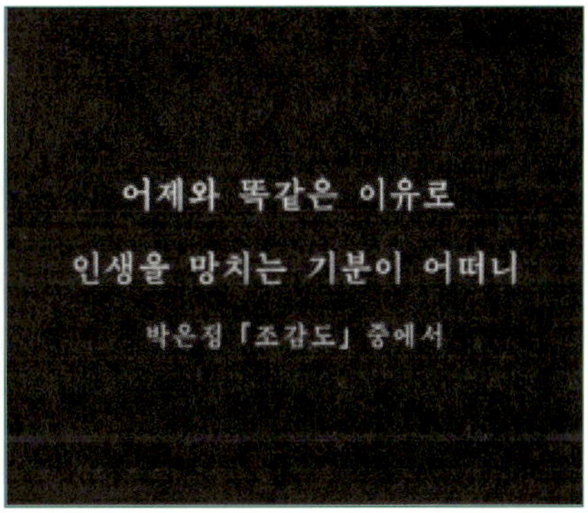

5 창작물 · 창작물 분석 2 : 시를 통한 주인공 심리 전달

5 창작물 · 창작물 분석 2 : 시를 통한 주인공 심리 전달

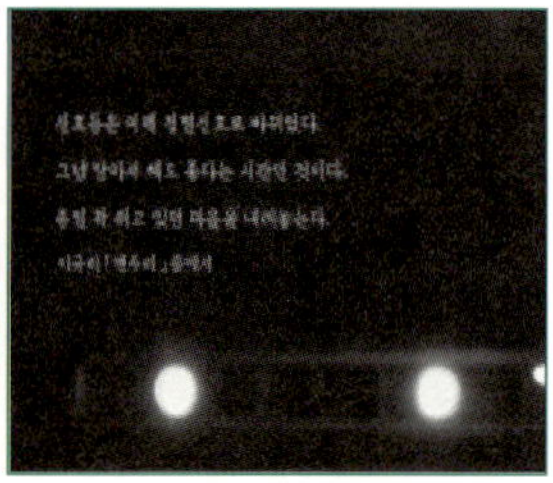

5 창작물 · 창작물 분석 2 : 시를 통한 장면 전환

「이것이 우리의 끝은 아니야」
이제니 『왜냐하면 우리는 우리를 모르고』 중에서

『왜냐하면 우리는 우리를 모르고』
이제니

5 창작물 · 콘텐츠 확장

당 신 의 안 팎 을
환 기 하 는 시 간

[시 작]

여행사 지향점과 서비스 소개, 광고 게시를 통해 투자 유치

- 서비스: 여행 메이트 또는 그룹 매칭 / 빠른 또는 느린 템포 별 / 프로그램
- 광고: 시 외에 영화, 드라마 또는 / 삶의 스토리가 있는 예술인의 / 생애 활용

참고문헌

김열규, 『도깨비 날다』, 춘추사, 1991.
김종대, 『한국의 도깨비 연구』, 국학자료원, 1994.
김치수, 『구조주의와 문학비평』, 홍성사, 2002.
김현, 『르네 지라르 혹은 폭력의 구조』, 나남출판, 1996.
나병철, 『환상과 리얼리티』, 문예출판사, 2004.
박임전 외, 『동화의 환상성과 구조』, 한국학술정보, 2009.
서강여성문학여구회, 『한국문학과 환상성』, 예림기획, 2001.
오세진, 『인간 행동과 심리학』, 학지사. 1999.
윤가현, 『성심리학』, 성원사. 1990.
이상우 외, 『문학비평의 이론과 실제』, 집문당, 2002.
이은하 외, 『이준연 아동문학 50년』, 국학자료원, 2011.
이정호, 『욕망 그리고 텍스트』, 동인, 2009.
조용훈, 『문화기호학으로 읽는 문학과 그림』, 효형출판, 2004.
최기숙, 『환상』, 연세대학교 출판부, 2003.
최승희ㆍ김수욱, 『심리학개론』, 한영사, 1997연세대학교 출판부, 2003.
한국어린이문학교육연구회, 『환상 그림책으로의 여행』, 다움세대, 2002.

C.G. 융, 설영환 역, 『융 심리학 해설』, 선영사, 1992.
L. 게린, 최재석 역, 『문학 비평 입문』, 한신문화사, 1994.
M. 마렌 그리제바하, 『문학연구의 방법론』, 기린원, 2001.
R. 메레디트ㆍJ. 피츠제럴드, 김경화 역, 『소설작법』, 청하, 1990.
R.S 크레인 외, 최상규 역, 『현대소설의 이론』, 예림기획, 1997.
S. 채트먼, 한용환 역, 『이야기와 담론』, 푸른 사상, 2003.
T. S 엘리엇, 이상섭 역, 『세계현대시선』, 삼성출판사, 1982.
게오르그 루카치 외, 김병욱 역, 『현대소설의 이론』, 예림기획, 1997.
딜런 애번스, 김종주 외 역, 『라캉 정신분석 사전』. 인간사. 1998.
레알 월레, 김화영 역, 『현대소설론 』, 문학사상, 1989.
로널드 B. 토비아스, 김석만 역, 『인간의 마음을 사로잡는 스무 가지 플롯』, 풀빛, 2003.
로버트 맥기, 고영범 역, 『시나리오 어떻게 쓸 것인가』, 황금가지, 1999.
로비 매콜리ㆍ조오지 래닝 공저, 김병욱 역, 『현대소설의 이론』, 예림기획, 1997.
로지 잭슨, 서강여성문학연구회 역, 『환상성』, 문학동네, 2001.
롤랑 부르뇌크, 레알 월레, 김화영 역, 『현대소설론』, 현대문학, 2006.

르네 지라르, 김모세 역, 『르네 지라르—욕망, 폭력, 구원의 인류학』, 살림, 2014.
르네 지라르, 김모세 역, 『욕망, 폭력, 구원의 인류학』, 살림, 2014.
마르틴 하이데거, 신상희 역, 『언어로의 도상에서』, 나남.
마이클 래비거, 양기석 역, 『작가의 탄생』, 커뮤니케이션북스, 2006.
맥락과 비평 현대문학연구회 편저, 『라캉과 문학』, 예림기획, 1998.
미하일 바흐친 외, 조희숙 역, 『아동문학의 미학적 접근』, 교문사, 2009.
미하일 바흐친, 이득재 역, 『문예학의 형식적 방법』, 문예출판사, 1992.
아리스토텔레스, 천병희 역, 『시학』, 문예출판사, 2002.
안느 끌랑시에, 이준오 역, 『정신분석학과 문학비평』, 숭실대학교출판부, 1998.
앤드루 호튼, 주영상 역, 『캐릭터 중심의 시나리오 쓰기』, 한나래, 2000.
에리히 프롬, 백문영 역,『사랑의 기술』, 혜원출판사, 1988.
자끄 라깡, 권택영 역, 『욕망이론』, 문예출판사, 1994.
자크 라캉, 권택영 역, 『영화와 소설의 욕망이론』, 민음사, 1995.
제라르 즈네뜨, 권택영 역, 『서사담론』, 교보문고, 1992.
조르쥬 나타프, 김정란 역, 『상징, 기호, 표지』, 설화당, 1997.
지그문트 프로이트, 박찬부 역, 『쾌락원칙을 넘어서』, 열린책들, 1997.
—, 정장진 역, 『창조적인 작가와 몽상』, 열린책들, 1996.
—, 정장진 역, 『예술 · 문학 · 정신분석』, 정장진 역, 열린책들, 2003.
—, 설영환 역, 『프로이트의 심리학 해설』, 선영사, 1996.
—, 설영환 역, 『프로이트의 심리학 해설』, 선영사, 1996.
—, 윤희기 역, 『정신분석학의 근본 개념』, 열린책들, 2004.
—, 임홍빈 역, 『정신분석강의』, 열린책들, 1997.
츠베탕 토도로프, 김치수 역, 『러시아 형식주의』, 이화여자대학교출판부, 1997.
칼 구스타프 융 외, 설영환 역, 『융 심리학 해설』, 선영사, 1992.
캐서린 흄, 한창엽 역, 『환상과 미메시스』, 푸른나무, 2000.
캘빈 S 홀, 유상우 역, 『프로이트 심리학 입문』, 홍신문화사, 2010.
켄 댄시거, 안병규 역, 『얼터너티브 시나리오』, 커뮤니케이션북스, 2006.
클로오드 브레몽, 최상규 역, 『현대소설의 이론 』, 대방출판사, 1983.
프란츠 스탄젤, 안삼환 역, 『소설형식의 기본 유형』, 탐구당, 1982.
프레데릭 마이어, 임호일 역, 『편견』, 소명출판, 2016.
피터 부룩스, 이봉지 외 역, 『육체와 예술』, 문학과지성사, 2000.

소설 창작과 문화콘텐츠 기획
Novel Creation and Cultural contents planning

2021년 2월 5일 인쇄
2021년 2월 10일 발행

저 자 이 은 하
발행처 한남대학교 출판부(글누리)
대전광역시 대덕구 한남로 70
전화 (042) 629-7722, 7536

인쇄처 도서출판 이화
전화(042) 255-9708

ISBN 978-89-7066-402-6(93800)
정 가 19,000원